古典文獻研究輯刊

初 編

潘美月・杜潔祥 主編

第2冊

《四庫全書總目・經部》研究

莊清輝 著

國家圖書館出版品預行編目資料

《四庫全書總目‧經部》研究／莊清輝著 — 初版 — 台北縣永
和市：花木蘭文化工作坊，2005〔民 94〕

序 1＋目 2＋246 面：19×26 公分
（古典文獻研究輯刊 初編：第 2 冊）

ISBN：986-81154-2-6（精裝）
1. 四庫全書－目錄－研究與考訂

018.16   94018836

ISBN 986-81154-2-6

9 789868 115422

古典文獻研究輯刊
初　編　第　二　冊   ISBN：986-81154-2-6

《四庫全書總目‧經部》研究

作　　者	莊清輝
主　　編	潘美月　杜潔祥
企劃出版	北京大學文化資源研究中心
出　　版	花木蘭文化工作坊
發 行 所	花木蘭文化工作坊
發 行 人	高小娟
聯絡地址	台北縣永和市中正路五九五號七樓之三
	電話：02-2923-1455／傳真：02-2923-1452
電子信箱	sut81518@ms59.hinet.net
初　　版	2005 年 12 月
定　　價	初編 40 冊（精裝）新台幣 62,000 元

《四庫全書總目‧經部》研究

莊清輝 著

作者簡介

莊清輝民國四十一年十二月生於雲林鄉下，自幼性喜讀書，常利用幫忙家事之餘，勤於閱讀，故中、小學時代，成績每列前茅。民國六十年六月自斗六高中畢業後，翌年得以順利考上國立政治大學中國文學系就讀，由於接受中國古籍薰陶，深覺中國文化博大精深，故也立志從事古籍之鑽研。民國六十八年三月幸蒙恩師羅宗濤教授與洪讚教授之薦舉，得以回母校圖書館服務迄今。在圖書館服務期間，由於每日接觸浩翰書海，深覺充實自身學識之重要，故常利用工作之暇，重拾書本，經過數年苦讀，得於民國七十三年考上母校中國文學研究所，更由於工作之關係，故以目錄學作為專研之重點，畢業碩士論文即以《四庫全書總目經部研究》作為撰寫之題目。

提　　要

　　本文研究之目的，在於釐析《四庫提要》經部之義例，藉由目錄學之探討，從四庫總目豐富之材料中，詳為分析，既可供撰寫目錄學之參究，亦可從中探得清代樸學之精蘊。蓋提要之作，成於通儒碩學之士，雖絀於時日，草率成編，然其校勘得失，考證詳確，識詣既真，鑒裁亦卓，以之為讀群書之門徑，其霑溉後學，功用良多。

　　近人姚名達利用清人輯本《別錄》、《七略》之有限資料，分析其義例，為目錄學之研習，闢一途徑。而《四庫提要》經部則有四十四卷之多，內容可謂豐富，故本文之撰寫方式，首章為緒論，敘述《四庫提要》與學術研究之關係，並說明撰述之體例。次章至七章則分就書名、卷數、撰者、板刻、辨偽、批評與價值等項，加以分析，並歸納成若干義例，融合目錄學與經學於一爐，冀收因書究學之效。八章論館臣對目錄學之見解。九章探討《經義考》與《四庫提要》之關係。十章比較各種提要之差異，藉以了解館臣刪潤筆削之權衡，亦可為學術研究之資料。末章結論，說明本文之特點、創意，並如何著手進行後續之工作。

目

錄

自 序

　　本文研究之目的，在於釐析《四庫提要》經部之義例，藉由目錄學之探討，從《四庫總目》豐富之材料中，詳爲分析，既可供撰寫目錄學之參究，亦可從中探得清代樸學之精蘊。蓋提要之作，成於通儒碩學之士，雖絀於時日，草率成編，然其校勘得失，考證詳確，識詣既眞，鑒裁亦卓，以之爲讀群書之門徑，其霑漑後學，功用良多。

　　近人姚名達利用清人輯本《別錄》、《七略》之有限資料，分析其義例，爲目錄學之研習，闢一途徑。而《四庫提要》經部則有四十四卷之多，內容可謂豐富，故本文之撰寫方式，首章爲緒論，敘述《四庫提要》與學術研究之關係，並說明撰述之體例。次章至七章則分就書名、卷數、撰者、板刻、辨僞，批評與價值等項，加以分析，並歸納成若干義例，融合目錄學與經學於一爐，冀收因書究學之效。八章論館臣對目錄學之見解。九章探討《經義考》與《四庫提要》之關係。十章比較各種提要之差異，藉以了解館臣刪潤筆削之權衡，亦可爲學術研究之資料。末章結論，說明本文之特點、創意，並如何著手進行後續之工作。

第一章 緒 論

　　《四庫全書》之編纂，爲中國蒐集圖書史上空前之偉觀，對文化遺產保存和學術風氣之發揚，留下不可磨滅之功勳，郭伯恭云：

> 　　《四庫》卷帙之富，集中國古來典籍之大成。論其完備，雖未盡包羅古今一切載籍，然當清代中葉，凡無背正學之典冊，幾全薈萃於斯，則固事實也。與其事者有言：「分綱列目，見義理之有條；按籍披圖，信源流之大備。水四瀆而山五嶽，侔此壯觀；前千古而後萬年，無斯巨帙。」（永瑢等〈奏進四庫全書表〉）斯言雖未免過誇，然此書要爲中華歷代文獻所歸，則可堅信而弗疑〔註1〕！

蕭一山亦云：

> 　　吾國書籍，浩如淵海，庋藏不善，易致散佚。《四庫》之書，雖未必能收盡天下之載籍，而刊鈔存目，亦可謂略備於斯矣。以萬千之遺書而彙爲一圖，以多數之簡冊而勒成一部，不惟齊整易於保存，亦且完備易於尋覓。吾國先人實笈得賴以不墜者，亦斯役之力也〔註2〕。

對於如此豐富之文化遺產，吾人不但要善加保存，並加以發揚光大之，近人於此頗有不遺餘力之鑽研，致有「四庫學」之名，如昌彼得於〈影印四庫全書的意義〉一文中云：

> 　　因爲《四庫全書》收錄的繁富，修纂的過程又極複雜，故近代頗有專門研究其書的。或研究《四庫》纂修的經過，（案如：陳垣〈四庫全書纂修始末〉、郭伯恭《四庫全書纂修考》等）或輯錄有關《四庫全書》的檔案，（案如：〈辦理四庫全書檔案〉）或研究《四庫》禁燬的情形，（案如：姚覲元〈禁書總目

〔註1〕見郭伯恭著《四庫全書纂修考》，自序，商務印書館，頁1。
〔註2〕見蕭一山著《清代通史》、卷中，商務印書館，頁67。

四種)、鄧實〈禁書目合刻〉、王重民〈四庫抽燬書提要稿〉等）或研究《四庫》著錄圖書的版本，（案如：陶湘〈故宮殿本書庫現存目〉、田繼宗〈四庫全書永樂大典本板本考〉等）或考證四庫提要的謬誤，（案如：胡玉縉《四庫全書總目提要補正》、余嘉錫《四庫提要辨證》等）故有「四庫學」之名。研究《四庫全書》的，大抵依據通行的《四庫全書總目提要》〔註3〕。

昌氏在此為研究「四庫學」者，提供一治學之門徑，即「研究《四庫全書》的，大抵依據通行的《四庫全書總目提要》」一言，蓋《四庫全書總目提要》為《四庫全書》之門徑，學者可由提要而得全書，茲分條述之於后：

一、《四庫全書總目提要》之緣起

實濫觴於乾隆三十八年二月十一日上諭諸臣，採輯《永樂大典》遺書，著令「將書名摘出，撮取著書大旨，敘列目錄進呈，俟朕裁定，彙付剞劂。其中有書無可採，而其名未可盡沒者，祗須注出簡明略節，以佐流傳考訂之用，不必將全部付梓，副朕裨補闕遺，嘉惠士林至意〔註4〕。」其後將敕撰本、內府本、各省採進本、私人進獻本及通行本，亦彙整編目，以經史子集，提綱列目，至於總目之編製體例，乾隆三十九年七月二十五日曾下諭旨，云：

> 四庫全書處進呈總目，於經史子集內，分晰應刻應抄及應存書名三項，各條下俱經撰有提要，將一書原委，撮舉大凡，并詳著書人世次爵里，可以一覽了然，較之《崇文總目》，蒐羅既廣，體例加詳，自應如此辦理〔註5〕。

應刻應抄之書，即現存之《四庫全書》，至於應存書名者，比較不具有價值，故只有存目而已，後文將詳考存目之原因。

二、存目提要之撰寫

存目提要之重要性，不亞於著錄之書之提要，郭伯恭曾於〈四庫全書總目提要考〉一文中加以申述，其云：

> 《四庫》之取捨未為盡善，固不容諱言，然今正賴存目以窺其梗概，

〔註3〕清永瑢、紀昀等撰武英殿本《四庫全書總目提要》第一冊〈經部〉，《景印文淵閣四庫全書》，台灣商務印書館，頁18。

〔註4〕見《四庫全書總目提要》第一冊〈經部〉，卷首一〈聖諭〉，台灣商務印書館，頁1～3。

〔註5〕同註4，頁1～5。

又不能不謂當初立法之善也。蓋著錄之籍乃多易求，而存目之書則不可盡見，故吾人之重視存目，尤過於著錄。按存目之提要，原於進呈本書時一一撰就，粘附卷首，嗣四庫中既不著錄其書，則其提要亦患無所附麗，而彙編總目盡收之為單行本，向之未經著錄之提要始得藉存目以並存。於是六千餘種之四庫未收書，至今猶得考見其概，是亦不幸中之幸者也〔註6〕。

而存目提要之編撰，似曾感受朱彝尊《經義考》之啟示，蓋朱目之編製體例，於各書分注存、佚、闕或未見四項，其佚、闕、未見之部份，亦足提供後人之搜集探究，本文將專立章節詳論之。

三、後人治學門徑

提要之緣起與編製體例，既已略論之，後人取資提要，以為治學之方者，亦復不少，如余嘉錫之治學與研究，即是從提要著手，新會老人序《余嘉錫論學雜著》中有云：

「余之略知學問門徑，實受提要之賜。」可以看出他學術的淵源，實得力於目錄學；而他終生所從事的學問，也是以目錄學為主，幾十年以考索《四庫提要》為恒業。他並不僅僅限於鑑別版本，校讎文字，而是由提要上溯目錄學的源流，旁及校勘學的方法，並且能研討學術發展過程，熟悉歷代官制、地理和史學〔註7〕。

可見余氏治學之入手處，即在《四庫全書總目提要》，其所撰《四庫提要辨證》一書，乃是研究之成果。如其自序云：

漢唐目錄書盡亡，提要之作，前所未有，足為讀書之門徑，學者捨此，莫由問津〔註8〕。

張之洞〈輶軒語〉亦云：

汎濫無歸，終身無得，得門而入，事半功倍，……此事宜有師承，然師豈易得，書即師也。今為學者指一良師，將《四庫全書總目提要》讀一過，即略知學問門徑矣！析而言之，《四庫提要》為讀群書之門徑〔註9〕。

《四庫提要》既為讀書之門徑，學者欲窺吾國典籍之堂奧，必由提要以知書之內

〔註6〕見王秋桂、王國良合編《中國圖書文獻學論集》上，明文書局，頁124。
〔註7〕見余嘉錫著《余嘉錫論學雜著》序，河洛圖書出版社，頁2。
〔註8〕同註7，頁591。
〔註9〕見《張文襄公全集》六，卷二百零四，文海出版社，頁3766。

容大要,蓋提要著錄書名,以說明書名之含義,由說明著書之原委及書之性質,以明瞭一書之大要,及成書之背景,並由書名之異稱,以了解其差異之原因;著錄卷數,以說明卷數之分合、增減,並由篇數之多少,簡冊之脫漏,以了解一書之殘闕或全存;著錄撰者,以介紹撰者之生平與思想,辨正撰者之差異,並具以收知人論世之功效;著錄板刻,以略述版本之不同,文字之訛謬,以了解校讎之原委;著錄辨偽,以辨別書之真偽,於書之真偽,或致疑議,或論斷為後人之依託,或判定為後世所加,並申論偽書貽害經術甚大;著錄批評與價值,可以判定一書之價值,並敘述學術源流,蓋學術必有本源,述其師承所自,思想所因,則本源見矣〔註10〕!

四、《四庫提要》之功用

提要之功用,在於考論作者之行事,論斷卷帙之分合,辨正書籍之真偽,及闡明學術之得失,因此,特別顯得重要,繆荃孫氏對提要曾大加揄揚,其所撰〈丁氏善本書室藏書志序〉云:

> 考撰人之仕履,釋作書之宗旨,顯徵正史,僻采稗官,揚其所長,糾其不逮,《四庫提要》實集古今之大成〔註11〕。

蕭一山氏亦云:

> 目錄之學,在讀書上最為重要。蓋一書之目錄備,則覽之可以知一書之內容,與夫取裁部署之大概。四庫之目錄備,則覽之者可以知中國文化之狀況,與夫歷代著作之要領。故《四庫全書總目提要》之編纂,實與學者以莫大之利益,固不僅由書目而尋提要,由提要而得全書也。且提要之中,對於某書常有精當之批評,俾學者知其書瑕瑜之所在,尤為不可多得之貢獻焉!〔原註:提要批評,主觀意見太深,故常有不得其當之處,然大體上可云難得矣。〕〔註12〕。

五、《四庫提要》之失

提要之功用,既已如上述,而《四庫提要》之失,後人也曾加以揭示,如王欣夫〈跋胡玉縉四庫全書總目提要補正〉云:

〔註10〕參酌杜松柏著《國學治學方法》,洙泗出版社,頁61。
〔註11〕見《善本書室藏書志》,繆荃孫序,光緒辛丑季秋錢唐丁氏開雕。
〔註12〕同註2,頁66。

清乾隆時，編《四庫全書總目》并存目，每種各著提要，號稱博洽，至今仍不失爲讀古書者入門之鈐鍵。惟當時先有檢查禁燬之立意，門戶出入之私見，故不能無偏失，重以版本有異同，考證有疏略，分工有參差，傳寫有脫誤，後阮元《四庫未收書目》，雖有拾遺補藝之功，而所作提要則彌不能逮，蓋皆有不勝其糾摘者。昔人多從事於此，而未有蔚爲鉅製以行世，至綏之胡先生始竭畢生精力以爲之〔註13〕。

又如余嘉錫〈四庫提要辨證序〉云：

雖然，古人積畢生精力，專著一書，其間牴牾尚自不保，況此官書，成於眾手，迫之以期限，繩之以考成，十餘年間，辦全書七部，薈要二部，校勘魯魚之時多，而討論指意之功少，中間復奉命纂修新書十餘種，編輯佚書數百種，又於著錄之書，刪改其字句，銷燬之書，簽識其違礙，固已日不暇給，救過弗遑，安有餘力從容研究乎？且其參考書籍，假之中祕，則遺失有罰，取諸私室，則藏弆未備，自不免因陋就簡，倉猝成篇。故觀其援據紛綸，似極賅博，及按其出處，則經部多取之《經義考》，史子集三部多取之《通考・經籍考》，即晁陳書目，亦未嘗覆檢原書，無論其他也。及其自行考索，徵引群籍，又往往失之眉睫之前，隋唐兩志，常忽不加察，《通志》、《玉海》，僅偶一引用，至宋明志及《千頃堂書目》，已憚於檢閱矣！……又總目之例，僅記某書由某官採進，而不著明板刻。館臣隨取一本以爲即是此書，而不知文有異同，篇有完闕，以致提要所言，與著錄之本不相應。……昔遷固修史，必撰自序，劉向校書，亦條篇目，既標宗旨，復便檢閱，歷世相承，莫之或易。而《四庫》繕寫，苟欲殺青，遂刪除序目，取便急就。及作提要，未窺原本，故或連篇累牘，皆舊序之陳言；或南轅北轍，乖作者之本意；或有此篇，而謂酒誥俄空；或無此事，而忽無的放矢。……其後奉旨編刻頒行，乃由紀昀一手修改，考據益臻詳贍，文體亦復暢達。然以數十萬卷之書，二百卷之總目，成之一人，欲其每篇覆檢原書，無一字無來歷，此勢之所不能也。紀氏恃其博洽，往往奮筆直書，而其謬誤乃益多，有並不如原作之矜愼者。且自名漢學，深惡性理，遂峻詞醜詆，攻擊宋儒，而不肯細讀其書〔註14〕。

余氏從四庫館臣迫於時限，無餘力從容於提要之編纂，故草率成篇，諸如取材範

〔註13〕見胡玉縉編著《四庫全書總目提要補正》，木鐸出版社，頁441。

〔註14〕同註7，頁588～590。

圍狹窄，不明板刻，刊除各書篇卷目次，加以紀氏一人之好惡，標明漢學，攻擊宋儒，門戶之成見頗深，皆為《四庫提要》足為人詬病之失，胡氏之補正，余氏之辨證，皆能彌補其失，使提要之作，確實能成為讀古書之門徑，而不迷失其途，誤入岐徑。至於詮釋書名、辨析卷帙、考定撰者、離析板刻、說明辨偽、判斷價值等，由提要內容，著成義例，加以歸納之作，則尚付闕如，吾人試以經部提要為例，條分縷析，使目錄學與經學相結合，既以探討目錄學上敘錄〔或稱解題，或稱提要〕之體制，又以探究清代乾隆時期之經學思想。蓋清儒專注於經學，亦迫於時勢之所趨，如近人孟森云：

> 惟乾隆以來多樸學，知人論世之文，易觸時忌，一概不敢從事，移其心力畢注於經學，畢注於名物訓詁之考訂〔註15〕。

而四庫館臣中，亦頗不乏以經學著稱者，如近人陸有凡云：

> 四庫全書，開始編纂，即嚴定體例，審校古書。那時館臣中，多積學之士，紀昀、戴震既以經學著稱，另外總閱官陽湖莊存與長於經學，嘉善謝墉長於小學，興化任大椿長於經學。校辦各省送到遺書纂修官桐城姚鼐長於經學，大興翁方綱長於經學，朱筠長於經學小學。繕書處分校官歙縣金榜長於經學，洪梧長於經學小學。篆隸分校官高郵王念孫長於經學小學。都是一代學者，弁冕藝林〔註16〕。

以經學善長之士，從事於《四庫總目》經部提要之編纂，將清儒之經學思想灌注於提要之中，雖不免落得「標榜漢學，排除宋學」之偏見，然亦以見一代學術之所趨，後人欲探究清代之經學思想，試從《四庫總目》經部提要入手，亦不失為一便捷之途徑。本文之撰作，即以清紀昀等所撰《四庫全書總目》之經部作為基本材料，從提要上，條舉內容，爰著義例，至於《四庫全書薈要》之提要、文溯閣《四庫提要》，亦於比較各提要之中，列專節述之。

〔註15〕見孟森著《清代史》，正中書局，頁266。
〔註16〕見陸有凡著《中國七大典籍纂修考》，西南書局，頁80。

第二章　書　名

第一節　書名之沿革

一、古人著書不標書名

　　書名在中國書目之著錄上佔著很重要之地位，書若無撰者，尚可以著錄，如無書名，則著錄時將發生很大之困難，然而古人質樸，著書往往不標書名，張舜徽《廣校讎略》卷一云：

　　　　周、秦立言之家，多起于救世之急，但思載其論以行之天下，傳於後世，初未嘗先立一名而役役于著述也〔註1〕。

章學誠《文史通義・言公篇》亦云：

　　　　古人之言，所以爲公也，未嘗矜於文辭，而私據爲己有也。志期於道，言以明志，文以足言，其道果明於天下，而所志無不申，不必其言之果爲我有也〔註2〕。

由於古人立言只爲淑世，以造福蒼生，故對於此種持之有故，言之成理之著作，似未思以定名，並進而據爲己有，其著作之定名，大都其人卒後，由門弟子蒐輯其日常言論、行事而編成者，其例甚多，茲舉《管子》一書爲例，其書載有管仲之述其身死後事，故朱熹曾云：

　　　　《管子》之書雖管子以功業著者，恐未必曾著書，如弟子職之爲全似曲禮，它篇有似莊老，又有說得也卑，直是小意智處，不應管仲如此

〔註1〕見楊家駱主編《校讎學系編》，鼎文書局，頁381。
〔註2〕見章學誠撰《文史通義・校讎通義》，盤庚出版社，頁35。

之陋，其內政分鄉之制，國語載之卻詳〔註3〕。

又云：

> 《管子》非仲所著，仲當時任齊國之政事甚多，稍閒時又有三歸之溺，決不是閒功夫著書底人，著書者是不見用之人也，其書老莊說話亦有之，想只是戰國時人收拾仲當時行事言語之類著之，并附以它書〔註4〕。

古書不標書名之事例，迄西漢初年還普遍存在著，如《史記》卷九十七〈酈生陸賈列傳〉云：

> 高帝……迺謂陸生曰：「試為我著秦所以失天下，吾所以得之者何，及古成敗之國。」陸生迺粗述存亡之徵，凡著十二篇。每奏一篇，高帝未嘗不稱善，左右呼萬歲，號其書曰《新語》〔註5〕。

由此可知陸賈之《新語》，乃高帝所命名。又如〈漢書‧藝文志‧六藝略〉所著錄之《太史公百三十篇》，其書或稱《太史公記》、《太史公書》、《太史公傳》，至於《史記》之名稱，乃後人所命名。

二、編錄校讎者裁定書名

文化之流播與發展，在於典籍之整理，此事在漢代已大行其道，劉向歆父子領校秘書，見中秘所藏圖書，雜亂無緒，於是釐訂其篇章，勘正其文字，尤其對於一些無書名之著作，或性質相同而名稱雜出者，加以裁定書名，劉向〈校書錄序〉云：

> 中戰國策書……本號或曰《國策》，或曰《國事》，或曰《短長》，或曰《事語》，或曰《長書》，或曰《修書》。臣向以為戰國時游士輔所用之國，為之筴謀，宜為《戰國策》。

書無定名之結果，編錄校讎者，必需加一層裁定之功夫，使古書之流傳，更為明白易曉，誠如孫德謙所云：

> 書有古人自著，當初並無定名，吾不妨為之裁定者，如劉向之於淮南九師道訓是。……亦有名目繁多，而舊題皆未協當，可以吾意重加刊定者，如向之於戰國策是〔註6〕。

然而有些學者抱持懷疑之態度，認為著書不先定名，如何下筆從事呢？又如何藏之名山，傳之後世呢？關於此點，孫德謙云：

〔註3〕見宋黎靖德編《朱子語類》卷第一三七，頁5221。
〔註4〕同註3，頁5222。
〔註5〕見楊家駱主編《新校本史記三家注并附編二種》，鼎文書局，頁2699。
〔註6〕同註1，頁27。

　　夫立言之士，志在不朽，誠欲斐然造述，當無不先定書名，而後可以命筆，或釋經，或治史，抑或詳記見聞，自成一子，豈有書無定名，而能從事者？要之不盡然，其人平生著作，積稿盈篋，身沒之後，代為整理，則其書名自當重行訂定，乃足以傳之於來世〔註7〕。

由於書名經過後人之重訂釐正，編書目在取書名之時，如不加以辨別，往往不能得原著者之本義，而產生種種淆亂紛擾，邢雲林在其〈圖書目錄著錄法與編輯法論〉一文中，論云：

　　書名亦為著錄中最重要之一條，書無著者姓氏，尚可著錄，若無書名，著錄時則有相當困難。案古人著書往往不標書名，後世著錄，即以其人名書，其有書名者皆明白易曉，未嘗有意為弔詭。自漢以來，校讎諸家，易名著錄，相沿不察，遂開歧異，有本名質而著錄從文者，有本名文而著錄從質者，有書本全而為人偏舉者，有書本偏而為人全稱者，若不別白，流弊甚大。自文集成，而標奇立異，書名益形紛亂，幾於不可顧名思義，於立書名本意已大相背謬矣。故取書名，為著錄中之最要責任，亦繁難之工作也〔註8〕。

由此可知書名在著錄上之地位，稍一不慎，可能衍生更多之紛擾。

第二節　《四庫提要》經部所記書名之義例

　　《四庫提要》經部著錄書名，自係依據各書，更有些參考歷代史志與私家書目，然而四庫館臣在編纂之時，頗有疏忽之處，本節擬就此作一綜合性之探討，並試以分析其義例，以供治目錄學者之參考。

〔註7〕同註6。

〔註8〕見《圖書館學季刊》第十一卷第一期，台灣學生書局，頁10。又《圖書館學季刊》第五卷第二期載傅振倫撰《校讎新論》，有相同之見解，並舉例，其云：「古人著書，往往不標書名，後世校讎，即以其人名書。降及後世，著錄書籍每固意弔詭。本名質而著錄從文（如《老子》曰《道德經》，《莊子》曰《南華經》。）或本名文而著錄從質（如《鴻烈解》曰淮南，《雋永》曰《蒯通》。），或書本全而為人偏舉者（如《呂氏春秋》曰《呂覽》，屈原之書曰《騷賦》。），或書本偏而為人全稱者（如太史公曰《史記》，孫武之書但稱《孫子》。）又如《後漢書》八家，今以專指范書；晉書十八家，今以專言唐人之作；《唐書》宋人指《舊唐書》而言，而今則專指《新唐書》；……此皆不可不講求於治書之前者也。」（頁170）

一、引書目以說明書名之異同

《四庫提要》著錄各種書名，當發現有差異之時，往往引用各家書目所著錄之書名，加以辨正或說明。

（一）書同名異：

如〈易象鈔提要〉云：

> 明胡居仁撰。……朱彝尊《經義考》載有居仁《易通解》，注曰未見，而不載此書，豈此書一名《易通解》歟〔註9〕！

案黃虞稷《千頃堂書目》亦作胡居仁《易通解》，四庫館臣據以判斷《易象鈔》一名《易通解》。

又如〈尚書詳解提要〉云：

> 宋胡士行撰。……是編焦竑《國史經籍志》作《書集解》，朱彝尊《經義考》又作《初學尚書詳解》，稱名互異，其實一書也〔註10〕。

此亦四庫館臣認為同書異名。

（二）書之異名：

如〈胡子易演提要〉云：

> 明胡經撰。……《明史‧藝文志》載胡經《易演義》十八卷，此本但稱《易演》〔註11〕。

此四庫館臣判斷明史〈藝文志〉衍一「義」字，致產生異名。

又如〈周禮補亡提要〉云：

> 元邱葵撰。……其書世有二本，其一分六卷，題曰《周禮注》。其一即此本，不分卷數，而題曰《周禮冬官補亡》，《經義考》又作《周禮全書》，而注曰一作《周禮補亡》〔註12〕。

此因載有兩種板本，致生異名。

（三）書之別名：

如〈蒙齋中庸講義提要〉云：

> 宋袁甫撰。……惟朱彝尊《經義考》有甫所撰《中庸詳說》二卷，

〔註9〕見《四庫全書總目》卷五〈經部〉五〈易類〉五，易象鈔條，頁 1～117，台灣商務印書館。

〔註10〕同註9，卷十一〈經部〉十一〈書類〉一，尚書詳解條，頁 1～267。

〔註11〕同註9，卷七〈經部〉七〈易類〉存目一，胡子易演條，頁 1～174。

〔註12〕同註9，卷二三〈經部〉二三〈禮類〉存目一，周禮補亡條，頁 1～464。

註云已佚，或即是書之別名歟〔註13〕！

此判斷《中庸詳說》爲《蒙齋中庸講義》之別名。

二、參考書目以定書名

一書最好只有一個書名，然常以各種原因，各家書目所記之書名，有時不一，於是必須參考各種書目來加以判定。

（一）以例推而定書名：

如〈洪範口義提要〉云：

> 宋胡瑗撰，是書《文獻通考》作《洪範解》。……《周易口義》出倪天隱之手，舊有明文，晁公武《讀書志》謂此書亦瑗門人編錄，故無詮次首尾，蓋二書同名口義，故以例推〔註14〕。

（二）據《永樂大典》所著錄者而定書名：

如〈禹貢說斷提要〉云：

> 宋傅寅撰。……案朱彝尊《經義考》有寅所著《禹貢集解》二卷，通志堂嘗刊入《九經解》中，而《永樂大典》載其書，則題曰《禹貢說斷》，無集解之名〔註15〕。

考四庫開館，蓋緣於大興朱筠奏請將《永樂大典》擇取繕寫開始，因《大典》中有世不恒見之古書善本，甚爲四庫館臣所看重，如〈融堂書解提要〉中有「然《永樂大典》皆據內府宋本採入，當必無訛」之言，故整部《四庫提要》中，如有未能解決之問題，均據《永樂大典》所著錄者以爲定。

又如〈春秋傳說例提要〉云：

> 宋劉敞撰。……諸書所載，俱稱《春秋說例》，惟《永樂大典》加「傳」字，按是編比事以發論，乃其傳文褒貶之大旨，《永樂大典》所載似尚屬宋刻之舊，今亦從之〔註16〕。

三、書名差異之原因

一書有異名，則易滋訛誤，探究書名差異之故，正是《四庫提要》記書名所

〔註13〕同註9，蒙齋中庸講義條，頁1～720。
〔註14〕同註10，洪範口義條，頁1～254。
〔註15〕同註10，禹貢斷條，頁1～259。
〔註16〕同註9，卷二六〈經部〉二六〈春秋類〉一，春秋傳說例條，頁1～539。

注意之處。

（一）改易書名：

　　一書經過改名，如不加以記載改易之經過或原因，後人編錄書名時見名不見書，因以異名重覆著錄，甚或以異名替代原名，而失去撰者命名之本意，改易書名之原因有下列數項：

1、因忌諱而改名：如〈東坡易傳提要〉云：

　　　　宋蘇軾撰，是書一名《毘陵易傳》。陸游《老學庵筆記》，謂其書初遭元祐黨禁，不敢顯題軾名，故稱毘陵先生，以軾終於常州故也〔註17〕。

2、因並刊以行而改名：如〈誠齋易傳提要〉云：

　　　　宋楊萬里撰。……是書大旨本程氏，而多引史傳以證之，初名《易外傳》，後乃改定今名。宋代書肆，曾與程傳並刊以行，謂之《程楊易傳》〔註18〕。

3、因書賈作偽而改名：如〈周易經傳訓解提要〉云：

　　　　宋蔡淵撰，案朱彝尊《經義考》，蔡淵《周易經傳訓解》四卷，註曰存三卷。此本惟存上下經二卷，題曰《周易卦爻經傳訓解》，與彝尊記不符。……傳寫者諱其殘缺，因於書名增入「卦爻」二字，若原本但解上下經者，此書賈作偽之技，不足據也〔註19〕。

4、因引伸書意而改名：如〈四書索解提要〉云：

　　　　國朝毛奇齡撰。……是書爲其子宗潢所編，本名《四書疑義》，有問有答，奇齡沒後，宗潢裒輯成書，存所疑而刪所解，名曰《疑案》，奇齡門人王錫序之，謂必有以解之，直是索解人不得耳，一經考索，則世多學人，豈無始而驚，既而疑，又既而劃然以解者，因更名《索解》〔註20〕。

5、因避諱而改名：如〈廣雅提要〉云：

　　　　魏張揖撰。……其書因《爾雅》舊目，博採漢儒箋註，及三蒼、說文諸書，以增廣之，於揚雄《方言》，亦備載無遺，隋秘書學士曹憲爲之音釋，避煬帝諱，改名《博雅》，故至今二名並稱，實一書也〔註21〕。

又如〈匡謬正俗提要〉云：

〔註17〕同註9，卷二〈經部〉二〈易類〉二，東坡易傳條，頁1～65。
〔註18〕同註9，卷三〈經部〉三〈易類〉三，誠齋易傳條，頁1～82。
〔註19〕同註17，周易經傳訓解條，頁1～90。
〔註20〕同註9，卷三七〈經部〉三七〈四書類〉存目，四書索解條，頁1～764。
〔註21〕同註9，卷四十〈經部〉四十〈小學類〉一，廣雅條，頁1～822。

　　　唐顏師古撰。……宋人諸家書目，多作《刊謬正俗》，或作《糾謬
　　正俗》，蓋避太祖之諱〔註22〕。

（二）版本不同：

　　一書因經後人重刊，其版本可能與初刊本不同，故書名亦可能有差異，如〈了
翁易說提要〉云：

　　　宋陳瓘撰。……此本爲紹興中其孫正同所刊。馮椅謂嘗從其孫大應
　　見了翁有《易全解》，不止一卷。……胡一桂則謂尚見其初刊本，題云《了
　　翁易說》，並未分卷，此本蓋即一桂所見也〔註23〕。

（三）傳寫脫訛：

　　如〈淙山讀周易記提要〉云：

　　　宋方實孫撰。……此書舊本但題曰《讀周易》，案朱彝尊《經義考》
　　作《淙山讀周易記》，蓋此本傳寫脫訛〔註24〕。

（四）傳聞沿誤：

　　如〈十願齋易說・霞舟易箋提要〉云：

　　　明吳鍾巒撰。……朱彝尊《經義考》惟載鍾巒《周易卦說》，不著
　　卷數，註曰未見，而無此書名，《江南通志・儒林傳》所載亦同，殆輾
　　轉傳聞，相沿而誤歟〔註25〕！

（五）衍文而異：

　　如〈胡子易演提要〉云：

　　　明胡經撰。……《明史・藝文志》載《胡經易演》十八卷，此本但
　　稱《易演》，疑史衍文也〔註26〕。

（六）增字而異：

　　如〈厚齋易學提要〉云：

　　　宋馮椅撰。……董真卿、胡一桂皆稱是書爲《易輯》，《宋史・藝文
　　志》作《易學》，《文獻通考》則作《厚齋易學》，考王湜先有《易學》，

〔註22〕同註20，匡謬正俗條，頁1～823。
〔註23〕同註16，了翁易說條，頁1～67。
〔註24〕同註17，淙山讀周易記條，頁1～94。
〔註25〕同註9，卷八〈經部〉八〈易類〉存目二，十願齋易說、霞舟易箋條，頁1～202。
〔註26〕同註11。

宜有所別，故今從《通考》之名焉〔註27〕。

四、釋書名意義

了解書名之意義，可進而因書究學，以達到袪除疑誤之目的。

（一）書名命名之依據：

西人海漫氏云：「書名者乃書之面目也。」是以書名即圖書之自白，故每一本書大致可從書名而了解其意義，喬師衍琯在其所撰〈論書名項和著者項在書目裡的地位〉一文中，認爲「書名項在書目中最爲重要」，因爲「書名兼有標題的功用」，而且「書名可兼表著者」〔註28〕，所以命定書名乃一件慎重之事，歸納《四庫提要‧經部》所著錄之書名，其命名之依據，大致有下列數項：

1、因地域而命名：如〈東易問提要〉云：

> 國朝魏樞撰。……其凡例謂生長遼東，日與東人相問答，故敘其原委而集之，以示初學，名之曰《東易問》，紀其實也〔註29〕。

又如〈四書順義解提要〉云：

> 國朝劉琴撰。……是編皆先標章次，而後循文以衍其意，每節之末，又雜引舊説以析之，以成於官順義時，因以爲名〔註30〕。

2、因經進之本而命名：如〈周易新講義提要〉云：

> 宋耿南仲撰。……是書舊本或題《進周易解義》，疑爲侍欽宗於東宮時經進之本〔註31〕。

案凡經進之本，大抵於書名之前加一「進」字，以示區別。

3、因居官而命名：如〈易小傳提要〉云：

> 宋沈該撰。……登嘉王榜進士，紹興中官至左僕射，兼修國史，故宋人稱是書爲《沈丞相易傳》〔註32〕。

4、因所居之處所而命名：此又可分爲三項：

（1）因軒以命名：如〈玩易意見提要〉云：

> 明王恕撰。……恕於宏治壬戌養疴家居，因構一軒名「玩易」，於

〔註27〕同註17，厚齋易學條，頁1～85。
〔註28〕見《慶祝蔣慰堂先生七十榮慶論文集》，台灣學生書局，頁389～398。
〔註29〕同註9，卷十〈經部〉十〈易類〉存目四，東易問條，頁1～235。
〔註30〕同註19，四書順義解條，頁1～773。
〔註31〕同註16，周易新講義條，頁1～68。
〔註32〕同註16，易小傳條，頁1～70。

程朱之說，有所未愜於心者，箚記以成此書〔註33〕。

（2）因齋以命名：如〈易說存悔提要〉云：

國朝汪憲撰。……是書大旨，謂學易期於寡過，欲過之寡，惟在知悔，悔存而凶吝漸消，可日趨於吉，故以存悔顏其齋，因以名其易說〔註34〕。

（3）因堂以命名：如〈毛詩集解提要〉云：

宋段昌武撰。……其書舊本題《叢桂毛詩集解》，蓋以所居之堂名之〔註35〕。

5、因歲次而命名：如〈丙子學易編提要〉云：

宋李心傳撰。……是書於嘉定九年，竭二百八日之力，排纂蕆業，以歲在丙子爲名〔註36〕。

又如〈癸巳論語解提要〉云：

宋張栻撰。其書成於乾道九年，是年歲在癸巳，故名曰《癸巳論語解》〔註37〕。

6、因師承而命名：如〈周易像象述提要〉云：

明吳桂森撰。……從武進錢一本學易，一本嘗著《像象管見》諸書，桂森本其意而推闡之，以成是書，名曰《像象述》，明師承也〔註38〕。

又如〈春秋師說提要〉云：

元趙汸撰，汸常師九江黃澤，其初一再登門，得六經疑義十餘條以歸，已復往留二載，得口授六十四卦大義，與學春秋之要，故題曰「師說」，明不忘所自也〔註39〕。

7、因釋意而命名：如〈兒易內儀以提要〉云：

明倪元璐撰。……是書內儀以專以大象釋經，每卦列卦爻辭，至大象而止，以六十四卦大象，俱有以字，以之爲言用也，故以名書〔註40〕。

8、因夢而命名：如〈八卦餘生提要〉云：

明鄧夢文撰。……是書前有永樂甲辰自序，稱著是書時，夢神授以

〔註33〕同註11，玩易意見條，頁1～167。
〔註34〕同註28，易說存悔條，頁1～244。
〔註35〕同註9，卷十五〈經部〉十五〈詩類〉一，毛詩集解條，頁1～334。
〔註36〕同註17，丙子學易編條，頁1～88。
〔註37〕同註9，卷三五〈經部〉三五〈四書類〉一，癸巳論語解條，頁1～719。
〔註38〕同註9，周易像象述條，頁1～122。
〔註39〕同註9，卷二八〈經部〉二八〈春秋類〉三，春秋詩說條，頁1～566。
〔註40〕同註9，兒易內儀以條，頁1～124。

八卦餘生之名，覺而不識其所謂，但既有所受之，則不敢不以是名之，
其說甚怪〔註41〕。

9、因反對前人之說而命名：如〈易學四同提要〉云：

明季本撰。……是編以四同為名，蓋以朱子本義首列九圖，謂有天
地自然之易，有伏羲之易，有文王之易，有孔子之易，四者不同，本極
以其說為不然，故以四同標目〔註42〕。

10、因與他書體例相似而命名：如〈詩傳旁通提要〉云：

元梁益撰。……朱子《詩傳》，詳於作詩之意，而名物訓詁，僅舉
大凡，蓋是書仿孔賈諸疏，證明註文之例，凡《集傳》所引故實，一一
引據出處，辨析源委，因杜文瑛先有《語孟旁通》，體例相似，故亦以旁
通為名〔註43〕。

11、因字而命名：如〈竟山樂錄提要〉云：

國朝毛奇齡撰。……是書本奇齡所作，而託於其父鏡所傳，故題曰
《竟山樂錄》，「竟山」者鏡之字也〔註44〕。

12、因襲名而命名：如〈越語肯綮錄提要〉云：

國朝毛奇齡撰。是編皆記其鄉之方言，而證以古音古訓，以為與陸
法言韻多相合，因宋趙叔向有《肯綮錄》，故襲其名〔註45〕。

（二）藉書名以明體製、內容：

如〈周易窺餘提要〉云：

宋鄭剛中撰。……自序有云，伊川《易傳》、《漢上易傳》二書，頗
彌縫於象義之間，但易道廣大，有可窺之餘，吾則窺之。「窺餘」之名，
蓋取諸此〔註46〕。

（三）詳釋書名以明主旨：

如〈易義古象通提要〉云：

明魏濬撰。……大旨謂文周之易，即象著理，孔子之易，以理名象，
又於漢魏晉唐諸人所論象義，取其近正者，故名「古象通」，而冠以易義，

〔註41〕同註11，八卦餘生條，頁1～165。
〔註42〕同註11，易學四同條，頁1～170。
〔註43〕同註9，卷十六〈經部〉十六〈詩類〉二，詩傳旁通條，頁1～339。
〔註44〕同註9，卷三八〈經部〉三八〈樂類〉，竟山樂錄條，頁1～793。
〔註45〕同註9，卷四三〈經部〉四三〈小學類〉存目一，越語肯綮錄條，頁1～892。
〔註46〕同註17，周易窺餘條，頁1～72。

言即象以通義也〔註47〕。

（四）說明書名之由來：

如〈書儀提要〉云：

> 宋司馬光撰，考《隋書・經籍志》謝元有《內外書儀》四卷，蔡
> 超有《書儀》二卷，以至王宏、王儉、唐瑾，皆有此著，又有《婦人
> 書儀》八卷，《僧家書儀》五卷，蓋「書儀」者，古私家儀注之通名，
> 《崇文總目》載唐裴茞鄭餘慶，宋杜有晉劉岳，尚皆用斯目，光是書
> 亦從舊稱也〔註48〕。

（五）取他書中之語以爲名：

如〈易璇璣提要〉云：

> 宋吳沆撰。……其曰「璇璣」者，取王弼易略例明篆篇，處璇璣以
> 觀大運語也〔註49〕。

又如〈春秋究遺提要〉云：

> 國朝葉酉撰。……其曰「究遺」者，蓋用韓愈贈盧仝詩：「春秋三
> 傳束高閣，獨抱遺經究終始」語也〔註50〕。

（六）取他人之語以爲名：

如〈太平經國之書提要〉云：

> 宋鄭伯謙撰。……是書發揮周禮之義，其曰「太平經國書」者，取
> 劉歆周公致太平之迹語也〔註51〕。

又如〈春秋經世提要〉云：

> 明魏校撰。……是編名「春秋經世」者，蓋取《莊子》：「春秋經世
> 先王之志」語也〔註52〕。

五、辨正各種書目著錄書名之失

書目記書名，貴求真確，如有訛誤，遺害後世，四庫館臣所辨正者，未必全

〔註47〕同註9，易義古象通條，頁1～122。
〔註48〕同註9，卷二二〈經部〉二二〈禮類〉四，書儀條，頁1～458。
〔註49〕同註17，易璇璣條，頁1～73。
〔註50〕同註9，卷二九〈經部〉二九〈春秋類〉四，春秋究遺條，頁1～600。
〔註51〕同註9，卷十九〈經部〉十九〈禮類〉一，太平經國之書條，頁393。
〔註52〕同註9，卷三十〈經部〉三十〈春秋類〉存目一，春秋經世條，頁1～608。

皆眞確，然可供治目錄學者之參究，茲據四庫館臣所辨正者，條析其義例，以明其概。

（一）一書誤分爲二書：

如〈周易口義提要〉云：

> 宋倪天隱述其師胡瑗之說。《宋志》載瑗《易解》十卷，《周易口義》十卷。朱彝尊《經義考》引李振裕之說云，瑗講授之餘，欲著述而未逮，其門人倪天隱述之，以非其師手著，故名曰「口義」，後世或稱「口義」，或稱「易解」，實無二書也。其說雖古無明文，然考晁公武《讀書志》，有云胡安定《易傳》，蓋門人倪天隱所纂，非其自著，故序首稱先生曰，其說與「口義」合，又列於《易傳》條下，亦不另出「口義」一條，然則《易解》、《口義》爲一書，明矣，《宋志》蓋誤分爲二也〔註53〕。

又如〈春秋經解提要〉云：

> 宋孫覺撰。……《宋史・藝文志》載《覺春秋經解》十五卷，又《春秋學纂》十二卷，《春秋經社要義》六卷。朱彝尊《經義考》據以著錄，於《經解》注曰存，於《學纂》、《要義》皆注曰佚。……考陳振孫《書錄解題》，載《春秋經解》十五卷，《春秋經社要義》六卷，而無《春秋學纂》。王應麟《玉海》載《春秋經社要義》六卷，《春秋學纂》十二卷，而無《春秋經解》。……然則《春秋學纂》，即《春秋經解》之別名，《宋志》誤分爲二書〔註54〕。

以上二條皆四庫館臣引據書目，以辨正《宋史・藝文志》將一書誤分爲二書之失。

（二）未見原書，或傳聞未審：

如〈用易詳解提要〉云：

> 宋李杞撰。……焦竑《經籍志》作《謙齋詳解》，朱彝尊《經義考》作《周易詳解》。考杞自序稱經必以史證，後世岐而爲二，尊經太過，反入於虛無之域，無以見經爲萬世有用之學，故取文中子之言，以用易名編，其述稱名之意甚詳，竑及彝尊，殆未見原書，故傳聞訛異歟〔註55〕！

案此四庫館臣據李杞自序，詳言稱名之意，認爲焦竑及朱彝尊未見原書，故傳聞訛異。

〔註53〕同註16，周易口義條，頁1～63。
〔註54〕同註15，春秋經解條，頁1～539。
〔註55〕同註17，周易詳解條，頁1～94。

又如〈易學變通提要〉云：

> 元曾貫撰。……所著《四書類辨》、《學庸標旨》諸書，俱湮沒不傳，惟朱彝尊《經義考》，載有《周易變通》之名，亦以爲已佚。今檢《永樂大典》所錄周易各卦下，收入貫說尚多，其標題實作《易學變通》，知彝尊未見原書，故稱名小誤矣〔註56〕。

此四庫館臣檢據《永樂大典》所記，而判斷朱彝尊未見原書，故稱名小誤矣。

又如〈十願齋易說‧霞舟易箋提要〉云：

> 明吳鍾巒撰。……朱彝尊《經義考》惟載鍾巒《周易卦說》，不著卷數，註曰未見，而無此書名，《江南通志‧儒林傳》所載亦同，殆輾轉傳聞，相沿而誤歟〔註57〕！

此並四庫館臣辨正朱彝尊《經義考》、《江南通志‧儒林傳》，因輾轉傳聞，故相沿而誤。

又如〈融堂書解提要〉云：

> 宋錢時撰。……案時《兩漢筆記》之前，載有《尚書省箚》，列時所著諸書，有《尚書啓蒙》，又載嚴州進狀，則稱《尚書演義》，同時案牘之文已自相違異。《永樂大典》所載，則皆題錢時《融堂書解》，其名又殊，然《永樂大典》皆據內府宋本採入，當必無訛，朱彝尊《經義考》以《尚書演義》著錄，蓋未睹中秘書也〔註58〕。

此四庫館臣據《永樂大典》所載，而判定朱彝尊《經義考》之誤。

又如〈讀詩私記提要〉云：

> 明李先芳撰。……朱彝尊《經義考》載先芳有《毛詩考正》，不列卷數，註曰未見，而不載此書，其爲一書兩書，蓋不可考，然此書亦多辨定毛傳，或彝尊傳聞未審，誤記其名歟〔註59〕！

此四庫館臣從內容上辨正朱目之失。

（三）刊刻本偶誤：

如〈易精蘊大義提要〉云：

> 元解蒙撰。……解縉《春雨堂集》，稱是書爲《易經精義》，《經義考》稱是書爲《周易精蘊》，考《永樂大典》所題實作解蒙《周易精蘊

〔註56〕同註9，卷四〈經部〉四〈易類〉四，易學變通條，頁1～110。
〔註57〕同註24。
〔註58〕同註10，融堂書解條，頁1～264。
〔註59〕同註42，讀詩私記條，頁1～343。

大義》，二人皆偶誤記也〔註60〕。

此四庫館臣據《永樂大典》所著錄者，而辨正解縉《春雨堂集》、朱彝尊《經義考》
偶誤記也。

又如〈周易辨錄提要〉云：

> 明楊爵撰。……以上疏極論符瑞下詔獄，繫七年始得釋。……蓋即
> 其與周怡劉魁等在獄中講論所作，故取繫辭困德之辨一語爲名，《明史》
> 本傳作《周易辨說》，其名小異，然〈藝文志〉仍作《周易辨錄》，蓋刊
> 本字誤也〔註61〕。

此四庫館臣辨正《明史》本傳刊本字誤也。

又如〈匡謬正俗提要〉云：

> 唐顏師古撰。……宋人諸家書目，多作《刊謬正俗》，或作《糾謬
> 正俗》，蓋避太祖之諱，錢曾《讀書敏求記》，作《列謬正俗》，則刻本偶
> 誤也〔註62〕。

此四庫館臣辨正錢曾《讀書敏求記》刻本偶誤也。

又如〈急就章提要〉云：

> 漢史游撰。……是書漢志但作《急就一篇》，而小學類末之敘錄，
> 則稱《史游急就篇》。……今本每節之首，俱有章第幾字，知《急就章》
> 乃其本名，或稱《急就篇》，或但稱《急就》，乃偶然異文也〔註63〕。

（四）改名之失：

如〈易象古象通提要〉云：

> 明魏濬撰。……大旨謂文周之易，即象著理，孔子之易，以理名象，
> 又於漢魏晉唐諸人所論象義，取其近正者，故名古象通，而冠以易義，
> 言即象以通義也。朱彝尊《經義考》改曰《周易古象通》，則與濬名書之
> 意不合矣〔註64〕。

此四庫館臣言朱目改名，故不合撰者之本意也。

又如〈學易舉隅提要〉云：

> 元鮑恂撰。……其書本名《學易舉隅》，權爲刊板，始更名《大易

〔註60〕同註55，易精蘊大義條，頁1～109。
〔註61〕同註9，周易辨錄條，頁1～117。
〔註62〕同註21。
〔註63〕同註9，卷四一〈經部〉四一〈小學類〉二，急就章條，頁1～831。
〔註64〕同註46。

鈞元》，然朱彝尊《經義考》載之，仍曰《舉隅》，考所言僅粗陳崖略，
不足當鈞元之名，題曰《舉隅》，於義爲近〔註65〕。

此四庫館臣從內容上，判斷寧王權改名之失。

又如〈尚書砭蔡編提要〉云：

> 明袁仁撰。……朱彝尊《經義考》載此書，註曰未見，此本載曹溶
> 《學海類編》中，題曰《尚書蔡註考誤》，案沈道原序，亦稱《砭蔡編》，
> 則《經義考》所題爲是，溶輯《學海類編》，多改易舊名，以示新異，不
> 足爲據也〔註66〕。

此四庫館臣嚴斥曹溶《學海類編》，多改易舊名，以示新異，不足爲據也。

（五）疑史衍文：

如〈胡子易演提要〉云：

> 明胡經撰。……《明史‧藝文志》載胡經《易演義》十八卷，此本
> 但稱《易演》，疑史衍文也〔註67〕。

此四庫館臣辨正《明史‧藝文志》衍文之處。

（六）別立標題：

如〈詩論提要〉云：

> 宋程大昌撰。……是書本載大昌《考古編》中，故《宋志》不列其
> 名，朱彝尊《經義考》始別立標題，謂之《詩議》，曹溶《學海類編》則
> 作《詩論》，《江南通志》則作《毛詩辨正》，考原本實作《詩論》，則曹
> 溶本是也〔註68〕。

此四庫館臣言朱目別立標題，故書名有誤也。

（七）從舊本判別：

如〈孟子傳提要〉云：

> 宋張九成撰。……《宋史‧藝文志》，載九成《孟子拾遺》一卷，
> 今附載《橫浦集》中，《文獻通考》載九成《孟子解》十四卷，朱彝尊
> 《經義考》注云未見，此本爲南宋舊槧，實作《孟子傳》，不作《孟子

〔註65〕同註11，學易舉隅條，1～164。
〔註66〕同註9，卷十二〈經部〉十二〈書類〉二，尚書砭蔡編條，頁1～277。
〔註67〕同註11。
〔註68〕同註9，卷十七〈經部〉十七〈詩類〉存目一，詩論條，頁1～362。

解》〔註 69〕。

此四庫館臣從內府藏本中辨正《文獻通考》之失。

六、辨正《提要》書名之失

　　《四庫提要》雖辨正各種書目所著錄書名之失，然而《提要》本身，卻因主事者檢校不細，臨文又不詳覈，以致造成一些失誤之處，今參考各公私書目，為之辨正如后：

　　（一）〈易學辨惑〉條：

　　《提要》言《宋史‧藝文志》但題《辨惑》一卷，無「易學」字，今考覈《宋志》實作《周易辨惑》，提要失之〔註 70〕。

　　（二）〈學易舉隅〉條：

　　《提要》言其書本名《學易舉隅》，故仍原目著錄，然《明志》、《經義考》均作《大易舉隅》也，《提要》作《學易舉隅》，不知何據也〔註 71〕。

　　（三）〈春秋通義〉條：

　　《提要》言「考《宋史‧藝文志》，蹇遵品、王皙、家安國、邱葵，皆有《春秋通義》實則原無邱葵之《通義》，《提要》失之〔註 72〕。

　　（四）〈春秋集解〉條：

　　《提要》言「《宋史‧藝文志》稱是書為《春秋集傳》，《文獻通考》則作《集解》，與今本合，知《宋志》為傳寫誤矣。」然考覈《宋志》、陳錄均作《春秋集傳》，《晁志》及《通考》，並作《潁濱春秋集傳》，無作《春秋集解》者，《提要》不知何據，而輕言《宋志》為誤〔註 73〕。

　　（五）〈春秋辨疑〉條：

　　《提要》言「《宋史》亦載其《春秋經解》十卷。」今考覈《宋志》，實作《春秋經辨》，《提要》失之〔註 74〕。

〔註 69〕同註 36，孟子傳條，頁 1～713。
〔註 70〕同註 16，易學辨惑條，頁 1～66。
〔註 71〕同註 64。
〔註 72〕同註 15，春秋通義條，頁 1～537。
〔註 73〕同註 15，春秋集解條，頁 1～540。
〔註 74〕同註 15，春秋辨疑條，頁 1～541。

（六）蒙齋中庸講義條：

　　《提要》言「此書散見《永樂大典》中，而史志顧未之及。」然《宋志》實作《中庸詳說》，提要言「史志顧未之及」，蓋未詳檢也〔註75〕。

七、斥取釋氏之語以名經解

　　我國之目錄學家固以考鏡源流，辨章學術爲主要目的，然自從傳承漢武帝罷黜百家，定儒家於一尊之後，弘揚儒術，不遺餘力，對於所謂無益教理者，盡刪棄之，尤其對釋氏之學更持排斥之心態，故《易傳燈》一書，由於取「傳燈」一語爲釋氏之語以命名，即遭受斥責，其他不言而喻矣〔註76〕。

〔註75〕同註36，蒙齋中庸講義條，頁1～720。
〔註76〕同註17，易傳燈條，頁1～84。

第三章　卷　數

第一節　篇、卷之起源

　　古代在尚未發明造紙術之前，人類用來記載語言文字之主要工具，是採用竹簡和木板，王充《論衡‧量知篇》云：

> 人未學問曰矇，矇者竹木之類也。夫竹生於山，木長於林，未知所
> 入，截竹為筒，破以為牒；加筆墨之跡，乃成文字。大者為經，小者為
> 傳記。斷木為槧，梡之為板，力加刮削，乃成奏牘〔註1〕。

據此，可知古代是用木板作為奏牘之用，至於書寫文字，便是用竹簡矣。許慎《說文解字》云：「簡，牒也。」又云：「篇，書也。」「簡」、「篇」等字皆從竹，一塊竹片稱「簡」，多塊竹簡編攏在一起，便稱為「篇」。後來由於人事日趨繁雜，光靠竹簡作為書寫之工具，實在無法應付日益紛繁之事物，於是兼用縑帛。雖然縑帛價錢較為昂貴，然其優點在於書寫大量之文字，並且用縑帛寫書，可以將其收捲起來，較竹簡容易保存，故漢代以後竹簡漸廢，而縑帛也就大量使用。縑帛除了具有大量書寫文字之功能之外，更具有收捲之特性，後來書籍之數量用「卷」之名稱，蓋取其舒卷之義。

　　由於漢代記載書寫語言文字之主要工具是竹簡、縑帛並用，故「篇」和「卷」作為書籍數量之名稱，似乎並無所區別之處，所以班固在《漢書‧藝文志》上所著錄之書籍，或稱「篇」，或稱「卷」，並不一致，清儒盧文弨在其所著《鍾山札記》卷一論篇卷曾云：

〔註1〕見漢王充撰、劉盼遂集解，《論衡集解》卷十二〈量知篇〉，世界書局，頁255。

篇，即卷也。……《漢志》，《易》皆言篇，《詩》皆言卷。其餘一
類之中，或篇或卷不一，後每種各結之云，凡若干家，若干篇。至末，
總結其數云，大凡書六略，三十八種，五百九十六家，萬三千二百六十
九卷，此非篇即爲卷乎〔註2〕！

盧氏此言，僅足以說明漢代篇卷不分之一般情況。

泊乎漢儒師法家法盛行之後，大量之注解古書，訓詁經傳，有些經傳合一，
有些經傳注疏分開，造成經傳間篇卷數之混淆不清，而且經傳篇題迭經後人增損，
誠如張舜徽在《廣校讎略》中所云：

經傳之傳于今，凡幾變矣，傳注附於經，而古書面目一變；自義疏
附於經注，而古書面目再變。故在今日考論經傳篇題之例，蓋有古書原
本之標題，有漢人傳注家之標題，有唐人義疏家之標題，有宋人合刻注
疏之標題，學者不可不辨也〔註3〕。

由於經傳篇題之變異，造成篇卷數之訛異，此在書目家著錄卷數之時，必須加以
辨正，盧文弨曾舉裴駰之《史記集解》與《太史公百三十篇史記》，辨別篇與卷數
之異，其云：

篇，即卷也，《漢藝文志》，《太史公百三十篇》，有謂其無卷數，裴
駰爲《集解》，則分八十卷。《隋志》始以一篇爲一卷，此語殊不然。……
若《集解》一書，本來亦如今所傳索隱單行本，必不全載史公之文，此
自《易》之十翼、《春秋》三傳，皆不連經，唐人《五經正義》，所以標
起訖者，以本不連經注故耳，不可以《集解》之卷數，爲即裴氏之《史
記》本也〔註4〕。

盧氏對《隋志》以一篇爲一卷，不以爲然，蓋篇卷數除附傳注義疏而增加之外，
篇與卷本身，因篇幅長短之不一，亦是無法取得一致矣，張舜徽《廣校讎略》云：

惟書篇幅長短不齊，故編書之人於篇幅甚短者，恒合數篇以成一
卷。《詩》三百篇，每篇文字最簡，《漢書藝文志》著錄魯、齊、韓三家
經文爲二十八卷，《爾雅》十九篇，《漢志》著錄爲三卷（漢志原文云：爾
雅三卷二十篇。今所存僅十九篇，蓋已亡其序篇。），是其例也。若夫篇幅過長者，
又每分爲上下卷，或上中下卷。《漢書》本爲百篇，而應劭注本作一百一

〔註2〕見《叢書集成新編》第十三冊，《鍾山札記》卷一，新文豐出版公司，頁519。
〔註3〕見楊家駱主編《校讎學系編》，鼎文書局，頁388。
〔註4〕同註2。

十五卷，顏師古注本作一百二十卷，是其例也〔註5〕。

由於篇、卷之不能取得一致，後世爲書目者，往往只計卷數，以求得統一，張舜徽又云：

> 蓋自簡策既廢，易篇爲卷，太長則卷舒不便，過短則不能自成一軸，故編次者輒依文辭繁簡，有所進退離合於其間，自是爲書目者，若阮孝緒〈七錄序〉後所附〈古今書最〉及唐初諸儒修《隋書·經籍志》，皆但計卷數，無復稱篇者矣〔註6〕。

棄篇從卷，使得後世書目家在書籍數量之著錄上取得一致，然而卷數之分合、散佚、衍誤等種種問題，亦使目錄學家在著錄卷數之時，必須經過一番縝密之探究，才能得到正確之卷數。關於篇卷之問題，章學誠《文史通義·內篇》有〈篇卷〉一文，論之甚詳〔註7〕，又葉德輝《書林清話》卷一亦論及「書之稱冊」、「書之稱卷」等問題〔註8〕，而近人陳槃先生亦曾論及篇卷之問題。

第二節　《四庫提要》經部所記卷數之義例

書目記卷數，以卷數爲計量單位，當卷數有分合、增減、差異時，就須探究，以了解其實際之情況，以下就《四庫提要》記載卷數之情況，擬定義例，作爲治目錄學者之參考。

一、引書目所記卷數，以證散佚

一書經過長時期之流傳，可能產生一些變化，當後世書目對此書之卷數之著錄逐漸減少，甚或已不載矣，此書可能已亡佚，如〈周易鄭康成注提要〉云：

> 一卷，宋王應麟編。……案《隋志》載鄭玄《周易注》九卷，……然《新唐書》著錄十卷。……宋《崇文總目》惟載一卷，所存者僅文言、序卦、說卦、雜卦四篇，餘皆散佚，至《中興書目》始不著錄，則亡於南北宋之間〔註9〕。

〔註5〕同註3，頁423。
〔註6〕同註3，頁423。
〔註7〕見章誠撰《文史通義》，盤庚出版社，頁62。
〔註8〕見葉德輝撰《書林清話》，卷一，世界書局，頁9及頁12。
〔註9〕見《四庫全書總目提要》第一冊〈經部〉，卷一〈經部〉一〈易類〉一，周易鄭康成注條，頁1～55。

二、卷　數分合

一書經過長時期之流傳，其卷數會產生分合之現象，如能加以詳實之敘述，則對該書之來龍去脈，更能確實地掌握。茲將卷數分合之情況，述之如后：

（一）書之分合：

如〈周易注提要〉云：

> 十卷，上下經注及略例，魏王弼撰；繫辭傳說卦傳序卦傳雜卦傳注，晉韓康伯撰。《隋書‧經籍志》以王韓之書各著錄，故《易注》作六卷、《略例》作一卷、《繫辭注》作三卷。《舊唐書‧經籍志》、《新唐書‧藝文志》，皆載弼注七卷，蓋合略例計之，今本作十卷，則併韓書計之也。考王儉《七志》，已稱弼《易注》十卷，則併王韓爲一書，其來已久矣〔註10〕。

此即由書之分合，以說明卷數之分合。

（二）傳寫淆亂：

如〈周易古占法‧古周易章句外編提要〉云：

> 《周易古占法》一卷、《古周易章句外編》一卷，宋程迥撰。……此書世無刊本，凡藏書家所傳寫者，均作二卷。前卷題曰《周易古占法上》，凡十一篇。後卷雜論易說及記古今占驗，題曰《周易古占法下》，又題曰《古周易章句外編》。中有一條云，迥作周易古占法，其序引云云，顯非占法之下卷矣。考《宋史‧藝文志》載迥《古易占法》、《周易外編》二書，均止一卷，然則止前卷十一篇者，爲《周易古占法》，其後卷自爲《周易章句外編》，後人誤合爲一書，因妄標卷上卷下字耳。然陳振孫《書錄解題》，以迥《周易章句》十卷、《外編》一卷、《占法》一卷、《古易考》一卷並列，而總註其下曰程迥可久撰，其論占法雜記占事尤詳，則通爲一編，自宋已然，傳寫淆亂，固亦有由矣〔註11〕。

此即由傳寫淆亂，以說明卷數之分合。

（三）卷數異而書不異：

一書之流傳，有因傳寫而析其篇目；又有因文句繁雜，更離析其卷數，亦有因嫌其煩碎，而併其卷數。然而卷數有增減，而書卻不異，如〈廣雅提要〉云：

> 十卷，魏張揖撰。……前有揖〈進表〉，稱凡萬八千一百五十文，

〔註10〕同註9，周易注條，頁1～57。
〔註11〕同註9，卷三〈經部〉三〈易類〉三，周易古占法、古周易章句外編條，頁1～76。

分爲上中下，《隋書‧經籍志》亦作三卷，與表所言合，然註曰梁有四卷，《唐志》亦作四卷，《館閣書目》又云今逸，但存音三卷。隋祕書學士曹憲所註本，《隋志》作四卷，《唐志》則作十卷，卷數各參錯不同，蓋揖書本三卷，《七錄》作四卷者，由後來傳寫，析其篇目，憲註四卷，即因梁代之本，後因文句稍繁，析爲十卷，又嫌十卷煩碎，復併爲三卷，觀諸家所引《廣雅》之文，皆具在今本，無所佚脫，知卷數異而書不異矣〔註12〕。

三、卷數減少

一書目記載之卷數，比以前書目所記載者減少，則可能是合併、缺佚之原故，今分述如后。

（一）後人從注本合併：

如〈周易正義提要〉云：

十卷，魏王弼、晉韓康伯註，唐孔穎達疏。……序稱十四卷，《唐志》作十八卷，《書錄解題》作十三卷，此本十卷，乃與王韓注本同，殆後人從注本合併歟〔註13〕！

（二）缺佚：

書因缺佚之關係，則卷數自然減少，如〈易變體義提要〉云：

十二卷，宋都絜撰。……《宋志》作十六卷，《玉海》引續書目曰，自乾之姤，至未濟之解，以意演之，爻爲一篇，凡三百八十四篇。馮椅《易學附錄》曰，都氏易，先以理，而次以象義，每卦終又有統論。今考《永樂大典》所載爻義，皆分載於各爻之下，而無所謂卦終之統論，與《玉海》合。意應麟所見，即輯《永樂大典》時所據之本，已非其全矣。今《永樂大典》又缺豫隨大畜大壯睽寒中孚等七卦，及晉卦之後四爻，謹裒合排比，編爲十二卷〔註14〕。

又如〈毛詩集解提要〉云：

二十五卷，宋段昌武撰。……原書三十卷，明代惟朱睦㮮萬卷堂有宋槧完本，後沒於汴梁之水，此本爲孫承澤家所鈔，僅存二十五卷，其

〔註12〕同註9，卷四十〈經部〉四十〈小學類〉一，廣雅條，頁1～822。
〔註13〕同註9，周易正義條，頁1～58。
〔註14〕同註11，易變體義條，頁1～73。

> 周頌清廟之什以下，並已脫佚，朱彝尊《經義考》，載是書三十卷，註曰
> 闕〔註15〕。

此即卷數因脫佚而減少。

（三）坊刻合併：

如〈詩集傳提要〉云：

> 八卷，宋朱子撰。《宋志》作二十卷，今本八卷，蓋坊刻所併〔註16〕。

此即卷數因坊刻所併而減少。

（四）疑或別有附錄而佚之：

如〈春秋事義全考提要〉云：

> 十六卷，明姜寶撰，《明史‧藝文志》、朱彝尊《經義考》，俱載是書
> 二十卷，而此少四卷，然檢其篇帙，未見有所缺佚，疑或別有附錄而佚之
> 歟〔註17〕！

（五）未全之本：

如〈日進直講提要〉云：

> 五卷，明高拱撰。……《千頃堂書目》作十卷，今本止五卷，自學
> 庸至論語子路問成人章止，蓋未全之本也〔註18〕。

此即因見未全之本，故卷數因而減少。

四、卷數增加

一書卷數增加之原因，蓋乃文繁而離析，或校定字句而增加，或附載他文之
故，今亦分述於后。

（一）文繁而增：

如〈易說提要〉云：

> 四卷，宋趙善譽撰。……《宋史‧藝文志》本作二卷，今以其文頗
> 繁，釐為四卷焉〔註19〕。

又如〈絜齋家塾書抄提要〉云：

〔註15〕同註9，卷十五〈經部〉十五〈詩類〉一，毛詩集解條，頁1～334。
〔註16〕同註15，詩集傳條，頁1～329。
〔註17〕同註9，卷二八〈經部〉二八〈春秋類〉三，春秋事義全考條，頁1～576。
〔註18〕同註9，卷三七〈經部〉三七〈書類〉存目，日進直講條，頁1～753。
〔註19〕同註11，易說條，頁1～81。

十二卷，宋袁燮撰。……其書《宋史・藝文志》作十卷。……謹從《永樂大典》所載，採輯編次，俾復還舊觀，以篇帙稍繁，釐爲一十二卷〔註20〕。

又如〈毛詩講義提要〉云：

十二卷，宋林岊撰。……《宋史・藝文志》、馬端臨《經籍考》，及《文淵閣書目》，此書皆作五卷。自明初以來，久無傳本，故朱彝尊《經義考》，以爲已佚，今從《永樂大典》各韻所載，次第彙輯，用存其概，《永樂大典》所原軼者，則亦闕焉，因篇帙稍繁，謹釐爲一十二卷，不復如其舊目云〔註21〕。

又如〈春秋集注提要〉云：

四十卷，宋高閌撰。……陳振孫《書錄解題》，稱是書十四卷，今以篇頁繁重，析爲四十卷〔註22〕。

以上皆述因篇帙繁重，因而使得卷數增加。

（二）校定字句而增：

如〈洪範口義提要〉云：

二卷，宋胡瑗撰。……《宋史》本作一卷，今校定字句，析爲二卷〔註23〕。

（三）附載傳文、徵引典故而增：

如〈詳註東萊左氏博議提要〉云：

二十五卷，宋呂祖謙撰。……書凡一百六十八篇，《通考》載作二十卷，與此本不同，蓋此本每題之下，附載左氏傳文，中間徵引典故，亦略爲注釋，故析爲二十五卷〔註24〕。

五、卷數之差異

卷數之差異，自古而然，有著錄之旨趣不同，卷數之豐殺迥異〔註25〕；亦有

〔註20〕同註9，卷十一〈經部〉十一〈書類〉一，絜齋家塾書抄條，頁1～261。
〔註21〕同註15，毛詩講義條，頁1～333。
〔註22〕同註9，卷二七〈經部〉二七〈春秋類〉二，春秋集注條，頁1～548。
〔註23〕同註20，洪範口義條，頁1～254。
〔註24〕同註22，詳註東萊左氏博議條，頁1～551。
〔註25〕見汪辟疆著《目錄學研究》云：「……據《隋書・經籍志》稱《別錄》二十卷，《七略》七卷，是歆書已減於《別錄》三之一矣。蓋向書重在解題，故文繁而事贍，歆書但明類例，故綱舉而目張，著錄之旨不同，卷數之豐殺迥異。」文史哲出版社，

妄改、佚脫、依託等，而致使卷數差異；更有編刻之時地不同，致使傳錄之源流遂異〔註26〕。底下就四庫提要所記載之卷數，詳其義例，並求得卷數差異之原因如后：

（一）分合：

分合為卷數差異之主要原因之一，其情況有下列數項：

1、書之分合：如〈周易集解提要〉云：

十七卷，唐李鼎祚撰。……其書《新唐書‧藝文志》作十七卷，晁公武《讀書志》曰，今所有止十卷，而始末皆全，無所亡失，豈後人併之耶！《經義考》引李燾之言，則曰鼎祚自序止云十卷，無亡失也。朱睦㮮作於嘉靖丁巳，亦云自序稱十卷，與燾說同。……今考序中稱至如卦爻象象，理涉重元，經注文言，書之不盡，別撰索隱，錯綜根萌，音義兩存，詳之明矣云云。則《集解》本十卷，附〈略例〉一卷，為十一卷，尚別有《索隱》六卷，共成十七卷。《唐志》所載，蓋併〈索隱〉、〈略例〉數之，實非舛誤。至宋而《索隱》散佚，刊本又削去〈略例〉，僅存《集解》十卷，故與《唐志》不合〔註27〕。

2、本書卷數之合併：如〈易裨傳提要〉云：

二卷，宋林至撰。……是書《宋史‧藝文志》作一卷，《文獻通考》於二卷之外，又有〈外篇〉一卷，此本為元至正間陳泰所刊，總為二卷，蓋泰所併也〔註28〕。

又如〈周易文詮提要〉云：

四卷，元趙汸撰。……《經義考》載八卷，此本舊鈔止四卷，然首尾完具，不似有所闕佚，或後人合併歟〔註29〕！

又如〈石潭易傳撮要提要〉云：

頁19。

〔註26〕見劉紀澤著《目錄學概論》云：「今傳卷帙，稽之志乘，所在殊懸，……傅增湘云：『宛秋集，世傳卷數，最為參差，聚珍本題柯山集五十卷，明嘉靖本題文潛集十三卷，鈔本題張右史集，有六十二卷者，有六十五卷者，有六十卷者，而四庫著錄，又為七十六卷。至汪藻所編張龍閣集三十卷，周紫芝所稱譙郡先生集百卷本，今已不可得見，蓋編刻之時地不同，傳錄之源流遂異。』〔藏園群書題識〕」，台灣中華書局，頁58～60。

〔註27〕同註9，周易集解條，頁1～59。

〔註28〕同註11，易裨傳條，頁1～85。

〔註29〕同註9，卷四〈經部〉四〈易類〉四，周易文詮條，頁1～113。

一卷，明劉髦撰。……前有蕭鎡序，云總爲四卷，而此刻則僅有一卷，然門目與鎡序皆符，知無所佚闕，朱彞尊《經義考》亦作一卷，蓋重刻者所合併也〔註30〕。

又如〈春秋通訓提要〉云：

六卷，宋張大亨撰。……陳振孫《書錄解題》，及《宋史·藝文志》，並作十六卷，朱彞尊《經義考》云已佚，此本載《永樂大典》中，十二公各自爲卷，而隱公莊公襄公昭公，又自分上下卷，與十六卷之數合，然每卷篇頁無多，病其繁碎，今併爲六卷，以便省覽，其文則無所佚脫也〔註31〕。

以上皆言本書卷數之合併。

3、合併他書：如〈周易象義提要〉云：

十六卷，宋丁易東撰。……諸家著錄多作十卷，惟朱睦 《授經圖》作《易傳》十一卷，焦竑《經籍志》作《易傳》十四卷，考易東所著，別無《易傳》之名，蓋即此編。朱氏併其〈論例〉一卷數之爲十一卷，焦氏又併其〈大衍索隱〉三卷數之，遂爲十四卷耳，朱彞尊《經義考》作十卷，註曰存，然世所傳本，殘缺特甚，僅存十之二三。惟散見《永樂大典》中者，排比其文，僅缺豫隋无妄大壯睽蹇中孚七卦，及晉卦之後四爻，餘皆完具，與殘本互相參補，遂還舊觀，以篇頁頗繁，謹析爲一十六卷，以便循覽〔註32〕。

4、傳抄者隨意分卷：如〈書說提要〉云：

三十五篇，宋呂祖謙撰。是編《文獻通考》作十卷，趙希弁《讀書附志》作六卷，悉與此本不合。蓋彼乃祖謙原書，未經編次，傳抄者隨意分卷，故二家互異〔註33〕。

5、傳寫之訛，或重編之時，離析而出：如〈詩疑問提要〉云：

七卷，元朱倬撰。……此本乃劉錦文所重編，非倬之舊，……末有趙惪《詩辨說》一卷，……其書與倬書略相類，殆後人以倬忠烈，惪高隱，其人足以相配，故合而編之歟！倬書七卷，附以惪書爲八卷。朱睦桿《授經圖》、焦竑《經籍志》，乃皆作六卷，疑爲傳寫之訛。或倬原書

〔註30〕同註9，卷七〈經部〉七〈易類〉存目一，石潭易傳撮要條，頁1～166。
〔註31〕同註22，春秋通訓條，頁1～544。
〔註32〕同註11，周易象義條，頁1～98。
〔註33〕同註20，書說條，頁1～259。

六卷，劉錦文重編之時，析爲七卷，亦未可定也〔註34〕。

6、按經篇數分之，或卷軸太重，不得已而分之：如〈儀禮集編提要〉云：

　　　　四十卷，國朝盛世佐撰。……《浙江遺書總錄》作十七卷，且稱積帙共二千餘翻，爲卷僅十七者，按經篇數分之，不欲於一篇之中橫隔也。然此本目錄列十七卷，書則實四十卷，蓋終以卷軸太重，不得已而分之〔註35〕。

7、經傳之併散：如〈春秋公羊傳註疏提要〉云：

　　　　二十八卷，漢公羊壽傳，何休解詁，唐徐彥疏。……彥疏《文獻通考》作三十卷，今本乃作二十八卷，或彥本以經文併爲二卷，別冠於前，後人又散入傳中，故少此二卷，亦未可知也〔註36〕。

8、卷次分析：如〈春秋釋例提要〉云：

　　　　十五卷，晉杜預撰。……其書自《隋書‧經籍志》而後，並著於錄，均止十五卷，惟元吳萊作後序，云四十卷，豈元時所行之本，卷次獨分析乎〔註37〕！

9、不知何人所分：如〈春秋集傳辨疑提要〉云：

　　　　十卷，唐陸淳所述啖趙兩家攻駁三傳之言也，柳宗元作淳墓誌，稱辨疑七篇，《唐書‧藝文志》同，此本十卷，亦不知何人所分〔註38〕？

（二）妄改：

書因隨意妄改，致使卷數差異，如〈楊氏易傳提要〉云：

　　　　二十卷，宋楊簡撰。……是書爲明劉日升、陳道亨所刻，案朱彝尊《經義考》，載《慈湖易解》十卷，又《巳易》一卷，書名卷數皆與此本不合，所載自序一篇，與此本卷首題語相同，而無其前數行，亦爲小異。明人凡刻古書，多以私意竄亂之，萬曆以後尤甚，此或日升等所妄改歟〔註39〕！

（三）佚脫，或誤：

如〈易疑提要〉云：

〔註34〕同註9，卷十六〈經部〉十六〈詩類〉二，詩疑問條，頁1～341。
〔註35〕同註9，卷二十〈經部〉二十〈禮類〉二，儀禮集編條，頁1～430。
〔註36〕同註9，卷二六〈經部〉二六〈春秋類〉一，春秋公羊傳註疏條，頁1～527。
〔註37〕同註36，春秋釋例條，頁1～530。
〔註38〕同註36，春秋集傳辨疑條，頁1～533。
〔註39〕同註11，楊氏易傳條，頁1～80。

三卷，明陳言撰。……《經義考》作四卷，此本三卷，江蘇採進之
本亦三卷，疑或尚有所佚脫，抑或《經義考》誤三爲四歟〔註40〕！

（四）板本不同：

如〈淙山讀周易記提要〉云：

二十一卷，宋方實孫撰。……《經義考》引曹溶之言曰，《宋志》
八卷，《澹生堂目》作十卷，《聚樂堂目》作十六卷。今世所行凡二本，
一本不分卷，不知孰合之。此本凡上經八卷，下經八卷，繫辭二卷，序
卦說卦雜卦各一卷，又不知誰所分也〔註41〕。

又如〈尚書大傳提要〉云：

四卷，舊本題漢伏勝撰。……陸德明《經典釋文》，稱《尚書大傳》
三卷，伏生作。……《唐志》亦作三卷，《書錄解題》則作四卷。今所傳
者凡二本，一爲杭州三卷之本，與《隋志》合。……一爲揚州四卷之本，
與《書錄解題》合〔註42〕。

（五）以篇數爲子卷：

如〈尚書葦籥提要〉云：

二十一卷，明潘士遴撰。……目錄止二十一卷，而分編則爲五十八
卷，蓋以篇數爲子卷也〔註43〕。

又如〈讀易考原提要〉云：

一卷，元蕭漢中撰。……此書成於泰定中，凡三篇。……朱彝尊《經
義考》作三卷，蓋以一篇爲一卷，實無別本也〔註44〕。

（六）改題作者，相沿而誤：

如〈春秋集解提要〉云：

三十卷，宋呂本中撰，舊刻題曰呂祖謙，誤也。……惟以《宋志》
作十二卷爲疑，然卷帙分合，古今每異，不獨此書爲然。……惟《宋志》
此書之外，別出祖謙《春秋集解》三十卷，稍爲牴牾，疑宋末刻本，已

〔註40〕同註30，易疑條，頁1～178。
〔註41〕同註11，淙山讀周易記條，頁1～94。
〔註42〕同註9，卷十二〈經部〉十二〈書類〉二，〈附錄〉，尚書大傳條，頁1～289。
〔註43〕同註9，卷十四〈經部〉十四〈書類〉存目二，尚書葦籥條，頁1～306。
〔註44〕同註29，讀易考原條，頁1～109。

析其原卷，改題祖謙，故相沿訛異，史亦因之重出耳〔註45〕。

（七）有正續之故：

如〈春秋左氏傳說提要〉云：

> 二十卷，宋呂祖謙撰。……《書錄解題》載是書爲三十卷，此本僅二十卷，考明張萱《內閣書目》，所載《傳說》四冊外，尚有《續說》四冊，知陳氏所謂三十卷者，實兼《續說》十卷計之〔註46〕。

（八）近時妄人所依託：

如〈孟子解提要〉云：

> 二卷，舊本題宋尹焞撰，案陳振孫《書錄解題》，載尹氏《論語解》十卷，《孟子解》十四卷。……此本出浙江吳玉墀家，莫知其所自來，……又書止上下二卷，首尾完具，無所闕佚，與十四卷之數，亦不相合，殆近時妄人所依託也〔註47〕。

（九）傳寫者之誤，或字誤：

如〈春秋例要提要〉云：

> 一卷，宋崔子方撰。考《宋史‧藝文志》，載子方《春秋經解》十二卷，以本例例要統爲卷數，知子方所著原本，此書與本例合併爲一矣。朱彝尊《經義考》，稱本例例要二十卷，並存，亦未爲分析。今通志堂所刊之本例，則析目錄別爲一卷，以足二十卷之數，而例要闕焉，蓋傳寫者佚其例要一卷，後來遂誤以本例目錄爲例要，而不知其別有一篇，彝尊所見，當即此本，故誤註爲並存也〔註48〕。

又如〈論語筆解提要〉云：

> 二卷，舊本題唐韓愈、李翱同注，……此本爲明范欽從許勃本傳刻，前載勃序，仍稱《論語筆解》一十卷，疑字誤也〔註49〕。

（十）其他：

如〈周禮復古編提要〉云：

> 一卷，宋俞庭椿撰。……是書《宋志》作三卷，今本作一卷，標曰

〔註45〕同註22，春秋集解條，頁1～546。
〔註46〕同註22，春秋左氏傳說條，頁1～550。
〔註47〕同註18，孟子解條，頁1～747。
〔註48〕同註22，春秋例要條，頁1～543。
〔註49〕同註9，卷三五〈經部〉三五〈四書類〉一，論語筆解條，頁1～709。

陳友仁編〔註50〕。

又如〈春秋左傳要義提要〉云：

> 三十一卷，宋魏了翁撰。……原本六十卷，朱彝尊《經義考》注曰
> 未見。此本僅存三十一卷〔註51〕。

又如〈春秋道統提要〉云：

> 二卷，是書僅分上下二卷，而抄本細字，乃八巨冊，不著撰人名
> 氏，……《文獻通考》作十二卷，《玉海》作五卷，與二卷之數亦不合
> 〔註52〕。

又如〈論語意原提要〉云：

> 二卷，宋鄭汝諧撰。……陳振孫《書錄解題》，載《論語意原》一
> 卷，不著撰人，《宋志》因之〔註53〕。

以上皆卷數有所差異，卻未說明原因。

六、釐訂校勘，定著卷數

　　《四庫提要》除對卷數之增減及差異，加以詳實著錄之外，並設法對古籍作一番整理之功夫，使古書之卷數固定下來，方便後人之參究，其功厥偉，茲據提要，條其義例如后：

（一）略仿《宋史》原目，以定著卷數：

如〈溫公易說提要〉云：

> 六卷，宋司馬光撰。考蘇軾撰光行狀，載所作《易說》三卷、《注
> 繫詞》二卷。《宋史·藝文志》作《易說》一卷，又三卷，又《繫辭說》
> 二卷。……謹校勘釐訂，略仿《宋史》原目，定爲六卷，著於錄〔註54〕。

（二）依《永樂大典》，綴錄成篇：

如〈禹貢指南提要〉云：

> 四卷，宋毛晃撰。……是書《宋史·藝文志》不著錄，焦竑《經籍
> 志》載《禹貢指南》一卷，宋毛晃撰。朱彝尊《經義考》云未見，又云

〔註50〕同註9，卷十九〈經部〉十九〈禮類〉一，周禮復古編條，頁1～392。
〔註51〕同註22，春秋左傳要義條，頁1～552。
〔註52〕同註9，卷三十〈經部〉三十〈春秋類〉存目一，春秋道統條，頁1～604。
〔註53〕同註49，論語意原條，頁1～719。
〔註54〕同註9，卷二〈經部〉二〈易類〉二，溫公易說條，頁1～64。

《文淵閣書目》有之,不著撰人,疑即晁作,則舊本之佚久矣。今考《永樂大典》所載,與諸家註解附經文各句下,謹綴錄成篇,釐爲四卷〔註55〕。

又如〈尚書講義提要〉云:

二十卷,宋史浩撰。……此書《宋史‧藝文志》作二十二卷,《文淵閣書目》、《一齋書目》,並載其名,而藏弆家已久無傳本,故朱彝尊《經義考》,亦注云未見。惟《永樂大典》各韻中,尚全錄其文,謹依經文考次排訂,釐爲二十卷〔註56〕。

又如〈五誥解提要〉云:

四卷,宋楊簡撰。……此書世久失傳,《文淵閣書目》作一冊,焦竑《經籍志》作一卷,朱彝尊《經義考》以爲未見。今從《永樂大典》各韻中,按條薈萃,惟闕〈梓材〉一篇,餘皆章句完善,謹依經文前後,釐爲四卷〔註57〕。

以上皆依《永樂大典》以釐訂卷數。

(三)依《通志堂圖敘》原目:

如〈禹貢論後論山川地理圖提要〉云:

《禹貢論》五卷《後論》一卷《山川地理圖》二卷,宋程大昌撰。《宋史‧藝文志》載大昌《禹貢論》五卷,《後論》一卷,又《禹貢論圖》五卷。陳振孫《書錄解題》,則謂論五十二篇,後論八篇,圖三十一。王應麟《玉海》,則謂淳熙四年七月大昌上《禹貢論》五十二篇,後論八篇,詔付秘閣,不及其圖,蓋偶遺也。今諸論皆存其圖,……今依《通志堂圖敘》原目,併爲二卷,而大昌之書復完〔註58〕。

(四)約略篇頁:

如〈尚書考異提要〉云:

五卷,明梅鷟撰。……《明史‧藝文志》不著錄,朱彝尊《經義考》作一卷。此本爲范懋柱家天一閣所藏,不題撰人姓名,而書中自稱鷟按,則出鷟手無疑,原稿未分卷數,而實不止於一卷,今約略篇頁,釐爲五卷〔註59〕。

〔註55〕同註20,禹貢指南條,頁1～256。
〔註56〕同註20,尚書講義條,頁1～257。
〔註57〕同註20,五誥解題條,頁1～260。
〔註58〕同註20,禹貢論後論山川地理圖條,頁1～257。
〔註59〕同註42,尚書考異條,頁1～276。

七、辨正各種書目著錄卷數之失

　　由於「卷帙分合，古今每異」，故釐正卷數，爲目錄學家重要課題，四庫館臣
對各公私書目所著錄之卷數，曾加以辨駁，今條析其義例，以明辨正之一端。

（一）書之分合：

1、誤以他書之卷數爲此書之卷數：如陸氏易解提要云：

　　　　一卷，明姚士粦所輯吳陸績《周易注》也。《吳志》載績所著有《易
　　注》，不言卷數，《隋書‧經籍志》有陸績《周易注》十五卷，《經典釋文》
　　序錄作陸績《周易述》十三卷，《會通》一卷，《新舊唐書志》所載卷數
　　與《釋文》同，原本久佚，未詳其孰是。此本爲《鹽邑志林》所載，凡
　　一百五十條。……朱彝尊又言曹溶曾見有三卷者，然諸家著錄，併無三
　　卷之本，殆《京氏易傳》三卷，舊本題曰《陸績注》，溶偶觀之未審，因
　　誤記誤說也〔註60〕。

此四庫館臣辨正曹溶之誤也。

2、從原書析而爲二：如〈讀易餘言提要〉云：

　　　　五卷，明崔銑撰。……朱彝尊《經義考》載銑《讀易餘言》五卷，
　　又載銑《易大象說》一卷。考此書第三卷，即大象說，彝尊以其別本單
　　行，遂析爲二，偶未考也〔註61〕。

此四庫館臣辨正朱目之誤也。

3、一書誤分爲二書，並訛其卷數：如〈春秋經解提要〉云：

　　　　十三卷，宋孫覺撰。……《宋史‧藝文志》載覺《春秋經解》十五
　　卷，又《春秋學纂》十二卷，《春秋經社要義》六卷，朱彝尊《經義考》
　　據以著錄，於《經解》注曰存，於《學纂》、《要義》皆注曰佚。然今本
　　實十三卷，自隱公元年至獲麟，首尾完具，無所殘闕，與《宋志》所載
　　不符。考陳振孫《書錄解題》，載《春秋經解》十五卷，《春秋經社要義》
　　六卷，而無《春秋學纂》，王應麟《玉海》，載《春秋經社要義》六卷，《春
　　秋學纂》十二卷，而無《春秋經解》，其《學纂》條下，注曰其說以穀梁
　　爲本，及采左氏公羊歷代諸儒所長，間以其師胡瑗之說斷之，分莊公爲
　　上下云云，與今本一一相合，然則《春秋學纂》，即《春秋經解》之別名，
　　《宋志》既誤分爲二書，並訛其卷數，《書錄解題》，亦訛十三卷爲十五

〔註60〕同註9，陸氏易解條，頁1～57。

〔註61〕同註9，卷五〈經部〉〈易類〉五，讀易餘言條，頁1～115。

卷，惟《玉海》所記爲得其眞矣〔註62〕。

此四庫館臣辨正《宋志》、《書錄解題》之誤。

（二）各種失誤：

1、傳寫之誤：四庫館臣辨正各種書目傳寫之誤之處極多，今各敘述如后。如〈周易義海撮要提要〉云：

> 十二卷，宋李衡撰。……婺州教授周汝能樓鍔跋，稱卷計以百，今十有一，蓋嵩指所刪存本也。《書錄解題》作十卷，又傳寫之誤矣〔註63〕。

又如〈周易圖說提要〉云：

> 二卷，元錢義方撰。……朱彝尊《經義考》作一卷，疑傳寫誤也〔註64〕。

又如〈周易辨提要〉云：

> 二十四卷，國朝浦龍淵撰。……朱彝尊《經義考》載此書作二十八卷，此本少四卷，疑亦《經義考》傳寫之誤也〔註65〕。

又如〈東坡書傳提要〉云：

> 十三卷，宋蘇軾撰。……是書《宋志》作十三卷，與今本同，《萬卷堂書目》作二十卷，疑其傳寫誤也〔註66〕。

又如〈儀禮識誤提要〉云：

> 三卷，宋張淳撰。……其書《宋史・藝文志》作一卷，而陳振孫《書錄解題》作三卷，考淳自序，言裒所校之字，次爲二卷，以釋文誤字爲一卷，附其後，總爲三卷，則《宋志》一卷，爲傳寫之誤，明矣〔註67〕。

又如〈春秋意林提要〉云：

> 二卷，宋劉敞撰，《宋史・藝文志》作二卷，王應麟《玉海》作五卷，馬端臨《經籍考》則併《春秋權衡》、《春秋傳》、《春秋意林》總題三十四卷，今考《權衡》實十七卷，《傳》實十五卷，合以《意林》二卷，正得三十四卷，與《宋志》合，則《玉海》作五卷，傳寫誤也〔註68〕。

又如〈春秋左傳評註測義提要〉云：

〔註62〕同註36，春秋經解條，頁1～539。

〔註63〕同註11，周易義海撮要條，頁1～79。

〔註64〕同註29，周易圖說條，頁1～111。

〔註65〕同註9，卷九〈經部〉九〈易類〉存目三，周易辨條，頁1～220。

〔註66〕同註20，東坡書傳條，頁1～255。

〔註67〕同註35，儀禮識誤條，頁1～411。

〔註68〕同註36，春秋意林條，頁1～538。

七十卷，明凌稚隆撰。……朱彝尊經義考作七十卷，浙江通志作三十卷，此本與朱彝尊所記合，知通志爲傳寫誤矣〔註69〕。

又〈孟子傳提要〉云：

二十九卷，宋張九成撰。……《文獻通考》載九成《孟子解》十四卷，朱彝尊《經義考》，注云未見。此本爲南宋舊槧，實作《孟子傳》，不作《孟子解》。又〈盡心篇〉已佚，而〈告子篇〉以上，已二十九卷，則亦不止十四卷，蓋《通考》傳寫誤也〔註70〕。

2、刊板不相聯屬而誤：如〈大易粹言提要〉云：

十卷，宋方聞一編。……其書《宋志》作十卷，《經義考》作七十卷，又總論五卷。蓋原本每卦每傳皆各爲一篇，刊板不相聯屬，故從其分篇之數稱七十有五，然宋刻明標卷一至卷十，則《經義考》又誤也〔註71〕。

3、偶誤：如〈易傳闡庸提要〉云：

一百卷，明姜震陽撰。……《經義考》作一百二卷，註曰未見，此本惟一百卷，殆彝尊偶誤歟〔註72〕！

又如〈周易應氏集解提要〉云：

十三卷，國朝應撝謙撰。……是書《經義考》作十七卷，此本僅十三卷，然首尾完具，不似有所佚脫，或彝尊偶誤耶〔註73〕！

又如〈春秋輯傳、宗旨、春秋凡例提要〉云：

《春秋輯傳》十三卷、《宗旨》一卷、《春秋凡例》二卷，明王樵撰。是編朱彝尊《經義考》作十五卷，又別出《凡例》二卷，註曰未見。此本凡《輯傳》十三卷，前有〈宗旨〉三篇，〈附論〉一篇，共爲一卷，與十五卷之數不符，蓋彝尊偶誤〔註74〕。

4、字之誤：如〈易芥提要〉云：

八卷，明陸振奇撰。……是書《經義考》作十卷，與此本不符，然所引鄭之惠說，稱陸庸成爲諸生時，著《易芥》八卷，與此本合，則十卷乃字之悞也〔註75〕。

〔註69〕同註9，卷三十〈經部〉三十〈春秋類〉存目一，春秋左傳評註測義條，頁1～617。
〔註70〕同註49，孟子傳條，頁1～713。
〔註71〕同註11，大易粹言條，頁1～83。
〔註72〕同註30，易傳闡庸條，頁1～182。
〔註73〕同註65，周易應氏集解條，頁1～218。
〔註74〕同註17，春秋輯傳、宗旨、春秋凡例條，頁1～575。
〔註75〕同註9，卷八〈經部〉八〈易類〉存目二，易芥條，頁1～192。

5、誤脫：如〈讀詩略記提要〉云：

> 六卷，明朱朝瑛撰。是書朱彝尊《經義考》作二卷，此本六冊，不分卷數，核其篇頁不止二卷，疑原書本十二卷，刊本誤脫一十字，傳寫者病其繁瑣，併爲六冊也〔註76〕。

6、校刊而誤：如〈春秋微旨提要〉云：

> 三卷，唐陸淳撰。案陳振孫《書錄解題》，稱《唐志》有淳《春秋集傳》二十卷，今不存，又有《微旨》一卷，未見。袁桷作淳〈春秋纂例後序〉，稱來杭得《微旨》三卷。……柳宗元作淳墓表，稱《春秋微旨》二篇，《唐書·藝文志》亦作二卷，此本三卷，不知何時所分，然卷首有淳自序，實稱總爲三卷，或校刊柳集者，誤三篇爲二篇，修《唐書》者因之歟〔註77〕！

7、誤衍：如〈春秋傳說例提要〉云：

> 一卷，宋劉敞撰。案敞行狀墓誌，俱稱《春秋說例》二卷，陳振孫《書錄解題》，則以爲一卷，蓋傳抄分合，互有不同。至《宋史·藝文志》，獨稱敞《說例》十一卷，殆傳寫誤衍一十字，或竟以十一篇爲十一卷也〔註78〕。

8、誤記：如〈四書集義精要提要〉云：

> 二十八卷，元劉因撰。……張萱《內閣書目》作三十五卷，《一齋書目》則作三十卷，考蘇天爵作因墓誌，亦稱是書三十卷，則萱所記誤矣〔註79〕。

9、字畫之誤：如〈群經音辨提要〉云：

> 七卷，宋賈昌朝撰。……自序云，編成七卷，凡五門。紹興中王觀國後序，亦云凡五門七卷。惟《宋史·藝文志》作三卷。此本爲康熙中蘇州張士俊從宋槧翻雕，實爲七卷，則《宋志》所載，爲字畫之誤，明矣〔註80〕。

10、疑誤：如〈樂律全書提要〉云：

> 四十二卷，明朱載堉撰。……《明史·藝文志》作四十卷，今考此

〔註76〕同註34，讀詩略記條，頁1～346。
〔註77〕同註36，春秋微旨條，頁1～533。
〔註78〕同註36，春秋傳說例條，頁1～539。
〔註79〕同註9，卷三六〈經部〉三六〈四書類〉二，四書集義精要條，頁1～726。
〔註80〕同註12，群經音辨條，頁1～824。

本所載……與〈藝文志〉所載不符，疑史誤也〔註81〕。

（三）卷數差異（從上中下之分）：

如〈春秋集義、綱領提要〉云：

《春秋集義》五十卷，《綱領》三卷，宋李明復撰。……《經義考》載是書前有《綱領》二卷，又有魏了翁序，此本乃皆不載，蓋傳寫佚之，然春王正月條下，自注曰餘見《綱領》上中二卷，則《綱領》當有三卷，故有上中下之分，《經義考》作二卷，亦小誤矣〔註82〕。

（四）未見其本，但據書目傳鈔：

如〈大易象數鉤深圖提要〉云：

三卷，元張理撰。……朱睦㮮《授經圖》，載理之書有《周易圖》三卷，《易象數鉤深圖》六卷，《易象圖說》六卷。焦竑《經籍志》，書目與《授經圖》同，而《鉤深圖》則作三卷。朱彝尊《經義考》止載《易象圖說》六卷，而不載此書之名，蓋由未見其本，但據書目傳鈔，故輾轉岐誤〔註83〕。

（五）所見有缺：

如〈周易時論合編提要〉云：

二十三卷，明方孔炤撰。……是書即其罷官後所著，凡〈圖象幾表〉八卷，上下經繫辭說卦序卦雜卦十五卷。……《經義考》作十五卷，或朱彝尊所見之本，無〈圖象幾表〉歟〔註84〕！

（六）偶未核檢，或考之未審：

如〈春秋五禮例宗提要〉云：

七卷，宋張大亨撰。……朱彝尊《經義考》，載此書十卷，注曰存，而諸家寫本，皆佚其〈軍禮〉三卷，然《永樂大典》，凡引此書皆吉凶嘉賓四禮之文，軍禮絕無一字，則此三卷之佚久矣，彝尊偶未核檢也〔註85〕。

又如〈春秋輯傳、宗旨、春秋凡例提要〉云：

《春秋輯傳》十三卷、《宗旨》一卷、《春秋凡例》二卷，明王樵撰。

〔註81〕同註9，卷三八〈經部〉三八〈樂類〉，樂律全書條，頁1～786。
〔註82〕同註22，春秋集義、綱領條，頁1～554。
〔註83〕同註29，大易象數鉤深圖條，頁1～105。
〔註84〕同註75，周易時論合編條，頁1～196。
〔註85〕同註22，春秋五禮例宗條，頁1～544。

是編朱彝尊《經義考》作十五卷，又別出《凡例》二卷，註曰未見。……
又《凡例》二卷，今實附刻書中，彝尊亦偶未檢也〔註86〕。

又如〈春秋胡氏傳辨疑提要〉云：

二卷，明陸粲撰。……朱彝尊《經義考》作四卷，注云未見，此本
祇上下二卷，實無所闕佚，殆彝尊考之未審歟〔註87〕！

（七）篇帙繁重：

如〈春秋說提要〉云：

三十卷，宋洪咨夔撰。……朱彝尊《經義考》，引吳任臣之言，云
止三卷，而《永樂大典》載吳潛所作咨夔行狀，則謂《春秋說》實三十
卷，今考是書，篇帙繁重，斷非三卷所能盡〔註88〕。

（八）傳聞失實：

如〈春秋提要提要〉云：

四卷，明饒秉鑑撰。……朱彝尊《經義考》，載秉鑑《春秋會通》
十五卷，《提要》一卷。今按此書實四卷，與《春秋會通》，另為一書，
彝尊蓋未見其本，故傳聞訛異〔註89〕。

又如〈大學新編提要〉云：

五卷，明劉元卿撰。……朱彝尊《經義考》作一卷，由未見其書，
據傳聞載之故也〔註90〕。

又如〈龍龕手鑑提要〉云：

四卷，遼僧行均撰。……《文獻通考》載此書三卷，而此本實作四
卷，智光原序，亦稱四卷，則《通考》所載，顯然誤四為三，殆皆隔越
封疆，傳聞紀載，故不免失實歟〔註91〕！

以上所條述，皆四庫館臣辨正各種書目著錄卷數差異之實例，雖其論據有些尚不
免有武斷之嫌，然正可為後世專治目錄學者之參究。

八、辨正提要卷數之誤

〔註86〕同註74。
〔註87〕同註17，春秋胡氏傳辨疑條，頁1～573。
〔註88〕同註22，春秋說條，頁1～556。
〔註89〕同註69，春秋提要條，頁1～607。
〔註90〕同註18，大學新編條，頁1～753。
〔註91〕同註9，卷四一〈經部〉四一〈小學類〉二，龍龕手鑑條，頁1～848。

　　四庫館臣在著錄書名上有些許錯誤，前章已論及之，今再將其在著錄卷數上所發生之錯誤，條述如后。

（一）〈周易集解〉條：

　　《提要》言「……《集解》本十卷，附〈略例〉一卷爲十一卷，尙別有〈索隱〉六卷，共成十七卷，《唐志》所載，蓋併〈索隱〉〈略例〉數之，實非舛誤，至宋而〈索隱〉散佚，刊本又削去〈略例〉，僅存《集解》十卷，故與《唐志》不符。」考翁方綱《經義考補正》云：

　　　　《宋志》五行類又有李鼎祚《易髓》三卷，目一卷，《瓶子記》三卷，合之乃十七卷。蓋《唐志》總其生平所著卷目言之，《宋志》分析書名言之。

而黃以周〈儆季文鈔・李氏周易集解校本敍〉亦云：

　　　　……考《宋志》五行類有李鼎祚《易髓》三卷，目一卷，《瓶子記》三卷，李氏自序中亦有別撰〈索隱〉之語。蓋《宋志》所載七卷，即所謂別撰者。是自序云一十卷者，據《集解》一書言也；《唐志》云十七卷者，據李氏全書言也。

故《宋志》所載〈索隱〉爲七卷，而非六卷，《提要》改七爲六，併數〈略例〉，仍非〔註92〕。

（二）〈周易正義〉條：

　　《提要》言「《唐志》作十八卷」，今考之《舊唐書・經籍志》實作十四卷，而《新唐書・藝文志》亦作十六卷，故《提要》失之。

（三）〈周易口義〉條：

　　《提要》云「《宋志》載瑗《易解》十卷，《周易口義》十卷」，今考覈《宋志》，實則原作一十二卷，《提要》失之。

（四）〈橫渠易說〉條：

　　《提要》言「《橫渠易說》三卷，宋張子撰。《宋志》著錄作十卷，今本惟上經一卷，下經一卷，繫辭傳以下至雜卦爲一卷，末有總論十一則，與《宋志》不合。然《書錄解題》已稱《橫渠易說》三卷，則《宋志》誤也〔註93〕。然考覈《晁志》、

〔註92〕見胡玉縉撰《四庫全書總目提要補正》，卷一易類一〈周易〉集解條案語，本鐸出版社，頁5。
〔註93〕同註54，橫渠易說條，頁1～65。

《通考》均作十卷，不獨《宋志》爲然，卷數分合有異同，不得遽謂《宋志》誤也。

（五）〈周易古占法、古周易章句外編〉條：

《提要》言「此書世無刊本，凡藏書家所傳寫者，均作二卷，前卷題曰《周易古占法》，凡十一篇。」考瞿氏目錄有舊鈔本，云：「首卷題曰，《周易古占法》上，凡十二篇，曰太極，曰兩儀，曰四象，曰八卦，曰重卦，曰變卦，曰占例，曰占說，曰揲蓍詳說；又圖三，曰一卦變六十四卦圖，曰天地生成數配律呂圖，曰乾坤六爻新圖。」則《提要》兩稱十一篇，誤也〔註94〕。

（六）〈易通〉條：

《提要》言「《易通》六卷，宋趙以夫撰。……朱彝尊《經義考》曰，《宋志》十卷，又註曰，《聚樂堂書目》作六卷。」實則《經義考》止言十卷，不言《宋志》十卷，《宋志》亦本無是書也。《提要》失之〔註95〕。

（七）〈易圖說〉條：

《提要》言「《易圖說》三卷，宋吳仁傑撰。……《宋史‧藝文志》，載仁傑《古周易》十二卷，《易圖說》三卷，《集古易》一卷。」今考覈《宋志》，《周易圖說》實作二卷，《提要》失之〔註96〕。

（八）〈尚書精義〉條：

《提要》言「《尚書精義》五十卷，宋黃倫撰。《宋史‧藝文志》載有是書十六卷。」今考覈《宋志》實作六十卷，《提要》失之〔註97〕。

（九）〈雲莊禮記集說〉條：

《提要》言「《雲莊禮記集說》十卷，元陳澔撰。……是書成於至治壬戌，朱彝尊《經義考》作三十卷，今本十卷，坊賈所合併也〔註98〕。」余嘉錫《四庫提要辨證》爲之辨正云：

陳鱣經籍跋文，載所藏元刻本《禮記集說》，實作十六卷，不作三十卷。其書刻于天歷戊辰，距至治壬戌書成時，僅五年，其分卷爲澔原本可知。陳氏跋云，書凡十六卷，明刻本猶然，今本十卷，不知何時坊刻所併，《經義考》作三十卷，則又誤同《永樂大典》之卷，當改題爲十

〔註94〕同註92，卷二〈易類〉二，周易古占法、古周易章句外編條，頁8。
〔註95〕同註11，易通條，頁1～89。
〔註96〕同註11，易圖說條，頁1～83。
〔註97〕同註20，尚書精義條，頁1～263。
〔註98〕同註9，卷二一〈經部〉二一〈禮類〉三，雲莊禮記集說條，頁1～436。

六卷也〔註99〕。

（十）〈春秋經解〉條：

《提要》言「《春秋經解》十三卷，宋孫覺撰。……《宋史‧藝文志》載覺《春秋經解》十五卷，……然今本實十三卷，自隱公元年至獲麟，首尾完具，無所殘闕，與《宋志》所載不符。考陳振孫《書錄解題》，載《春秋經解》十五卷〔註100〕。」今考瞿氏目錄有舊鈔本十五卷，云：

此書見《宋史‧藝文志》、陳氏書錄，卷數相同。

又陸氏儀顧堂續跋云：

卷一隱上，卷二隱下，卷三桓上，卷四桓下，卷五莊上，卷六莊下，卷七閔公，卷八僖公，卷九文公，卷十宣公，卷十一成公，卷十二襄公，卷十三昭公，卷十四定公，卷十五哀公。……今本作十二卷，又經後人合併矣。

據此，則《提要》所說皆非，陸氏藏書志有舊鈔本龍學孫公《春秋經解》十五卷，據此，則自有十五卷之本〔註101〕。

（十一）〈日講春秋解義〉條：

《提要》言「《宋史‧藝文志》，有王葆《春秋講義》二卷〔註102〕。」今考覈《宋志》，實則三卷，《提要》失之。

（十二）〈瑟譜〉條：

《提要》言「次曰詩新譜，凡騶虞、淇澳、考槃、黍離、緇衣、伐檀、蒹葭、衡門、七月、菁菁者莪、鶴鳴、白駒、文王、抑、崧高、烝民、駉十七篇〔註103〕。」案烝民下駉上，有清廟、載芟、良耜三篇，實二十篇，《提要》誤〔註104〕。

（十三）〈釋名〉條：

《提要》言「《釋名》八卷，漢劉熙撰。……其書二十篇。……《後漢書‧劉珍傳》，稱珍撰《釋名》五十篇，以辨萬物之稱號，其書名相同，姓又相同，鄭明選

〔註99〕見余嘉錫撰《四庫提要辨證》，卷一〈經部〉一雲莊禮記集說條案語，原書載於《四庫全書總目錄》（七），藝文印書館，頁52。

〔註100〕同註62。

〔註101〕同註92，卷七〈春秋〉類，春秋經解條，頁41。

〔註102〕同註9，卷二九〈經部〉二九〈春秋類〉四，日講春秋解義條，頁1～581。

〔註103〕同註81，瑟譜條，頁1～780。

〔註104〕同註92，卷九〈樂類〉，瑟譜條，頁60。

作秕言，頗以爲疑，然歷代相傳，無引劉珍《釋名》者，則珍書久佚，不得以此書當之也，明選又稱此書爲二十七篇，與今本不合，明選萬曆中人，不應別見古本，殆一時失記，悞以二十爲二十七歟〔註105〕！」余嘉錫《四庫提要辨證》云：

> 熙自序云：「撰天地陰陽四時邦國都鄙車服喪紀，下至民庶應用
> 之器，論敍指歸，謂之《釋名》，凡二十七篇。」《玉海》引《崇文總
> 目》云：「凡二十七目。」注云：「書目同。」〔謂《中興館閣書目》。〕
> 《書錄解題》卷三亦云：「凡二十七篇。」今世所本行，自釋天起至釋
> 喪服第二十七止，明繙宋陳道人本及各通行本皆同。《提要》乃云二十
> 篇，……不知其何所據也。且《提要》不考《崇文總目》等書，惟以
> 明人所云二十七篇爲疑，可謂信手拈來，數典忘祖者矣〔註106〕。

余氏對四庫館臣之批評，可謂深中其弊。

（十四）〈龍龕手鑑〉條：

《提要》言「《龍龕手鑑》四卷，遼僧行均撰。……晁公武《讀書志》，謂此書卷首僧智光序，題云統和十五年丁酉七月一日。沈括《夢溪筆談》，乃謂熙寧中有人自契丹得此書，入傳欽之家，蒲傳正取以刻版，其序末舊云重熙二年五月序，蒲公削去之云云。今按此本爲影抄遼刻，卷首智光原序尚在，其紀年實作統和，不作重熙，與晁公武所說相合，知沈括誤記，又《文獻通考》，載此書三卷，而此本實作四卷，智光原序，亦稱四卷，則《通考》所載，顯然誤四爲三，殆皆隔越封疆，傳聞紀載，不免失實歟〔註107〕！」考瞿鏞《鐵琴銅劍樓書目》卷七云：

> 《龍龕手鑑》四卷，宋刊本，智光原序稱四卷，而《文獻通考》
> 引《讀書志》則作三卷，衢州本同，今以此書校之，乃知晁氏之非誤。
> 蓋書中本以四聲分四卷，各載部目於卷前，而板心則以出入兩卷，統
> 書統三，實無龍四，殆以去聲僅九葉，不成卷，故合之，所以又有三
> 卷之稱也，傳鈔之本，板心字或不錄，向非古刻猶存，晁馬兩家之書，
> 更何自而證明歟〔註108〕！

此瞿氏以板刻之事，而證晁馬兩家非誤，其誤反在《提要》也。

（十五）〈六書賦音義〉條：

〔註105〕同註12，釋名條，頁1～822。
〔註106〕同註99，卷二〈經部〉二，釋名條案語條，頁93。
〔註107〕同註91。
〔註108〕同註99，卷二〈經部〉二，龍龕手鑑條案語，頁113。又見同註90，卷十一〈小
　　　　學類〉二頁龍龕手鑑條，頁70。

此書《提要》言三卷，然考之丁氏藏書志有萬曆刊本二十卷，云：

> 其第八十四部末，題序及音義字三十六萬六千餘字，擇藩司吏吉
> 禎書一條。

據此，則似非三卷所能容，三當爲二十之誤〔註109〕。

以上十五條皆辨正《四庫提要》之失。

九、卷數之殘缺

有些書卷數已發生殘缺，然而提要卻未道其故，如〈周易集傳提要〉云：

> 八卷，元龍仁夫撰。……《吉安府志》云，仁夫《周易集傳》十
> 八卷。……原書十八卷，今僅存者八卷，然上下經及象象傳，皆已全
> 具〔註110〕。

從以上所擬定九項義例，吾人深知書目記載卷數有其重要性，卷數雖是書籍之計量單位，然從卷數之分合、增減、差異，加以探究，則一書之完整、殘闕，將易於掌握。

〔註109〕同註92，卷十二〈小學類〉存目，六書賦音義條，頁80。

〔註110〕同註29，周易集傳條，頁1～108。

第四章 撰 者

第一節 撰者之著錄體制

　　書除佚名之外，必有撰者，猶人必有所從出。人而不知其祖先，則必被斥為數典忘祖；書而不知其撰者，則無以考其行事、時代與學術。余嘉錫云：

　　　　吾人讀書，未有不欲知其為何人所著，其生平之行事若何，所處之
　　時代若何，所學之善否若何者。此即孟子所謂知人論世也〔註1〕。

然所謂「知人論世」，從何而論定之，孫德謙教人徵之史傳，其云：

　　　　孟子曰，誦其詩，讀其書，不知其人，可乎！是以論其世也。夫讀
　　古人書，固當一考其人與所處之世，乃可以論定耳。雖然孰從而論定之，
　　史家立傳之法自可取也。……蓋向於敘錄之中述及若人身世無不徵引史
　　傳者也〔註2〕。

然而撰者未必全能列史傳，或雖列史傳，而有事蹟不明者，故撰「敘錄」者，於撰者之生平、時代與學術思想，必需旁搜博探，方不致有所闕略。對於「敘錄」之撰述，邢雲林云：

　　　　敘錄之體，乃詳述作者之身世、勳業、學術、性情、平生軼事、懷
　　抱寄託。史有正傳，事蹟已著者，即剪裁原文，史有正傳而事蹟不明，
　　或無正傳者，則旁採他書以補之，撰人事蹟之傳訛者，則稽之他書以辯
　　正之。以期用者觀錄可以想見著者之為人，能深解其書之作意〔註3〕。

〔註1〕見余嘉錫撰《目錄學發微》，藝文印書館，頁40。
〔註2〕見孫德謙撰《劉向校讎學發微》，載楊家駱主編《校讎學系編》，鼎文書局，頁42。
〔註3〕見邢雲林撰〈圖書目錄著錄法與編輯法論〉一文，文載《圖書館學季刊》第十一卷

此種體例，可於《別錄》、《七略》中探尋之，《別錄》於史有列傳事蹟已詳者，即剪裁原文入錄。又於史有列傳而事蹟不詳，或無傳者，則旁採他書，或據所聞見以補之。或於撰人事蹟傳訛者，則考之他書以辯正之。故余嘉錫云：

> 觀《別錄》、《七略》之所紀載，於作者之功業學術性情，並平生軼事，苟有可考，皆所不遺。使百世之下，讀其書者想見其爲人，高者可以聞風興起，次亦神與古會。凡其人身世之所接觸，懷抱之所寄託，學者觀敘錄而已得其大概，而後還考之於其書，則其意志之所在，出於語言文字之表者，有以窺見其深。斯附會之說，影響之談，無自而生，然後可與知人論世矣〔註4〕。

雖然向、歆立下此法，惜後世未能完全依循。近人陸心源、莫伯驥等，每詳考撰者，如喬師衍琯序〈儀顧堂題跋〉云：「陸氏既富收藏，精鑒別，長於讎校，故是書於板本文字異同，言之極詳。其精博處，尤在能考作者之行事。於《四庫提要》所云里貫、仕履、始末未詳者，旁稽博考，輯錄成篇，可謂得劉氏向歆之遺意，不失目錄家法者。」〔註5〕。又如容肇祖序〈五十萬卷樓群書跋文〉云：「（莫伯驥）先生之書五述，……一曰述人：著書者之小傳，書之序跋人有可述者述之，刻書、鈔書、藏書，亦必明考其人，連類附及。」〔註6〕。又傅振倫曾對歷代史志、書目著錄撰者之體例，加以敘述，其云：

> 書目下著撰者之例，體制不一。《漢書‧藝文志》，或著官爵，或著邑里，或兼注字號、略歷，蓋亦爲例不純者也。考其用意，殆力求詳盡，而獨闕於所疑耳。《隋書‧經籍志》，則率以朝代、官爵，冠撰者人名之上。《舊唐書‧經籍志》，則專注人名，而爵里及時代，一概從略，然過於簡略，讀者茫然。《新唐書‧藝文志》，則注釋轉詳。《崇文總目》則又取法《舊唐書志》，略作者之爵里時代，而別爲題解以釋之〔註7〕。

傅氏對歷代史志記撰者之體例不太滿意，認爲欲知人論世，必須總括生平，或詳予立傳，故又云：

> 案目錄之書，非同傳記，著書者之風概，原可從闕，然子政子固

第一期，頁3。
〔註4〕同註1，頁47。
〔註5〕見《書目續編》儀顧堂題跋序，廣文書局，頁1。
〔註6〕見莫伯驥撰〈五十萬卷樓群書跋文〉、容肇祖序，撰者印行，頁4。
〔註7〕見傅振倫撰〈編輯中國史籍書目提要之商榷〉一文，文載《圖書館學季刊》第七卷第二期，頁243。

校上之篇，總括生平。王儉《七志》，書下每立一傳。《新唐書志》，且可補列傳之缺。《四庫書目提要》，亦首詳鄉貫，蓋知人論世，考尋斯在也〔註8〕。

至於考尋撰者之方式，也有其途徑，其云：

> 一書之著作者，有注明於書中者，有不注明者。古書之作者，有失考者，甚而注明而不可信者。不注明者，當考求其姓氏，已注明者，則當進而考其別號、年世、籍貫、履歷、品性、學說、撰述時地，此皆治書之要也〔註9〕。

如能依照此方式著錄撰者，則書目在「知人論世」之功用上，將表露無遺。

第二節　《四庫提要》經部所記撰者之義例

《書目》記撰者，計有作者之行事、作者之時代、作者之學術等項，《四庫提要》於介紹作者之生平事蹟，大抵先條舉其姓氏里貫、官爵，而後附以「事蹟具某史本傳」之方式，此方式乃因襲班志注「有列傳」之意。然四庫館臣對每書作者之行事，並未篇篇詳實，其疏失之處尚多，余嘉錫對此曾加以批評，其云：

> 《四庫提要》於撰人必著名字爵里，是矣。然多止就常見之書，及本書所有者載之，不能旁搜博考，故多云始末未詳，仕履無考，間有涉及事蹟者，皆藉以發其議論，於其人之立身行己，固不暇致詳也。意蓋謂古書作提要，非爲其人作傳，但當述作者之意，而不必敘其行事。不知作者之事不可考，則其意惡乎知之？此與王儉之但立一傳而不述作者之意者，同爲各得其一偏而已〔註10〕。

余氏不滿於《四庫提要》撰述作者事蹟之闕略，而繆荃孫氏《丁丙善本書室藏書志》卻爲之贊曰：

> 考撰人之仕履，釋作書之宗旨。顯徵正史，僻采稗官。揚其所長，糾其不逮，《四庫提要》實集古今之大成〔註11〕。

則未免溢美。對於《四庫提要》敘撰者，昌彼得有較爲中肯之批評，其云：

> 雖以《四庫提要》之詳贍，其於作者多載爵里始末，而於立身行己，

〔註8〕同註7。
〔註9〕見傅振倫撰《校讎新論》，載《圖書館學季刊》第五卷第二期，頁168。
〔註10〕同註1，頁43。
〔註11〕見《善本書室藏書志》，第一函第一冊，光緒辛丑錢堂丁氏開雕，頁1。

罕加敍述，已略變其例（案：指別錄之敍錄）。且其述爵里，多止就常見之書，及本書所有者載之，不能旁搜博採，故多云始末未詳，仕履無考。目錄書者，所以告學者以讀書之方，省其探討之勞，若畏其繁難，置之不考，則無貴乎其爲目錄書也〔註12〕。

至於四庫館臣論及撰述之義例有數項：

（甲）帝王之作，列於當代著述之首：

考《漢書・藝文志》將高帝、文帝所撰，雜置諸臣之中，殊爲非體。而唐徐堅《初學記》、焦竑《國史經籍志》、朱彝尊《經義考》，將帝王之作，升列歷代之前，雖有臣子尊君之大義，卻有失時代之次序，四庫館臣蓋因襲《隋書・經籍志》以帝王各冠其本代」。

（乙）託名之書，仍從其所託之時代爲次：

託名之書，有知其贗作之人者，有不知其贗作之人者，不能一一從其時代，四庫館臣亦因襲《漢書・藝文志》，仍從其所託之時代爲次」之例。

（丙）前代遺書，或蒐後人重編者：

如有所竄改增益，則從重編之時代，如曾子、子思子之類是也。如全輯舊文，則仍從原書之時代，如《周易鄭康成注》一卷，雖爲宋王應麟編，而仍列於漢代之次。

（丁）凡訓釋一篇者，亦分置各經中：

考朱彝尊《經義考》，凡訓釋一篇者，悉彙載各經之末，不與訓釋全經者敍時代先後。然四庫館臣卻因襲《隋書・經籍志》，蓋《隋志》載繫詞註、洪範五行傳、月令章句，中庸講疏，固雜置各經中也。」將訓釋一篇者，分置各經中，可探究該經之傳承源流，如彙載於各經之末，將使時代次序錯亂，有失「辨章學術，考鏡源流」之功用。

（戊）帝王以外之撰者，概以登科年代分：

我國作家之生平卒年多有不可考者，故無法以生平卒年排定其前後，而我國自來科舉制度發達，功名利祿爲大多數文人學士所追求，故以登第之年排比，不失爲權宜之計，而無科名者，則列在各朝之末〔註13〕。蓋年代明，則可考察一代

〔註12〕見昌彼得撰《中國目錄學講義》，文史哲出版社，頁58。

〔註13〕以上各條均參考《四庫提要》之案語。又以登科年代分，始於《千頃目》別集類，成爲後代分類的準則。

學術之興衰，余嘉錫對作者時代之考察，尤重於名氏爵里，其云：

> 作者所生之時代，較之名氏爵里，尤有關係。蓋名氏爵里關乎一人
> 者也，時代則關乎當世者也。……著作之時代明，則凡政治之情況，社
> 會之環境，文章之風氣，思想之潮流，皆可以推尋想像得之。然後辨章
> 學術，考鏡源流，乃有所憑藉，而得以著手。若并其所生之時代不之知，
> 則何從辨其學術之派別，考其源流之變遷耶〔註14〕？

以上所述皆爲《四庫提要》敘述著者體例與編次原則，今進而從《提要》本身內
容探討「撰者」之體例，以爲治目錄學者之參考。

一、辨撰者之差異

一書經過長期之流傳，其撰者可能產生種種差異，今述其條例如后：

（一）僞撰（或書賈作偽）：

如〈子夏易傳提要〉云：

> 舊本題卜子夏撰，……《唐會要》載開元七年詔，《子夏易傳》近
> 無習者，令儒官詳定。劉知幾議曰：「《漢志》易有十三家，而無子夏作
> 傳者，至梁阮氏《七錄》，始有《子夏易》六卷，或云韓嬰作，或云丁寬
> 作，然據《漢書》韓易十二篇，丁易八篇，求其符合，事殊驢剌，必欲
> 行用，深以爲疑。」司馬貞議亦曰：「按劉向《七略》，有《子夏易傳》，
> 但此書不行已久，今所存多失眞本，荀勗《中經簿》云，《子夏傳》四卷，
> 或云丁寬，是先達疑非子夏矣。又《隋書·經籍志》云，《子夏傳》殘缺，
> 梁六卷，今二卷，知其書錯謬多矣，又王儉《七志》引劉向《七略》云，
> 易傳子夏韓氏嬰也，今題不稱韓氏，而載薛虞記，其質粗略，旨趣非遠，
> 無益後學云云。」是唐以前，所謂《子夏傳》，已爲僞本。晁說之傳易堂
> 記又稱，今號爲《子夏傳》者，乃唐張弧之易，是唐時又一僞本並行。
> 故宋國史志，以假託《子夏易傳》，與眞《子夏易傳》，兩列其目，而《崇
> 文總目》，亦稱此書篇第，略依王氏，決非卜子夏之文也。……然則今本
> 又出僞託，不但非子夏書，亦並非張弧書矣〔註15〕。

此引述書目詳辨《子夏易傳》之撰者，而牽引出僞中生僞，至一再而未已之情況。

〔註14〕同註1，頁52。
〔註15〕見《四庫全書總目提要》第一冊〈經部〉，卷一〈經部〉一〈易類〉一，關氏易傳
　　　　條，頁1～54。

又如〈關氏易傳提要〉云：

> 舊本題北魏關朗撰，唐趙蕤注。……是書《隋志》《唐志》皆不著
> 錄，晁公武《讀書志》謂李淑《邯鄲圖書志》始有之，《中興書目》亦載
> 其名，云阮逸詮次刊正，陳師道《後山叢談》、何薳《春渚紀聞》，及邵
> 博《聞見後錄》，皆云阮逸嘗以偽撰之稿示蘇洵，則出自逸手，更無疑義，
> 逸與李淑同為神宗時人，故李氏書目始有也〔註16〕。

此引述書目以辨正偽撰。又如〈東萊易說提要〉云：

> 舊本題宋呂祖謙撰，朱彝尊經義考亦列其名，今勘驗其文，實呂喬年
> 所編麗澤論說集錄之前二卷，書賈抄出以售偽，非祖謙所自著也〔註17〕。

此述書賈之作偽也。

（二）依託（或書賈託名）：

如〈周易繫辭精義提要〉云：

> 舊本題宋呂祖謙撰，……陳振孫《書錄解題》引《館閣書目》，以
> 是書為託祖謙之名，殆必有據也〔註18〕。

此引述書目以辨正依託，蓋某人名氣大，其後之人多有攀附驥尾之舉。又如〈五
經纂注提要〉云：

> 舊本題竟陵鍾惺纂註，有惺自序，而書前又有舒文鼎所為凡例，云
> 今本朱蔡陳胡之統訓，一就伯敬先生為取衷，則其書非惺所為矣。其書
> 皆刪節經文，……或亦書賈所託名歟〔註19〕！

此亦述書賈託名之舉。

（三）誤以序者為撰者：

如〈詩傳旁通提要〉云：

> 元梁益撰，……前有至正四年太平路總管府推官濱州翟思忠序，明
> 朱睦㮮《授經圖》，遂以《詩傳旁通》為思忠作，殊為疏舛〔註20〕。

（四）書之重編：

如〈詩疑問提要〉云：

〔註16〕同註15，卷七〈經部〉七〈易類〉存目一，關氏易傳條，頁1～160。

〔註17〕同註16，東萊易說條，頁1～161。

〔註18〕同註16，周易繫辭精義條，頁1～161。

〔註19〕同註15，卷三四〈經部〉三四〈五經總義類〉存目，五經纂注條，頁1～692。

〔註20〕同註15，卷十六〈經部〉十六〈詩類〉二，詩傳旁通條，頁1～339。

元朱倬撰，……其書略舉詩篇大旨發問，而各以所註列於下，亦有闕而不註者，劉錦文序，稱其間有問無答者，豈眞以爲疑哉，在乎學者深思而自得之耳，又稱舊本先後無序，今爲之論定，使語同而旨小異者，因得以互觀焉，是此本乃錦文所重編，非倬之舊，其有問無答者，或亦傳寫佚脫，而錦文曲爲之詞歟〔註21〕！

（五）稱號相同：

如〈春秋集解提要〉云：

宋呂本中撰，舊刻題曰呂祖謙，誤也。本中字居仁，好問之子，……學者稱爲東萊先生，故趙希弁《讀書附志》，稱是書爲東萊先生撰。後人因祖謙與朱子遊，其名最著，故亦稱爲東萊先生，而本中以詩擅名，詩家多稱呂紫微，東萊之號稍隱，遂移是書於祖謙，不知陳振孫《書錄解題》載是書，固明云本中撰也〔註22〕。

此述因二人稱號之相同，故作者混淆。

（六）同名：

如〈春秋孔義提要〉云：

明高攀龍撰，……朱彝尊《經義考》，此書之外，別有李攀龍《春秋孔義》十二卷，註曰未見。今案書名卷數並同，攀龍之名又相同，不應如是之巧合。考李攀龍惟以詩名，不以經術見，其墓誌本傳，亦不云嘗有是書，豈諸家書目，或有以攀龍之名同，因而誤高爲李者，彝尊未及考核，誤分爲二歟〔註23〕！

此述因同名而誤認撰者。

（七）別引一說：

如〈孝經宗旨提要〉云：

明羅汝芳撰，……朱彝尊《經義考》以爲未見，而陳繼儒《秘笈》中，實有此本，彝尊殆偶然失考，黃虞稷《千頃堂書目》，又別引一說，以爲羅洪先撰，亦非也〔註24〕。

（八）傳述他人之說，而沒己名：

〔註21〕同註20，詩疑問條，頁1～341。
〔註22〕同註15，卷二七〈經部〉二七，〈春秋類〉二，春秋集解條，頁1～546。
〔註23〕同註15，卷二八〈經部〉二八〈春秋類〉三，春秋孔義條，頁1～578。
〔註24〕同註15，卷三二〈經部〉三二〈孝經類〉存目，孝經宗旨條，頁1～654。

如〈李氏學樂錄提要〉云：

> 國朝李塨撰，是書本塨所編，以皆述其聞於奇齡者，奇齡又手定
> 之，故後人編入《西河合集》中，而題奇齡之名於首，然實非奇齡所
> 自著〔註25〕。

（九）書之內容續加：

如〈正字通提要〉云：

> 舊本或題明張自烈撰，或題國朝廖文英同撰，考鈕琇觚賸粵觚下
> 篇，載此書本自烈作，文英以金購得之，因掩爲己有，敘其始末甚詳，
> 然其前列國書十二字母，則自烈之時所未有，殆文英續加也〔註26〕。

（十）其他：

1、眞僞無可辨：如〈易經淵旨提要〉云：

> 舊本題吳郡歸有光撰，……按《文苑傳》及《明史・藝文志》，均
> 不載此書，朱彝尊《經義考》亦不著錄，惟《江南通志》載有光《易圖
> 論》上下篇《大衍解》二書，而無《淵旨》之目，眞僞蓋莫可知也〔註27〕。

2、無法得悉撰者：如〈小爾雅提要〉云：

> 案《漢書・藝文志》，有《小爾雅》一篇，無撰人名氏，《隋書・經
> 籍志》、《唐書・藝文志》，並載李軌注，《小爾雅》一卷，其書久佚，今
> 所傳本，則《孔叢子》第十一篇抄出別行者也〔註28〕。

二、定著撰者

當一書之撰者混淆不清、或眞僞莫辨之時，目錄學家如能考定撰人，則可便
利讀者，四庫館臣從下列八條體例來定著撰者，其目如下：

（一）四庫館臣辨正曹學佺之誤認：

如〈南軒易說提要〉云：

> 宋張栻撰，案曹學佺《蜀中廣記》，載是書十一卷，以爲張浚所作，
> 考浚《紫巖易傳》，其本猶存，與此別爲一書，學佺殊悞〔註29〕。

〔註25〕同註15，卷三八〈經部〉三八〈樂類〉，李氏學樂錄條，頁1～794。
〔註26〕同註15，卷四三〈經部〉四三〈小學類〉存目一，正字通條，頁1～908。
〔註27〕同註16，易經淵旨條，頁1～177。
〔註28〕同註26，小爾雅條，頁1～890。
〔註29〕同註15，卷三〈經部〉三〈易類〉三，南軒易說條，頁1～79。

又如〈讀易私言提要〉云：

元許衡撰，……國朝曹溶採入《學海類編》，通志堂刊《九經解》，遂從舊本收入，而何焯校正《九經解》目錄，以爲即元李簡之書，今考簡所撰《學易記》，其書具在，未嘗與此書相複，且《永樂大典》所載，亦作許衡，則非簡書明甚，焯之所校，不知何以云然也〔註30〕。

由於誤認爲撰者之書猶存，與原書比較核檢，而定著原書之撰者。

（二）從舊序：

如〈大易粹言提要〉云：

宋方聞一編，聞一舒州人，淳熙中爲郡博士，時溫陵曾種守舒州，命聞一輯爲是書，舊序甚明，朱彝尊《經義考》承《宋志》之誤，以爲種作，非也〔註31〕。

此述從舊序以定著撰者。

（三）從相傳：

如〈合定刪補大易集義粹言提要〉云：

舊本題國朝納喇性德編，相傳謂其稿本出陸元輔，性德歿後，徐乾學刻入《九經解》，始署性德之名，莫之詳也〔註32〕。

此述從相傳以定著撰者。

（四）從完帙尚存：

如〈易序叢書提要〉云：

舊本題宋趙汝楳撰，……此本亦分十卷，卷各爲目，……然文字亦多脫誤，疑好事者偶得其殘本，不知完帙尚存，雜鈔他書以足十卷之數也，卷首有董其昌名印，則其來已久，殆明人所雜編歟〔註33〕！

此述從本書完帙尚存，以定著其撰者。

（五）從引用序文：

如〈易象會旨提要〉云：

舊本題曰延伯生述，不著名氏，前有萬曆己酉熊惟學序，稱爲同年臨川文臺吳君，亦不著其名，考惟學爲隆慶辛未進士，是年榜有臨川吳

〔註30〕同註15，卷四〈經部〉四〈易類〉四，讀易私言條，頁1～100。
〔註31〕同註29，大易粹言條，頁1～83。
〔註32〕同註15，卷六〈經部〉六〈易類〉六，合訂刪補大易集義粹言條，頁1～142。
〔註33〕同註16，易序叢書條，頁1～163。

搞謙，或即其人歟〔註34〕！

此從引用序文而定著其撰者。

（六）引述書目：

如〈詩補傳提要〉云：

> 舊本提曰逸齋撰，不著名氏，朱彝尊《經義考》云《宋史・藝文志》
> 有范處義《詩補傳》三十卷，卷數與逸齋本相符，明朱睦㮮《聚樂堂書
> 目》，直書處義名，當有證據，處義金華人，紹興中登張孝祥榜進士云云，
> 則此書爲處義所作，逸齋蓋其自號也〔註35〕！

此四庫館臣引述書目以定著撰者。

（七）以實例辨定撰者非其人：

如〈家禮提要〉云：

> 舊本題宋朱子撰，案王懋竑《白田雜著》，有《家禮考》，曰《家禮》
> 非朱子之書也。《家禮》載於行狀，其序載於文集，其成書之歲月，載於
> 年譜，其書亡而復得之由，載於《家禮》附錄，自宋以來，遵而用之，
> 其爲朱子之書，幾無可疑者，乃今反復考之，而知決非朱子之書也。……
> 懋竑之學，篤信朱子，獨於易本義九圖，及是書，斷斷辨論，不肯附會，
> 則是書之不出朱子，可灼然無疑〔註36〕。

又如〈六經奧論提要〉云：

> 舊本題宋鄭樵撰，朱彝尊《曝書亭集》，有是書跋，曰成化中盱江
> 危邦輔藏本，黎溫序而行之，云是鄭漁仲所著，荊川唐氏輯《稗編》從
> 之。今觀其書議論，與《通志略》不合，樵所上書自述其著作，臚列名
> 目甚悉，而是書曾未之及，非樵所著，審矣。後崑山徐氏刻《九經解》，
> 仍題樵名，今檢書中，論詩皆主毛鄭，已與所著《詩辨妄》相反，又〈天
> 文辨〉一條，引及樵說，稱夾漈先生，足證不出樵手，又〈論詩〉一條，
> 引晦菴說詩，考《宋史》樵本傳，卒於紹興三十二年，朱子《詩傳》之
> 成，在淳熙四年，而晦菴之號則始於淳熙二年，皆與樵不相及，〈論書〉
> 一條，併引《朱子語錄》，且稱朱子之諡，則爲宋末人所作，具有明驗，

〔註34〕同註16，易象會旨條，頁1～181。
〔註35〕同註15，卷十五〈經部〉十五〈詩類〉一，詩補傳條，頁1～328。
〔註36〕同註15，卷二二〈經部〉二二〈禮類〉四，家禮條，頁1～459。

不知顧湄校《九經解》時，何未一檢也〔註37〕。
皆引述書中實例，以詳辨此書非鄭樵所作。

（八）以時代相近而定：

如〈春秋比事提要〉云：

> 舊本題宋沈棐撰，棐始末無可考，惟是書前有陳亮序，稱其字文伯，
> 湖州人，嘗爲婺之校官。陳振孫《書錄解題》曰，按湖有沈文伯，名長
> 卿，號審齋居士，爲常州倅，忤秦檜，貶化州，不名棐也，不知同父何
> 以云然，豈別有名棐而字文伯者乎，然則非湖人也云云。其說與亮迥異。
> 都穆《聽雨紀談》，又據嘉定辛未廬陵譚月卿序，以爲莆陽劉朔撰，併稱
> 月卿親見劉氏家本，此本不載月卿序，亦未審穆何所據，疑以傳疑，無
> 從是正，以陳亮去棐世近，姑從所序，仍著棐名〔註38〕。

此乃以時代相近而定撰者。

又如〈鄭志提要〉云：

> 案《隋書‧經籍志》，《鄭志》十一卷，魏侍中鄭小同撰，《鄭記》六
> 卷，鄭玄弟子撰。《後漢書》鄭玄本傳，則稱門生相與撰，玄答弟子，依
> 《論語》作《鄭志》八篇。劉知幾《史通》，亦稱鄭弟子追論師說及應答，
> 謂之《鄭志》，分受門徒，各述師言，更不問答，謂之《鄭記》。其說不同，
> 然范蔚宗去漢未遠，其說當必有徵。《隋志》根據《七錄》，亦阮孝緒等所
> 考定，非唐宋諸志，動輒疎舛者比，斷無移甲入乙之事，疑追錄之者諸弟
> 子，編次成帙者則小同，《後漢書》原其始，《隋書》要其終，觀八篇分爲
> 十一卷，知非諸弟子之舊本也〔註39〕。

此亦述以時代遠近而定著撰者。

三、考辨撰者之生平

撰者之生平主要包括姓名、里貫、仕履、及時代等，今分述於后：

（一）考姓名之誤

1、姓氏之訛：如〈華夷譯語提要〉云：

> 明洪武二十二年，翰林侍講火源潔奉勅撰，錢曾《讀書敏求記》，

〔註37〕同註15，卷三三〈經部〉三三〈五經總義類〉，六經奧論條，頁1～667。
〔註38〕同註22，春秋比事條，頁1～551。
〔註39〕同註37，鄭志條，頁1～660。

作史源潔，字之訛也〔註40〕。

2、名字之誤：如〈周易口訣義提要〉云：

唐史徵撰，《崇文總目》曰河南史徵，不詳何代人。晁公武《讀書志》曰，田氏以爲魏鄭公撰，誤。陳振孫《書錄解題》曰，五朝史志有其書，非唐則五代人，避諱作證字。《宋史‧藝文志》又作史文徵，蓋以徵徵二字相近而訛，別本作史之徵，則又以之文二字相近而訛耳。今定爲史徵，從《永樂大典》〔註41〕。

此述引書目以考撰者名字之異同。

又如〈周易窺餘提要〉云：

宋鄭剛中撰。……王應麟《困學紀聞》，稱鄭剛中有《周禮解義》，考王與之《周禮訂義》，首列諸家姓氏，有三山鄭鍔字剛中，淳熙中進《周禮全解》，蓋別自一人，字與剛中名偶同，或混而一之，非也〔註42〕。

又如〈尚書大傳提要〉云：

舊本題漢伏勝撰，勝濟南人，考《史記》、《漢書》但稱伏生，不云名勝，故說者疑其名爲後人所妄加，然《晉書‧伏滔傳》，稱遠祖勝，則相傳有自矣〔註43〕。

又如〈毛詩草木鳥獸蟲魚疏提要〉云：

吳陸璣撰，明北監本《詩正義》全部所引皆作陸機，考《隋書‧經籍志》，《毛詩草木蟲魚疏》二卷，注云烏程令吳郡陸璣撰。陸德明〈經典釋文序〉錄陸璣《毛詩草木鳥獸蟲魚疏》二卷，注云字元恪，吳郡人，吳太子中庶子，烏程令。《資暇集》亦辨璣字從玉，則監本爲誤〔註44〕。

又如〈毛詩集解提要〉云：

宋段昌武撰，……焦竑《國史經籍志》作段文昌，蓋因唐段文昌而誤，朱睦㮮《授經圖》作段武昌，則傳寫倒其文也〔註45〕。

3、字號之誤：如〈易數鉤隱圖提要〉云：

宋劉牧撰，牧字長民，其墓誌作字先之，未詳孰是，或有兩字也〔註46〕。

〔註40〕同註26，華夷譯語條，頁1～895。
〔註41〕同註15，周易口訣義條，頁1～60。
〔註42〕同註29，周易窺餘條，頁1～72。
〔註43〕同註15，卷十二〈經部〉十二〈書類〉二附錄，尚書大傳條，頁1～289。
〔註44〕同註35，毛詩草木鳥獸蟲魚疏條，頁1～324。
〔註45〕同註35，毛詩集解條，頁1～334。
〔註46〕同註15，卷二〈經部〉二〈易類〉二，易數鉤隱圖條，頁1～62。

又如〈易小傳提要〉云：

宋沈該撰，該字守約，一作元約，未詳孰是〔註47〕。

又如〈易精蘊大義提要〉云：

元解蒙撰，蒙字求我，吉水人，《江西通志》作字來我，蓋字型相近而誤也〔註48〕。

又如〈讀書管見提要〉云：

元王充耘撰，黃虞稷《千頃堂書目》，稱充耘字與耕，而原序及梅鶚跋，並稱耕野，疑虞稷誤也〔註49〕。

（二）考籍貫

1、從文集：如〈周易集解提要〉云：

唐李鼎祚撰，……據袁桷《清容居士集》，載資州有鼎祚讀書臺，知爲資州人耳〔註50〕。

2、從書目、序跋：如〈易裨傳提要〉云：

宋林至撰，至字德久，松江人，《書錄解題》作檇李人，未詳孰是〔註51〕。

又如〈童溪易傳提要〉云：

宋王宗傳撰，宗傳字景孟，寧德人……董眞卿以爲臨安人，朱彝尊《經義考》，謂是書前有寧德林焞序，稱與宗傳生同方，學同學，同及辛丑第，則云臨安人者誤矣〔註52〕。

又如〈易學啓蒙小傳提要〉云：

宋稅與權撰，……據《書錄解題》，載其《周禮折衷》一條，知爲臨邛人爾〔註53〕。

3、從方志：如〈周易集傳提要〉云：

元龍仁夫撰，仁夫字觀復，廬陵人，《吉安府志》作永新人〔註54〕。

（三）考官爵（仕履）

1、從序末（自序、他序）：如〈周易集解提要〉云：

〔註47〕同註46，易小傳條。
〔註48〕同註30，易精蘊大義條，頁1～109。
〔註49〕同註43，讀書管見條，頁1～273。
〔註50〕同註15，周易集解條，頁1～59。
〔註51〕同註29，易裨傳條，頁1～85。
〔註52〕同註29，童溪易傳條，頁1～85。
〔註53〕同註29，易學啓蒙小傳條，頁1～92。
〔註54〕同註30，周易集傳條，頁1～108。

> 唐李鼎祚撰，鼎祚《唐書》無傳，始末未詳，惟據序末結銜，知其
> 官爲祕書省著作郎〔註55〕。

又如〈易經存疑提要〉云：

> 明林希元撰，……官至廣東提學僉事，見自序及王愼中序，《泉州
> 府志》稱官至大理寺丞，誤也〔註56〕。

2、從書目：如〈周易舉正提要〉云：

> 舊本題唐郭京撰，京不知何許人，《崇文總目》稱其官爲蘇州司戶
> 參軍〔註57〕。

3、從時代相近：如〈東谷易翼傳提要〉云：

> 宋鄭汝諧撰，……陳振孫《書錄解題》云仕至吏部侍郎，《浙江通
> 志》，則云中教官科，遷知信州，召爲考功郎，累階徽猷閣待制，振孫去
> 汝諧世近，疑《通志》失之〔註58〕。

（四）考時代：

1、從書目：如〈周易集解提要〉云：

> 唐李鼎祚撰，鼎祚《唐書》無傳，始末未詳，……其時代亦不可考，
> 《舊唐書‧經籍志》，稱錄開元盛時四部諸書，而不載是編，知爲天寶以
> 後人矣〔註59〕。

又如〈周易口訣義提要〉云：

> 唐史徵撰，《崇文總目》曰河南史徵，不詳何代人，……陳振孫《書
> 錄解題》曰，五朝史志有其書，非唐則五代人，……今定爲唐人，從朱
> 彝尊《經義考》也〔註60〕。

2、從自序：如〈周易舉正提要〉云：

> 舊本題唐郭京撰，京不知何許人，……據自序言御注《孝經》，刪
> 定月令，則當爲開元後人〔註61〕。

3、從同時代之人：如〈射易淡詠提要〉云：

> 不著撰人名氏，卷端惟題西農二字，前有陳愫索〈射易書〉一篇，稱

〔註55〕同註50。
〔註56〕同註15，卷五〈經部〉五〈易類〉五，易經存疑條，頁1～116。
〔註57〕同註17，周易舉正條，頁1～61。
〔註58〕同註29，東谷易翼傳條，頁1～91。
〔註59〕同註50。
〔註60〕同註41。
〔註61〕同註57。

其字曰孝若，考懍至國朝尚存，嘗與邱象隨等共注李賀《昌谷集》，又書中稱張九山青衣，得《射易》半部於虎邱僧舍，乃錄寄尹子求者，考明尹伸，字子求，宜賓人，萬曆戊戌進士，官至湖廣布政使，崇禎甲申，張獻忠部賊陷敘州，伸殉節死，此書既云寄伸，則是時伸尚無恙，當爲明末人作矣〔註62〕。

四、辨正各種書目、方志及個人之誤

四庫館臣在辨正「撰者」方面亦不遺餘力，以下分條述之，以見其概：

（一）別爲一書：

如〈南軒易說提要〉云：

宋張栻撰，案曹學佺《蜀中廣記》，載是書十一卷，以爲張浚所作，考浚《紫巖易傳》，其本猶存，與此別爲一書，學佺殊悞〔註63〕。

此辨正曹學佺《蜀中廣記》所記載之誤。

（二）承前志之誤：

如〈大易粹言提要〉云：

宋方聞一編，……時溫陵曾稑守舒州，命聞一輯爲是書，舊序甚明，朱彝尊《經義考》，承《宋志》之誤，以爲稑作，非也〔註64〕。

此四庫館臣辨正《宋志》及朱目之誤。

（三）疑誤：

如〈東谷易翼傳提要〉云：

宋鄭汝諧撰，……陳振孫《書錄解題》云仕至吏部侍郎，《浙江通志》則云中教官科，遷知信州，召爲考功郎，累階徽猷閣待制，振孫去汝諧世近，疑《通志》失之〔註65〕。

此四庫館臣辨正浙江通志所云鄭汝諧之官職有誤。

（四）校正錯誤：

如〈讀易私言提要〉云：

元許衡撰，……此書本在衡文集中，……國朝曹溶採入《學海類

〔註62〕同註15，卷八〈經部〉八〈易類〉存目二，射易淡詠條，頁1～209。
〔註63〕同註29。
〔註64〕同註31。
〔註65〕同註58。

編》，通志堂刊《九經解》，遂從舊本收入，而何焯校正《九經解》目錄，以爲即元李簡之書，今考簡所撰《學易記》，其書具在，未嘗與此書相複，且《永樂大典》所載，亦作許衡，則非簡書明甚，焯之所校，不知何以云然也〔註66〕。

此四庫館臣辨正何焯校刊之誤。

（五）未說明原因：

如〈易經存疑提要〉云：

明林希元撰，……官至廣東提學僉事，見自序及王慎中序，《泉州府志》稱官至大理寺丞，誤也〔註67〕。

此辨正《泉州府志》載其官爵之誤。

（六）未見其書：

如〈尚書註考提要〉云：

明陳泰交撰，朱彝尊《經義考》，載陳氏泰來《尚書註考》一卷，註曰未見。……案吳永芳《嘉興府志》，載陳泰交字同倩，萬曆中國子監生，所著有《尚書注考》，與《經義考》迥異，然《經義考》引項皐謨之說，稱同倩治尚書作注考云云，明出泰交之字，則彝尊未見其書，誤以泰交爲泰來，審矣〔註68〕。

此辨正朱目未見其書而誤載也。

（七）引前目而正之：

如〈毛詩草木鳥獸蟲魚疏提要〉云：

吳陸璣撰，明北監本《詩正義》全部所引皆作陸機。考《隋書‧經籍志》，《毛詩草木蟲魚疏》二卷，注云烏程令吳郡陸璣撰，陸德明〈經典釋文序〉錄陸璣《毛詩草木鳥獸蟲魚疏》二卷，注云字元恪，吳郡人，吳太子中庶子，烏程令，《資暇集》亦辨璣字從玉，則監本爲誤〔註69〕。

此四庫館臣引《隋志》、《經典釋文》、《資暇集》，以辨正明北監本之誤。

（八）姓名相似、或傳寫倒其文：

如〈毛詩集解提要〉云：

〔註66〕同註30。
〔註67〕同註56。
〔註68〕同註43，卷十二〈經部〉十二〈書類〉二，尚書註考條，頁1～278。
〔註69〕同註44。

宋段昌武，⋯⋯焦竑《國史經籍志》，作段文昌，蓋因唐段文昌而
誤，朱睦㮮《授經圖》，作段武昌，則傳寫倒其文也〔註70〕。

（九）以序者爲撰者：

如〈詩傳旁通提要〉云：

元梁益撰，⋯⋯前有至正四年太平路總管府推官濱州瞿思忠序，明
朱睦㮮《授經圖》，遂以《詩傳旁通》爲思忠作，殊爲疏舛，今從朱彝尊
《經義考》所辨，附訂正焉〔註71〕。

（十）未及考核，或偶然失考：

如〈春秋孔義提要〉云：

明高攀龍撰，⋯⋯朱彝尊《經義考》，此書之外，別有李攀龍《春
秋孔義》十二卷，註曰未見，今案書名卷數並同，攀龍之名又相同，不
應如是之巧合，考李攀龍惟以詩名，不以經術見，其墓誌本傳，亦不云
嘗有是書，豈諸家書目，或有以攀龍之名同，因而誤高爲李者，彝尊未
及考核，誤分爲二歟〔註72〕！

（十一）別引一說：

如〈孝經宗旨提要〉云：

明羅汝芳撰，⋯⋯黃虞稷《千頃堂書目》，又別引一說，以爲羅洪
先撰，亦非也〔註73〕。

五、辨正提要之失

四庫館臣採摭諸家書目、方志、文集，對「撰者」之失，辨難考訂良多，
然《提要》本身亦偶有所誤，今爲之條舉如后，以爲治目錄學者之參考。

（一）〈周易正義〉條：

《提要》言「然《隋書・經籍志》，載晉揚州刺史顧夷等，有《周易難王輔嗣
易》一卷，《冊府元龜》又載顧悅之〔原注，按悅之即顧夷之字。〕《難王弼易義》四十
餘條」〔註74〕，然余嘉錫《四庫提要辨證》卷一〈周易正義條〉案語云：

〔註70〕同註45。
〔註71〕同註20。
〔註72〕同註23。
〔註73〕同註24。
〔註74〕同註15，周易正義條，頁1～58。

元大德本、〔據涵芬樓影印本。〕明南監本、武英殿本,《隋志》均作顧夷,夸與夷即一字,然不知《提要》何以須改寫爲夸。其謂顧悅之即夸之字,亦不知何據〔註75〕?

余氏謂《提要》將夷改寫爲夸,然本書卻作夷,故余氏可能據其他板本,至其引近人姚振宗《隋書經籍志考證》,以辨正顧夷與顧悅之爲二人,其言甚是〔註76〕,故《提要》失之。

（二）〈周易口訣義〉條:

《提要》言「唐史徵撰,《崇文總目》曰河南史徵,不詳何代人。晁公武《讀書志》曰,田氏以爲魏鄭公撰,誤。陳振孫《書錄解題》曰,五朝史志有其書,非唐則五代人,避諱作證字。《宋史‧藝文志》又作史文徵,蓋以徵徵二字相近而訛,別本作史之徵,則又以之文二字相近而訛耳,今定爲史徵,從《永樂大典》,定爲唐人,從朱彝尊《經義考》也〔註77〕。」案《通考》引《崇文總目》,實作史證,不作史徵,且晁志已云唐人,不必從《經義考》始定也。又《通志》亦作史之證,《提要》定爲史徵,於之字尚未交待也。

（三）〈大易粹言〉條:

《提要》言「宋方聞一編,聞一舒州人,淳熙中爲郡博士,時溫陵曾種守舒州,命聞一輯爲是書,舊序甚明,朱彝尊《經義考》承《宋志》之誤,以爲種作,非也〔註78〕。」案曾氏原序有云:「種代匱龍舒,與二三僚友相與裒伊川家所發揮大易之旨者,集爲一書。」故《書錄解題》亦作曾種集,是《宋志》未爲非也。

（四）〈毛詩草木鳥獸蟲魚疏〉條:

《提要》言「吳陸璣撰,明北監本《詩正義》全部所引皆作陸機。考《隋書‧經籍志》,《毛詩草木蟲魚疏》二卷,注云烏程令吳郡陸璣撰,陸德明〈經典釋文序〉錄《陸璣毛詩草木鳥獸蟲魚疏》二卷,注云字元恪,吳郡人,吳太子中庶子,烏程令,《資暇集》亦辨璣字從玉,則監本爲誤〔註79〕。」案余嘉錫《四庫提要辨證》卷一〈經部〉一〈詩類〉一,〈毛詩草木鳥獸蟲魚疏條〉案語,引錢大昕《潛研堂集》卷二十七〈跋爾雅疏單行本〉,及阮元〈毛詩校勘記〉,於《正義》引陸機疏條下,均認爲機當從木,不從玉。又其案語云:

〔註75〕見《四庫提要辨證》卷一〈經部〉一〈易類〉一,周易正義條,藝文印書館,頁1。
〔註76〕同註75。
〔註77〕同註41。
〔註78〕同註31。
〔註79〕同註44。

《提要》信《資暇集》之說，定元恪名作機，且引《隋志》及《釋文》爲證，不知其所據，皆誤本耳，明南監本《隋志》陸機字，實從木，不從玉也〔註80〕。

（五）〈毛詩名物解〉條：

《提要》言「宋蔡卞撰，……自王安石新義及字說行，而宋之士風一變，其爲名物訓詁之學者，僅卞與陸佃二家，佃安石客，卞安石壻也，故佃作《埤雅》，卞作此書，大旨皆以字說爲宗，……然其書雖王氏之學，而徵引發明，亦有出於孔穎達《正義》，陸璣《草木蟲魚疏》外者，寸有所長，不以人廢言也〔註81〕。」案余嘉錫《四庫提要辨證》卷一〈經部〉一〈毛詩名物解條〉案語，引莫友芝《邵亭書目》卷二云：

> 卞此書自首至尾，並鈔陸佃《埤雅》之文，未曾自下一字，不知刻經解者何以收編，《四庫》又何以入錄，其人其書，皆可廢也〔註82〕。

（六）〈高註周禮〉條：

《提要》言「國朝高愈撰，……書中採前人之說，多本諸王昭禹訂義〔註83〕。」案《周禮訂義》爲宋王與之撰，而王昭禹所撰則爲《周禮詳解》，《提要》失之。

（七）〈十三經註疏正字〉條：

《提要》言「國朝沈廷芳撰，……是編校正《十三經註疏》，以監本、重修監本、陸氏閩本、毛氏汲古閣本，參互考證，而音義釋文，則以徐氏通志堂本爲準〔註84〕。」案胡玉縉《四庫全書總目提要補正》，卷八，〈五經總義類〉，〈十三經注疏正字條〉案語云：

> 案廷芳爲浦鏜作傳云：「正字書存余所，故人苦心，會當謀諸剞劂，芳得附名足矣。」而鏜弟銑作〈秋稼吟稿序〉云：「正字書沈椒園先生許爲付梓，今已入《四庫全書》，而非兄之名也。」據此，則是書爲浦鏜撰，非出沈廷芳〔註85〕。

以上所列七條，皆辨正《四庫提要》本身在記述撰者方面之失。

〔註80〕同註75，毛詩草木鳥獸蟲魚疏條，頁32。
〔註81〕同註35，毛詩名物解條，頁1～327。
〔註82〕同註75，毛詩名物解條，頁35。
〔註83〕同註15，卷二三〈經部〉二三〈禮類〉存目一，高註周禮條，頁1～470。
〔註84〕同註37，十三經註疏正字條，頁1～680。
〔註85〕見胡玉縉《四庫全書總目提要補正》，卷八，〈五經總義〉類，十三經注疏正字條，頁53。

第五章　板　刻

第一節　板刻之起源與意義

一、板刻之起源

　　中國上古時代記載文字語言之主要工具有甲骨、竹簡、木板，迨至春秋戰國時代更有縑帛，迄乎漢代更發明造紙術，使文字之記載至爲便利，然而雕板印書，究起於何時，說者不一。屈萬里、昌彼得著、潘美月增訂之《圖書板本學要略》云：

　　　　或謂始於唐代，或謂始於隋時，或謂始於北朝，且有謂始於東漢者。

　　　　要而言之，謂始於盛唐者近似，其餘皆謬說也〔註1〕。

其所持之理由，蓋舉唐元稹〈白氏長慶集序〉、《全唐文》卷六四二馮宿〈禁板印時憲書奏〉、《司空表聖文集》卷九〈爲東都敬愛寺講律僧惠確化募雕刻律疏〉、范攄《雲溪友議》卷下〈羨門遠篇〉、宋王讜《唐語林》卷七、柳玭〈家訓序〉（據武英殿本舊五代史唐明宗紀注引）六證，以知自中唐以來，刻書之風已盛〔註2〕。

　　板刻之事，遠肇李唐，至五代長興年間，馮道奏請雕板九經〔註3〕，此後板刻事業極爲發達，板刻既多，於是「板本」一詞乃應運而生，葉德輝《書林清話》云：

　　　　自雕板盛行，於是板本二字，合爲一名。宋岳珂《九經三傳沿革例》

〔註1〕見屈萬里、昌彼得著、潘美月增訂《圖書板本學要略》，頁20，中國文化大學出版部。
〔註2〕同註1，頁25～26。
〔註3〕《舊五代史‧唐明宗紀》：「長興三年二月辛未，中書奏請依石經文字，刻九經印板，從之。」

書本內列有晉天福銅板本，此板本二字相連之文。然珂為南宋人，是板本之稱，沿用久矣〔註4〕。

其實「板本」之稱，早有來源，《北齊書》卷四十五中云：

> 七年，詔令校定群書，供皇太子。遜等十一人同被尚書召共刊定。時秘府書籍紕繆者多，遜乃議曰：「按漢中壘校尉劉向受詔校書，每一書竟，表上，輒言：臣向書、長水校尉臣參書，太史公、太常博士書、中外書合若干本以相比校，然後殺青。今所讎校，供擬極重，出自蘭臺，御諸甲館。向之故事，見存府閣，必藉眾本〔註5〕。

校書必備眾本，自漢已然，劉向校書，合若干本以相比較也。「本」之命名，由于校讎之時，一人持本，一人讀書。所謂「本」者，謂殺青治竹所書，改治已定，略無訛字，上素之時，即就竹簡繕寫，以其為書之原本，故稱曰「本」。其後竹簡既廢，人但就書卷互相傳錄，于是「本」之名遂由竹移之紙，而一切書皆可稱「本」矣。唐五代後，鏤板盛行，一書刻成，相率模印，與殺青上素之義頗相符合，故又稱之為「板本」〔註6〕。然板本一詞，始自北宋，如《宋史・邢昺傳》云：

> 真宗景德二年（公元 1005 年），上幸國子監閱庫書，問昺：「經板幾何？」昺曰：「國初不及四千，今十餘萬，經、傳、正義皆具，臣少從師業儒時，經具有疏者百無一二，蓋力能傳寫。今板本大備，士庶家皆有之，斯乃儒者逢辰之幸也〔註7〕。

又如〈崔頤正傳〉亦云：

> 咸平初……諸經板本多舛誤，真宗命擇官詳正〔註8〕。

此即「板本」之名見於北宋之證。然而當時所謂「板本」者，皆指雕板書本而言，雕板書本由墨印成，故又稱「墨本」。

二、板刻之意義

「板刻」者，乃指將文字雕刻於木板，而用油墨印成書籍之過程，由於板刻眾多，於是有「板本」之名稱，研究「板本」之學問，稱為「板本學」，「板本學」

〔註4〕見葉德輝著《書林清話》、卷一，〈版本之名稱〉條，文史哲出版社，頁 70。案宋岳珂，應為元岳凌，翁同文有說。

〔註5〕見唐李百藥撰《北齊書》，卷四五，鼎文書局，頁 614。

〔註6〕見《古籍版本鑒定叢談》，頁 1，新文豐出版公司。

〔註7〕見楊家駱主編《新校本宋史》十六，卷四三一，鼎文書局，頁 12798。

〔註8〕同註 7，頁 12822。

所涉及之範圍極為廣泛，舉凡寫本、歷代刊本、歷代傳錄本、批校本、稿本，以及每一書之雕版源流，孰為善本，孰為劣本，孰為原刻，孰為翻刻，以至印紙墨色、字體刀法、藏書印記、版式行款、裝潢式樣等等，都在板本學所研究範圍之內〔註9〕。本來「板本」二字是一個連合詞，代表兩種意義，「板」是指雕板，「本」是指書本，所以「板本學」也者，正確言之，在於研究版刻之鑒別與歷史及書本之源流之一門學問。

第二節　板刻與學術之關係

　　學術之發達，其相關因素甚多，而板刻之興盛是促進學術發達之主要因素，一地板刻事業旺盛，其地將是人文薈萃之地，亦將產生不少藏書家。私人藏書多，應自有板刻始，蓋自此以後，書籍日富，插架滿目，不難達到也。而藏書家之裨助學術者，以私人藏書較公家藏書更為有功於社會文化，吳春晗《江蘇藏書家小史》序言云：

　　　　中國印刷術與紙之發明，雖導源極早，然以工力繁重，巨編大冊，往往非力弱者所能弃置，自來殿閣藏書，又深閟宮門，寧飽蠹魚，禁不借閱。民間則舍功令所定之五經四書外，幾無他書，足供繙誦。惟一般士大夫憑藉稍厚，每於昇平之際，肆意蓄書，往往積至數十萬冊，奇文秘乘，有為內府所無者，以是中國歷來內府藏書雖富，而為帝王及蠹魚所專有，公家藏書則復寥落無聞，惟士大夫藏書風氣，則千數年來，愈接愈盛，智識之源泉雖被獨持於士大夫階級，而其精讎密勘，著意丹黃，秘冊借鈔，奇書互賞，往往能保存舊籍，是正舛偽，發潛德，表幽光，其有功於社會文化者亦至鉅〔註10〕。

私人藏書家不但有功於社會文化，更能開創學術之風氣，形成一代學術獨特之風格，故吳氏又云：

　　　　藏書之風氣盛，讀書之風氣亦因之而興，好學敏求之士往往跋踄千里，登門借讀，或則輾轉請託，迻錄副本，甚或節衣縮食，恣意置書，每有室如懸磬而弄書充棟者；亦有畢生以鈔誦秘籍為事，蔚成藏家者。版本既多，校讎之學因盛，績學方聞之士多能掃去魚豕，一意補殘正缺，

〔註9〕見《中國古籍研究叢刊（三）》〈中國古書版本研究〉，頁2。
〔註10〕見《圖書館學季刊》第八卷第一期，頁1。

古書因之可讀，而自來所不能通釋之典籍，亦因之而復顯於人間，甚或比勘異文，發現前人誤失，造成學術上之疑古求眞風氣。藏家之有力者復舉以付剞劂，輯爲叢書，公之天下，數百年來踵接武繼，化秘笈爲億萬千身，其嘉惠來學者至多〔註11〕。

藏書家與學術有密切之關係，而欲藏書豐富，除多迻錄副本，鈔誦秘籍之外，更重要者是多刻書，中國士大夫文人雅士喜勸人多刻書，如宋司馬光曾云：

> 積金以遺子孫，子孫未必能盡守；積書以遺子孫，子孫未必能盡讀。
> 不如積陰德于冥冥之中，以爲子孫無窮之計〔註12〕。

此乃鼓勵一般人多刻書之益，世皆奉爲箴言。

又如近人張之洞編《書目答問》，勸人刻書，蓋刻書有功學術，最裨實用，《書目答問》勸刻書說云：

> 凡有力好事之人，若自揣德業學問不足過人，而欲求不朽者，莫如刊布古書一法，但刻書必須不惜重資，延聘通人，甄擇秘籍，詳校精刻，其書終古不廢，則刻書之人，終古不泯。如歙之鮑，吳之黃，南海之吳，金山之錢，可決其在五百年中，必不泯滅，豈不勝於自著書自刻書乎？且刻書者，傳先哲之精蘊，啓後學之困蒙，亦利濟之先務，積善之雅談也〔註13〕。

刻書之益，不言而喻矣！

第三節　目錄記載板刻之重要性

一、校書必備衆本，板本必先鑑別

古書既經多刻，訛舛日滋，刻書者既不精讎對，校書者又率意妄改，古書面目，大失其眞，盧文弨曾云：

> 書所以貴舊本者，非謂其概無一譌也，近世本有經校讎者，頗賢於舊本，然專輒妄改者亦復不少，即如九經小字本，吾見南宋本已不如北宋本，明之錫山秦氏本，又不如南宋本，今之翻秦本者更不及焉〔註14〕！

〔註11〕同註10。
〔註12〕見羅錦堂著《歷代圖書板本志要》所引，國立編譯館，頁59。
〔註13〕見張之洞主編《書目答問》，新文豐出版公司，頁110。
〔註14〕見《抱經堂叢書》─〈抱經堂文集〉卷十二，〈書吳葵里所藏宋本白虎通後〉，頁7。

由於古書訛誤日甚，故校書者必備眾本，方足以濟事，孫德謙云：

> 校書之事，必備有眾本，乃可以決擇去取，……蓋不備眾本，書之
> 或有缺佚，或有謬誤，其義皆不可通，此讀者之大憾也。故既得一別本
> 矣，足與此本對校，又當兼備眾本，如是則異同得失，始能辨別，而有
> 所折衷〔註15〕。

具備眾本後，然後對各種板本加以鑑別，鑑別是研究板本所具備之基本手段，藏
書家在搜集圖書資料之時，如能具備鑑別之眼光，將可求得善本、珍本，清孫從
添《藏書紀要》中曾論及版本鑑別之重要，其云：

> 夫藏書而不知鑑別，猶瞽之辨色，聾之聽音。雖其心未嘗不好，而
> 才不足以濟之，徒為有識者所笑，甚無謂也。如某書係何朝何地著作？
> 刻於何時？何人翻刻？何人抄錄？何人底本？何人收藏？如何為宋元刻
> 本？刻於南北朝何時何地？如何為宋元精舊鈔本？必須眼力精熟，考究
> 確切〔註16〕。

鑑別板本對收藏家而言，可謂是一門專業之知識。而鑑別板本之最終目的在求得
「善本」，所謂「善本」者，乃指「精加校勘」之書本而言。藏書貴宋槧，然宋本
亦有非盡為善本者，故葉德輝云：

> 藏書貴宋本，人人知之矣，然宋本亦有不盡可據者；經如四書朱注
> 本，不合於單注單疏本也。其他易程傳、書蔡傳、詩集傳、春秋胡傳，
> 其經文沿誤，大都異於唐蜀石經及北宋蜀刻。宋以來儒者，但求義理於
> 字句，多不校勘其書，即屬宋版精雕，祇可為賞玩之資，不足供校讎之
> 用〔註17〕。

而錢大昕《十駕齋養新錄》論宋槧本條亦云：

> 今人重宋槧本書，謂必無差誤，卻不盡然。陸放翁跋歷代陵名云：
> 「近世士大夫，所至喜刻書版，而略不校讎，錯本書散滿天下，更誤學
> 者，不如不刻之愈也。」是南宋初刻本已不能無誤矣。張淳《儀禮識誤》、
> 岳珂《九經三傳沿革例》，所舉各本異同甚多，善讀者當擇而取之。若偶
> 據一本，信以為必不可易，此書估之議論，轉為大方所笑者也〔註18〕。

北京直隸書局影印。
〔註15〕見楊家駱主編《校讎學系編》中，孫德謙撰《劉向校讎學纂微》，鼎文書局，頁23。
〔註16〕見《叢書集成新編》二，孫從添撰《藏書紀要》，新文豐出版公司，頁753。
〔註17〕見葉德輝著《書林清話》，卷一，宋刻書字句不盡同古本條，頁316。
〔註18〕見錢大昕著《十駕齋養新錄》卷十九，華江出版社，頁459。

顧宋槧本既已多訛舛，則著錄版刻之時，端在詳於鑑別，才不致遺誤後世。

二、《尤目》始創目錄兼言版刻之例

我國公私書目著錄群書，初不著明何本，有者只於文字校勘上之區別，自宋朝尤袤之《遂初堂書目》，始兼載眾本，爲後世書目記載板本之濫觴，葉德輝《書林清話》卷一〈古今藏書家紀板本篇〉云：

> 古人私家藏書必自撰目錄，今世所傳宋晁公武《郡齋讀書志》、陳振孫《直齋書錄解題》……無所謂異本重本也。自鏤版興，於是兼言版本，其例創於宋尤袤《遂初堂書目》，目中所錄，一書多至數本，有成都石經本、秘閣本、舊監本、京本、江西本、吉州本、杭本、舊杭本、嚴州本、越州本、湖北本、川本、川大字本、川小字本、高麗本，此類書以正經正史爲多，大約皆州郡公使庫本也〔註19〕。

藏書目錄必載版刻，蓋能明著其本，始能識其流別，黃丕烈〈士禮居藏書題跋記〉云：

> 藏書不可無目，且不可不載何代之刻，何時之鈔，俾後人有所徵信也，其言是矣〔註20〕！

三、四庫館臣選擇板本之原則

四庫館臣之選擇板本，大抵以足本爲主，足本之中更以精選精校之本以爲之輔，此即所謂善本也。凡例云：

> 諸書刊寫之本不一，謹擇其善本錄之。增刪之本亦不一，僅擇其足本錄之。

意即如此。然《四庫總目》則僅錄採進者姓氏或輯錄之來歷（如輯自《永樂大典》者），無法顯示何者爲善本？何者爲足本？故余嘉錫認爲《四庫提要》不言板本，其言云：

> 昔者劉向奉詔校書，所作書錄，先言篇目之次第，次言以中書外書合若干本相讎校，本書多脫誤以某爲某，然後敘作者之行事及其著書之旨意。……《別錄》既亡，惟清代《四庫全書總目》能言作者之旨意，爲劉向以後僅有之書。然殊不及板本，於校讎亦略而不詳，則猶未爲盡

〔註19〕同註17，頁30。
〔註20〕見劉紀澤著《目錄學概論》所引，臺灣中華書局，頁21。

善〔註21〕。

實則《四庫提要》亦兼言板本，只是略而未詳而已。

第四節　《四庫提要》經部所記板刻之義例

　　本章前數節已將版刻之源流、與學術之關係、目錄記載板刻之重要性，作一概括性之敘述，今從《四庫提要》本身內容，條舉其版刻之體例，以爲研究板本學者之參究。

一、述刊者

　　在《四庫提要》之中，偶而提及刊者，將使該書之源流有所依循，如〈易數鈎隱圖提要〉云：

　　　宋劉牧撰，……此本爲通志堂所刊〔註22〕。

又如〈了翁易說提要〉云：

　　　宋陳瓘撰，……此本爲紹興中其孫正同所刊〔註23〕。

又如〈原本周易本義、附重刻周易本義提要〉云：

　　　　宋朱子撰，此爲咸淳乙丑九江吳革所刊，內府以宋槧摹雕者，前有
　　革序〔註24〕。

又如〈易裨傳提要〉云：

　　　宋林至撰，……此本爲元至正間陳泰所刊〔註25〕。

又如〈周易傳義合訂提要〉云：

　　　　國朝朱軾撰，……其書，軾存之日未及刊行，乾隆丁巳，兩廣總督
　　鄂爾達，始爲校付剞劂〔註26〕。

又如〈尚書讀記提要〉云：

〔註21〕見余嘉錫著《余嘉錫論學雜著》，河洛圖書出版社，頁571。
〔註22〕見《四庫全書總目提要》第一冊經部，卷二〈經部〉二〈易類〉二，易數鈎隱圖條，頁1～62。
〔註23〕同註22，了翁易說條，頁1～67。
〔註24〕同註22，卷三〈經部〉三〈易類〉三，原本周易本義、附重刻周易本義條，頁1～77。
〔註25〕同註24，易裨傳條，頁1～85。
〔註26〕同註22，卷六〈經部〉六〈易類〉六，周易傳義合訂條，頁1～144。

國朝閻循觀撰，……是編爲濰縣韓夢周所刊〔註27〕。

又如〈朱子五經語類提要〉云：

國朝程川編，……是書成於雍正乙巳，乃川肄業敷文書院時所刊〔註28〕。

二、述重刊者

一書刊行後，可能因版刻散佚，或版刻燬於火，故又重行刊之，如〈易經兒說提要〉云：

明蘇濬撰，……萬曆中嘗刊行，板後散佚，康熙丁卯，其裔孫堯松等重刊之〔註29〕。

又如〈周易去疑提要〉云：

明舒宏諤撰，……初梓於池氏，後板燬於火，蔣時機又重刊之，而改其體例〔註30〕。

三、述刻者

將刻者姓名著錄於提要之內，可由刻者之籍里而了解其板本之善否，葉夢得《石林燕語》云：

天下印書，以杭州爲上，蜀本次之，福建最下。京師比歲印板，殆不減杭州，但紙不佳。蜀與福建，多以柔木刻之，取其易成而速售，故不能工。福建本幾徧天下，正以其易成故也〔註31〕。

如由刻者之籍里所在來探討版刻之善否，雖不中亦不遠，《四庫提要》中提到刻者姓名之處計有數處，如〈楊氏易傳提要〉云：

宋楊簡撰，……是書爲明劉日升、陳道亨所刻〔註32〕。

又如〈易經存疑提要〉云：

明林希元撰，……原刻漫漶，此本爲乾隆壬戌其裔孫廷玤所刻〔註33〕。

又如〈毛詩正變指南圖提要〉云：

〔註27〕同註22，卷十四〈經部〉十四〈書類〉存目二，尚書讀記條，頁1～319。

〔註28〕同註22，卷三三〈經部〉三三〈五經總義類〉，朱子五經語類條，頁1～681。

〔註29〕同註22，卷八〈經部〉八〈易類〉存目二，易經兒說條，頁1～186。

〔註30〕同註29，周易去疑條，頁1～205。

〔註31〕見《叢書集成新編》八三，《石林燕語》卷八，新文豐出版公司，頁697。

〔註32〕同註24，楊氏易傳條，頁1～80。

〔註33〕同註22，卷五〈經部〉五〈易類〉五，易經存疑條，頁1～116。

是書爲明末陳重光所刻〔註34〕。

又如〈批點檀弓提要〉云：

舊本題宋謝枋得撰，……是編莫知所自來，明萬曆丙辰，烏程閔齊

伋，始以朱墨板刻之〔註35〕。

又如〈鍾評左傳提要〉云：

是編爲毛晉汲古閣所刻〔註36〕。

又如〈論語筆錄提要〉云：

舊本題唐韓愈李翶同注，……此本爲明范欽從許勃本傳刻〔註37〕。

又如〈附釋文互註禮部韻略提要〉云：

凡有二本，一本爲康熙丙戌曹寅所刻，……一本爲常熟錢孫保家影

抄宋刻〔註38〕。

四、述重刻者

如〈三禮圖集注提要〉云：

宋聶崇義撰，……淳熙中陳伯廣嘗爲重刻〔註39〕。

又如〈刊正九經三傳沿革例提要〉云：

宋岳珂撰，……宋時九經刊板，以建安余氏，興國于氏二本爲善，

廖剛又釐訂重刻，當時稱爲精審〔註40〕。

五、述鈔者

書籍之流傳，除刊、刻爲一善法之外，鈔讀亦是一良方，鈔讀可謂治學之一
重要途徑，近人孫德謙之治學，從鈔讀上著手，誠有獲益良多之言，其所著《古
書讀法略例》卷四，有一段經驗之談：

余治諸子之學，將三十年。當《通考》未作以前（此指孫氏所著《諸
子通考》），凡見有涉於子書者，無不鈔讀。總論百家者，如《莊子・天

〔註34〕同註22，卷十七〈經部〉十七〈詩類〉存目一，毛詩正變指南圖條，頁1～365。
〔註35〕同註22，卷二四〈經部〉二四〈禮類〉存目二，批點檀弓條，頁1～486。
〔註36〕同註22，卷三十〈經部〉三十〈春秋類〉存目一，鍾評左傳條，頁1～617。
〔註37〕同註22，卷三五〈經部〉三五〈四書類〉一，論語筆解條，頁1～709。
〔註38〕同註22，卷四二〈經部〉四二〈小學類〉三，附釋文互註禮部韻略條，頁1～868。
〔註39〕同註22，卷二二〈經部〉二二〈禮類〉四，三禮圖集注條，頁1～450。
〔註40〕同註28，刊正九經三傳沿革例條，頁1～665。

下篇》,《荀子·非十二子篇》、《呂氏春秋·不二篇》、《史記·孟荀列傳》、
《老莊申韓列傳》、《淮南子·要略篇》、《隋書·經籍志》之子部,以及
宋王堯臣之《崇文總目》、明焦竑之《國史經籍志》,將其各家敘論,分
別類聚,爲之鈔讀。至於專論一書者,如《晏子》、《荀子》以下戰國諸
子,存於今者尚有二三十種。即如晏、荀二書,起於劉向書錄,暨韓昌
黎之讀荀子、柳子厚之辨《晏子春秋》,與近人文集或有序論書後,一一
鈔讀之。積稿盈篋,迄至於今,不特尋檢自便,而借書於手,則成誦在
心。覺諸子之學術源流,與其異同得失,往來於懷,遂能觀其會通,頗
信獲益於鈔讀者爲多。然則人之於書誠用鈔讀之功,豈有不能得其益哉?
蓋凡人讀書,恆易疏略。其書而爲吾所有,不必借鈔於人,以爲予取予
求,隨時可讀,於是因循曠廢,有竟不取讀者。自一經手鈔,當時意既
專注,可使過目不忘,較之泛泛瀏覽者迥乎不同。吾是以知鈔讀之爲益
宏多也〔註41〕。

以上詳述鈔讀於治學所獲之益,蓋足爲吾人之典範,今述《四庫提要》所著錄有
關鈔者之姓名於后,以爲之參究。

如〈吳園易解提要〉云:

宋張根撰,……明祁承爜家有其本,此爲徐氏傳是樓所鈔〔註42〕。

又如〈丙子學易編提要〉云:

宋李心傳撰,……原書十五卷,高斯得嘗與誦詩訓合刻於桐江,今
已散佚,此本爲元初俞琰所鈔〔註43〕。

又如〈毛詩集解提要〉云:

宋段昌武撰,……原書三十卷,明代惟朱睦㮮萬卷堂有宋槧完本,
後沒於汴梁之水,此本爲孫承澤家所鈔,僅存二十五卷〔註44〕。

又如〈四書經疑貫通提要〉云:

元王充耘撰,是編黃虞稷《千頃堂書目》,謂其已佚,此本爲明范
欽天一閣舊抄,尚首尾完具,惟第二卷中脫一頁,第八卷中脫一頁,無
從校補,則亦僅存之笈矣〔註45〕。

〔註41〕見孫德謙著《古書讀法略例》下冊,台灣商務印書館,頁205～206。
〔註42〕同註22,吳園易解條,頁1～68。
〔註43〕同註24,丙子學易編條,頁1～88。
〔註44〕同註22,卷十五〈經部〉十五〈詩類〉一,毛詩集解條,頁1～334。
〔註45〕同註22,卷三六〈經部〉三六〈四書類〉二,四書經疑貫通條,頁1～729。

六、述板刻之內涵

（一）傳寫來源：

如〈南軒易說提要〉云：

> 宋張栻撰，……此本乃嘉興曹溶，從至元壬辰贛州路儒學學正胡順
> 父刊本傳寫〔註46〕。

（二）板刻來源：

如〈大易粹言提要〉云：

> 宋方聞一編，……此本出蘇州蔣曾瑩家，即嗣古嘉定癸酉所補刻〔註47〕。

（三）比較板刻：

如〈東坡易傳提要〉云：

> 宋蘇軾撰，……明焦竑初得舊本刻之，烏程閔齊伋以朱墨板重刻，
> 頗爲工緻，而無所校正，毛晉又刻入《津逮秘書》中，三本之中，毛本
> 最舛，……今以焦本爲主，猶不甚失其眞焉〔註48〕。

（四）板刻之書坊及時代：

如〈詩義斷法提要〉云：

> 不著撰人名氏，卷首有建安日新書堂刊行字，又有至正丙戌字，蓋
> 元時所刻〔註49〕。

（五）板刻地點：

如〈詳註東萊左氏博議提要〉云：

> 宋呂祖謙撰，……觀其標題板式，蓋麻沙所刊〔註50〕。

（六）板本家數：

如〈春秋集傳纂例提要〉云：

> 唐陸淳撰，……袁桷後序，稱此書廢已久，所得爲寶章桂公校本，
> 聞蜀有小字本，惜未之見，吳萊柳貫二後序，皆稱得平陽府所刊金泰和
> 三年禮部尚書趙秉文家本，是元時已爲難得〔註51〕。

〔註46〕同註24，南軒易說條，頁1～79。
〔註47〕同註24，大易粹言條，頁1～83。
〔註48〕同註22，東坡易傳條，頁1～65。
〔註49〕同註34，詩義斷法條，頁1～365。
〔註50〕同註22，卷二七〈經部〉二七〈春秋類〉二，詳註東萊左氏博議條，頁1～551。
〔註51〕同註22，卷二六〈經部〉二六〈春秋類〉一，春秋集傳纂例條，頁1～532。

又如〈重修玉篇提要〉云：

> 梁大同九年，黃門侍郎兼太學博士顧野王撰。……今世所行凡三本，一爲張士俊所刊，……一爲曹寅所刊，……一爲明內府所刊〔註52〕。

（七）述一書有刊本之始：

如〈春秋傳提要〉云：

> 宋劉敞撰，……宋時即有刊本，此傳則諸家藏弆，皆寫本相傳，近時通志堂刻入經解，始有板本〔註53〕。

（八）刊板之善者：

如〈刊正九經三傳沿革例提要〉云：

> 宋岳珂撰，……宋時九經刊板，以建安余氏、興國于氏二本爲善〔註54〕。

（九）刊板之命名：

如〈明本排字九經直音提要〉云：

> 不著撰人名氏，……卷首題曰明本者，宋時刊板，多舉其地之首一字，如建本杭本之類，此蓋明州所刊本，即今寧波府也〔註55〕。

從《四庫提要》所載板刻之內涵，使吾人對「板本之學」有一初步認識。

〔註52〕同註22，卷四一〈經部〉四一〈小學類〉二，重修玉篇條，頁1～837。
〔註53〕同註51，春秋傳條，頁1～538。
〔註54〕同註40。
〔註55〕同註28，明本排字九經直音條，頁1～667。

第六章　辨　僞

第一節　僞書產生之原因

　　中國典籍浩如烟海，歷代綿延相傳，卻亦產生不少僞託之書，吾人從事研究時，不能辨正某部書是僞託者，或者其成書年代不正確，則所研究之結果，將失去其意義和價值，所以辨正典籍之眞僞，是治目錄學者必具有之素養，張舜徽云：

> 　　今天我們要做任何研究，材料的鑑別，是最必要的基礎工作。材料的不足，固然成了大問題；而材料的眞僞或時代性倘若沒有把握清楚，那末問題就更嚴重了。因爲材料不夠，大不了研究不出結果來；若是材料眞僞有問題，研究所得的結果便適得其反了。這不但沒有用，而且更有害了〔註1〕。

僞書產生之故安在？張舜徽將其歸納成四個原因：

第一、有些書籍，分明是後世寫的，卻嫁名於古人，這是中國古代社會兩千多年間一種依託古人的積習。

第二、每逢統治階級下詔求書，並且說明獻書有賞時，於是投機取巧的士大夫們便乘機製造僞書，以行欺牟利。

第三、古代社會的學者們，有互相輕視，彼此攻擊的惡習，特別是同時而名齊才等的人物，更猜忌如仇讎。

第四、古代社會的士大夫們，不獨論學有門戶之爭，勢同水火；而有關政治的鬥

〔註1〕見《中國古籍研究叢刊》（二）《中國古籍校讀指導》，頁283。

爭，更加厲害。植黨營私，各不相下，乃至僞造書籍，彼此誣衊〔註2〕。
此亦如陳鐘凡在其所著《古書讀校法》一書中，論及古今記載何以僞託居多之四
大原因，即：

　　甲、假古聖以重其術。

　　乙、誣古人以售其姦。

　　丙、託古訓以助之攻。

　　丁、應詔以求其利〔註3〕。

此外分析僞書產生之原因，倘有兩點值得注意，即因焚書而世無眞本，僞書於是
滋多，陳登原云：

　　　　畫鬼之易，由於無所質證，僞書之興，半緣世無眞者。例如自秦人
　　一炬之後，關於尚書之今古眞僞，不知費人心血多少？向使先秦遺書，
　　聚而不散，又何至攘爭千載，異說紛如？善哉！胡應麟之言曰：「贗書之
　　昉，昉自西京乎？六籍既焚，眾言淆亂，懸疣附贅，假託實繁。」「蓋以
　　本有撰人，後人因亡逸而僞題者，正訓稱陸機之類是也。」〔註4〕。

其次，書籍之僞，實由于校，顧千里《思適齋集》卷十五《書文苑英華辨證》後
有云：

　　　　予性素好鉛槧，從事稍久，始悟書籍之僞，實由于校，據其所知，
　　改所不知，通人類然，流俗無論矣。叔夏自序云：「三折肱爲良醫，知書
　　不可以意輕改。」何其知言也！此書乃校讎之模楷，豈獨讀英華者資其
　　是正哉！〔註5〕。

學者讀古人書，不但未能正其傳寫之誤，又憑意妄改，尤其取不誤之文，而妄改之，
書籍之僞，豈可免乎！原乎校定書籍，已是相當不易之事，《顏氏家訓》〈勉學篇〉
云：

　　　　校定書籍，亦何容易，自揚雄、劉向，方稱此職耳。觀天下書未徧，
　　不得妄下雌黃，或彼以爲非，此以爲是，或本同末異，或兩文皆欠，不
　　可偏信一隅也〔註6〕。

何況更以臆見，妄改古書，古書之不譌，幾稀矣！關於僞書之種種問題，清姚際

〔註2〕同註1，頁279～281。

〔註3〕見陳鐘凡著《古書讀校法》，商務印書館，頁54。

〔註4〕見陳登原著《中國典籍史》、卷首、敘引，樂天出版社，頁4。

〔註5〕見《中國古籍研究叢刊》（二）〈中國古籍校讀指導〉，頁172。

〔註6〕見北齊顏之推撰《顏氏家訓》，卷三，頁23。

恒著《古今僞書考》，今人張心澂撰《僞書通考》及鄭良樹編著《續僞書通考》，論之甚詳，本文不擬贅述。

第二節　讀書與辨僞之關係

目錄記載典籍，而典籍眞僞，是必須加以辨正者，蓋藏書之要，首在鑑別，鑑別之道，首在辨僞，韓退之曰：

> 所學在辨古書之眞僞，與雖正而不至焉者。

張之洞《輶軒語》亦曰：

> 一分眞僞，而古書去其半；一分瑕瑜，而列朝書十去之八九。

辨僞之重要性，於此可知。梁啓超氏於其所著《中國歷史研究法》一書中，曾爲「僞書」下一定義：

> 僞書者，其書全部分或一部分純屬後人僞作而以託諸古人也。

其書中論及〈鑑別史料之法〉曾拈出若干條鑑別僞書之公例，以爲研究之標準〔註7〕。故僞書之害，必須加以廓清釐正，方明白讀書之要義，蓋不明一書之眞僞，徒讀無益也。姚際恒《古今僞書考》序云：

> 造僞書者，古今代出其人，故僞書滋多於世。學者於此，眞僞莫辨，
>
> 而尚可謂之讀書乎！是必取而明辨之，此讀書第一義也〔註8〕。

然而吾人面對眾多僞書，亦不可盡棄之，蓋僞書亦有其存在之價值，張舜徽在其所著《廣校讎略》一書中，談到審定僞書，便有僞書不可盡廢一篇，其云：

> 學者如遇僞書，而能降低其時代，平心靜氣以察其得失利病，雖晚
>
> 出贗品，猶有可觀，又不容一概鄙棄也〔註9〕。

第三節　《四庫提要》經部著錄「眞僞」之通例

四庫館臣在著錄典籍之時，除加以選擇善本、足本之外，其於古籍眞僞之辨正，尤具用心，劉咸炘對《四庫提要》在辨僞方面曾加以讚賞，其云：

> 考僞書之事，盛於近二百年，自七略著依託之名，眾經目錄有疑僞

〔註7〕見梁啓超著《中國歷史研究法》，中華書局，頁84～88。
〔註8〕見清姚際恒著《古今僞書考》，華聯出版社，頁1。
〔註9〕見張舜徽撰《廣校讎略》，卷四，文載楊家駱主編《校讎學系編》，鼎文書局，頁467。

之目，柳子厚嘗辨諸子，韓退之亦有識古書真偽之言，特著錄家考證尚未詳悉，學人亦罕致力，其專著一書，則始於明胡應麟之《四部正譌》，閻若璩《古文尚書疏證》出，而此事始重，姚際恒依附閻氏，因撰《古今偽書考》，世多稱之，然未見胡書，詳亦不逮，尤多武斷未究之説，及《四庫提要》出，而此事始大明，審定之功多矣〔註10〕。

至於四庫館臣如何審定典籍，其卷首凡例云：

> 《七略》所著古書，即多依託，班固《漢書‧藝文志》註可覆按也，遷流洎於明季譌妄彌增，魚目混珠，猝難究詰，今一一詳核，並斥而存目，兼辨證其非，其有本屬偽書，流傳已久，或掇拾殘剩，真贗相參，歷代詞人，已引爲故實，未可概爲捐棄，則姑錄存而辨別之。大抵灼爲原帙者，則題曰某代某人撰，灼爲贗造者，則題曰舊本題某代某人撰，其踵誤傳訛，如呂本中《春秋傳》，舊本稱呂祖謙之類，其例亦同〔註11〕。

今按《四庫提要》所著錄者，條舉其義例於后：

一、辨偽之方式：

（一）引證書目以辨偽：

如〈子夏易傳提要〉云：

> 十一卷，舊本題卜子夏撰，按説易之家，最古者莫若是書，其偽中生偽，至一至再而未已者，亦莫若是書。《唐會要》載開元七年詔，《子夏易傳》，近無習者，令儒官詳定。劉知幾議曰，《漢志》易有十三家，而無子夏作傳者，至梁阮氏《七錄》，始有《子夏易》六卷，或云韓嬰作，或云丁寬作，然據《漢書》韓易十二篇，丁易八篇，求其符合，事殊隙剌，必欲行用，深以爲疑。司馬貞議亦曰，按劉向《七略》，有《子夏易傳》，但此書不行已久，今所存多失真本，荀勖《中經簿》云，《子夏傳》四卷，或云丁寬，是先達疑非子夏矣，又《隋書‧經籍志》云，子夏傳殘缺，梁六卷，今二卷，知其書錯謬多矣，又王儉《七志》引劉向《七略》云，易傳子夏、韓氏嬰也，今題不稱韓氏，而載薛虞記，其質粗略，旨趣非遠，無益後學云云，是唐以前，所謂子夏傳，已爲偽本。晁説之傳易堂記又稱，今號爲子夏傳者，乃唐張弧之易，是唐時又一偽本並行。

〔註10〕見劉咸炘撰《目錄學》上編，文載楊家駱主編《校讎學系編》，鼎文書局，頁1088。
〔註11〕見《四庫全書總目提要》第一冊〈經部〉，卷首三，頁1～39。

故宋國史志，以假託子夏易傳，與眞子夏易傳，兩列其目，而《崇文總目》亦稱此書篇第，略依王氏，決非卜子夏之文也。朱彝尊《經義考》證以陸德明《經典釋文》、李鼎祚《周易集解》、王應麟《困學紀聞》，所引皆今本所無，德明鼎祚，猶曰在張弧以前，應麟乃南宋末人，何以當日所見，與今本又異，然則今本又出僞託，不但非子夏書，亦並非張弧書矣〔註12〕。

案四庫館臣從三方面來證明《子夏易傳》爲僞作，即：

1、前書目（漢志）未載，而後書目（七錄）載之，故可能出於僞作。

2、從文質上辨僞。

3、引古本證以今本所無及差異，以證今本出於僞託。

職是之故，可睹書目在辨僞上之功用。

（二）從時間上辨僞：

如〈易學啓蒙通釋提要〉云：

二卷，宋胡方平撰，……董眞卿所稱方平自序，今本佚之，惟存後序一篇，朱彝尊《經義考》，乃竟以朱子原序爲方平之序，可謂千慮之一失。徐氏通志堂刻本，於此序之末，題淳熙丙午暮春既望雲臺眞逸手記，是顯著朱子之別號矣，而其標目，乃稱〈易學啓蒙通釋序〉，淳熙丙午下距至元己丑，凡一百一十三年，朱子安知有通釋乎！今刊正之，俾無滋後來之疑焉〔註13〕。

此從時間之考證上，辨正徐氏通志堂刻本之誤。

（三）從內容上辨僞：

如〈東萊易說提要〉云：

二卷，舊本題宋呂祖謙撰，朱彝尊《經義考》亦列其名，今勘驗其文，實呂喬年所編《麗澤論說集錄》之前二卷，書賈抄出以售僞，非祖謙所自著也〔註14〕。

此從內容上辨正其僞，蓋書賈託之於名人之上，以達到售僞之目的。

（四）從校讎上辨僞：

如〈春秋名號歸一圖提要〉云：

〔註12〕同註11，卷一〈經部〉一〈易類〉一，子夏易傳條，頁1～54。

〔註13〕同註11，卷三〈經部〉三〈易類〉三，易學啓蒙通釋條，頁1～95。

〔註14〕同註11，卷七〈經部〉七〈易類〉存目一，東萊易說條，頁1～161。

二卷，蜀馮繼先撰，……按岳珂〈雕印相臺九經記〉云，《春秋名號歸一圖》二卷，刻本多訛錯，嘗合京杭建蜀本參校，有氏名異同，實非一人而合為一者；有名字若殊，本非二人而析為二者；有自某國適他國，而前後互見者；有稱某公與某年，而經傳不合者；或以傳為經，或以注為傳，或偏旁疑似，而有亥豕之差；或行款牽連，而無甲乙之別，今皆訂其譌謬，且為分行以見別書〔註15〕。

此從各種板本相校，以訂其譌謬。蓋譌謬之產生，釐而正之，亦為辨偽之一義也。

（五）從著書體製上辨偽：

如〈春秋集解提要〉云：

三十卷，宋呂本中撰，舊刻題曰呂祖謙，誤也。……不知陳振孫《書錄解題》載是書，固明云本中撰也，朱彝尊《經義考》嘗辨正之，惟以《宋志》作十二卷為疑，然卷帙分合，古今每異，不獨此書為然。……惟《宋志》此書之外，別出祖謙《春秋集解》三十卷，稍為牴牾，疑宋末刻本，已析其原卷，改題祖謙，故相沿訛異，史亦因之重出耳。祖謙年譜，備載所著諸書，具有年月，而《春秋集解》獨不載，固其確證，不必更以他說疑也〔註16〕。

（六）從年代及內容上辨偽：

如〈春秋左傳要義提要〉云：

三十一卷，宋魏了翁撰，……原本六十卷，朱彝尊《經義考》注曰未見。此本僅存三十一卷，末有萬曆戊申中秋後三日龍池山樵彭年手跋一篇，稱當時鏤帙不全，後世無原本可傳，甘泉先生有此書三十一卷，藏之懷古閣中，出以相示，因識數言於後，則亦難覯之本矣，然甘泉為湛若水之號，若水登宏治乙丑進士，至萬曆戊申，凡一百四十年，不應尚在，彭年與文徵明為姻家，王世貞序其詩稿，稱年死之後，家人鬻其遺稿，則萬曆末亦不復存。且《九經要義》，皆刪節注疏，而跋稱其訂定精密，為先儒所未論及，尤不相合，疑殘本偶存，好事者偽為此跋，而未核其年月也〔註17〕。

此即從年代及內容上考訂好事者之偽作跋文。又如〈六經奧論提要〉云：

〔註15〕同註11，卷二六〈經部〉二六〈春秋類〉一，春秋名號歸一圖條，頁1～534。
〔註16〕同註11，卷二七〈經部〉二七〈春秋類〉一，春秋集解條，頁1～546。
〔註17〕同註16，春秋左傳要義條，頁1～552。

　　六卷，舊本題宋鄭樵撰，朱彝尊《曝書亭集》，有是書跋，曰成化中旴江危邦輔藏本，黎溫序而行之，云是鄭漁仲所著，荊川唐氏輯《稗編》從之。今觀其書議論，與《通志略》不合，樵所上書自述其著作，臚列名目甚悉，而是書曾未之及，非樵所著，審矣。後崑山徐氏刻《九經解》，仍題樵名，今檢書中，論詩皆主毛鄭，已與所著《詩辨妄》相反。又〈天文辨〉一條，引及樵説，稱夾漈先生，足證不出樵手。又〈論詩〉一條，引晦菴説詩，考宋史樵本傳，卒於紹興三十二年，朱子《詩傳》之成，在淳熙四年，而晦菴之號，則始於淳熙二年，皆與樵不相及。〈論書〉一條，併引《朱子語錄》，且稱朱子之謚，則爲宋末人所爲，具有明驗，不知顧湄校《九經解》時，何未一檢也〔註18〕。

此亦從書之內容及其所載年代上，考訂此書爲宋末人所作，而嫁名於鄭樵也。

二、作偽之原因

　　本章首節已將偽書產生之原因略加敘述，今從《四庫提要》所著錄，條舉其原因如后：

（一）諱其殘闕：

如〈周易經傳訓解提要〉云：

　　二卷，宋蔡淵撰，案朱彝尊《經義考》，蔡淵《周易經傳訓解》四卷，註曰存三卷。此本惟存上下經二卷，題曰《周易卦爻經傳訓解》，與彝尊所記不符。據董眞卿《周易會通》，稱此書以大象置卦辭下，以象傳置大象後，以小象置各爻辭後，皆低一字以別卦爻，與此本體例相合，知非贋託。眞卿又言其繫詞文言説卦序卦雜卦，亦皆低一字，則此本無之。又《經義考》載淵弟沈後序，稱易有太極之説，知至知終之義，正直義方之語，皆義理之大原，爲後學之至要，實發前賢之所未發云云，其文皆在繫辭文言，則是書原解繫辭文言諸篇，確有明證，非但解卦爻，不應揭卦爻以標目。蓋眞卿所見者，四卷之全本，彝尊所見，佚其一卷，此本又佚其一卷，傳寫者諱其殘闕，因於書名增入卦爻二字，若原本但解上下經者，此書貫作偽之技，不足據也，今刪去卦爻二字，仍以本名著錄，存其眞焉〔註19〕。

（二）影附佚書：

〔註18〕同註11，卷三三〈經部〉二三〈五經總義類〉，六經奧論條，頁1～667。
〔註19〕同註13，周易經傳訓解條，頁1～90。

如〈易原奧義、周易原旨提要〉云：

〈易原奧義〉一卷〈周易原旨〉六卷，元寶巴撰，……是書原分三種，統名《易體用》，本程子之說，即卦體以闡卦用也。朱彝尊《經義考》載《易原奧義》一卷存，《周易原旨》六卷存，《周易尚占》三卷佚。考陳繼儒彙秘笈，中有《周易尚占》三卷，書名與卷數並符，書前又有大德丁未寶巴序，人名亦合，然序稱爲瑩蟾子李清庵撰，不云寶巴自作。其書乃用錢代著之法，以六爻配十二時五行六親六神合月建日辰以斷吉凶，亦非尚占之本義，序文鄙陋，尤不類讀書人語，蓋方技家傳有是書，與寶巴佚書其名偶合，明人喜作僞本，遂撰寶巴序文以影附之，不知寶巴說易，並根柢於宋儒，闡發義理，無一字涉京焦讖緯之說，其肯以此書當古占法哉，今辨明其妄，別存目於術數類中，而寶巴原書，則仍以所存二種著錄，庶闕而眞，猶勝於全而僞焉〔註20〕。

（三）托名作僞：

如〈古易世學提要〉云：

十七卷，明豐坊撰，……坊平生喜作僞書，於諸經皆竄亂篇第，別爲訓詁，詭言古本以欺世，此其一也。書中正音略說傳義，托之遠祖稷曾祖慶父熙，而己自爲考補，其實皆坊一手所作，當代已灼知其妄。惟《石經大學》、《子貢詩傳》、《申培詩說》三書，以篆籀寫之，一時頗爲所惑，久之乃能辨定〔註21〕。

（四）用以炫世：

如〈禮經奧旨提要〉云：

一卷，舊本題宋鄭樵撰，考其文即《六經奧論》之一卷也，《六經奧論》本危邦輔託之鄭樵，此僞中作僞，摘其一卷，別立書名以炫世〔註22〕。

三、僞書存目之故

四庫館臣將僞書歸之於存目，蓋即本朱子「存之正所以廢之」之言，如《周易輯說明解提要》云：

四卷，舊本題宋馮椅撰，椅有《厚齋易學》，已著錄，此其別行之

〔註20〕同註11，卷四〈經部〉四〈易類〉四，易原奧義、周易原旨條，頁1～103。
〔註21〕同註14，古易世學條，頁1～173。
〔註22〕同註11，卷二五〈經部〉二五〈禮類〉存目三，禮經奧旨條，頁1～503。

僞本也，……至其各卦講解，多沿襲本義，與《永樂大典》所載椅說全
殊，其爲僞託更無疑義，今椅之全書，業已重編成帙，此本已不可存，
以外間傳寫已久，恐其亂眞，故存其目而論之焉〔註23〕。

此述僞書傳寫已久，恐其亂眞，故存目。

四、一書由疑異至辨僞之經過

辨僞之工作肇端於疑古，有疑古之精神，則從事古籍之研究，其中僞書經過
一段長時間之考驗，其僞跡必會顯露出來也。古人早有疑古之精神，如子貢云：

> 紂之不善，不如是之甚也！是以君子惡居下流，天下之惡皆歸焉。

《論語・子張篇》

又如孟子亦云：

> 盡信書，不如無書。吾於《武成》，取二三策而已。《孟子・盡心篇》

經過疑古之階段，然後才提出異議，並進而引據求證，使得僞書之眞面目，得以眞
實呈現也。今舉《古文尚書疏證》爲例，以述辨僞之經過，〈古文尚書疏證提要〉云：

> 八卷，國朝閻若璩撰，……《古文尚書》較今文多十六篇，晉魏以
> 來絕無師說，故左氏所引，杜預皆注曰逸書，東晉之初，其書始出，乃
> 增多二十五篇，初猶與今文並立，自陸德明據以作《釋文》，孔穎達據以
> 作《正義》，遂與伏生二十九篇混合爲一，唐以來雖疑經惑古，如劉知幾
> 之流，亦以尚書一家，列之《史通》，未言古文之僞，自吳棫始有異議，
> 朱子亦稍稍疑之，吳澄諸人，本朱子之說，相繼抉摘，其僞益彰，然亦
> 未能條分縷析，以抉其罅漏，明梅鷟始參考諸書，証其剽剟，而見聞較
> 狹，蒐采未周，至若璩乃引經據古，一一陳其矛盾之故，古文之僞乃大
> 明，所列一百二十八條，毛奇齡作《古文尚書冤詞》，百計相軋，終不能
> 以強詞奪正理，則有據之言，先立於不可敗也〔註24〕。

五、僞書貽害於經術甚大

僞書之作，有出明季，蓋明人無考訂之功，而有撰僞之能，王士禎《居易錄》
云：

> 萬曆間學士多撰僞書以欺世，今類書中所刻唐韓鄂歲華紀麗，乃海

〔註23〕同註14，周易輯說明解條，頁1～161。
〔註24〕同註11，卷十二〈經部〉十二〈書類〉二，古文尚書疏證條，頁1～281。

鹽胡震亨孝轅所造，於陵子，其友姚士璘所作也〔註25〕。

全祖望《天一閣藏書記》更引豐坊撰偽，凡有多書，曰：

> 道生自以家有儲書，故謬作《河圖》石本，《魯詩》石本，《大學》
> 石本，則以爲清敏得之秘府。謬作朝鮮《尚書》，日本《尚書》，則以爲
> 慶得之譯館，貽笑儒林，欺罔後學〔註26〕。

豐坊爲明代造偽書之高手，其貽害於經術至深且鉅，〈魯詩世學提要〉云：

> 三十二卷，明豐坊撰。……是編首列《子貢詩傳》，詭云石本，次
> 列詩序，而以正音託之宋豐稷，以續音託之豐慶，以補音託之豐耘，以
> 正說託之豐熙，譎稱祖父所傳，而自爲之考補，故曰世學，又附以門人
> 何昆之續考，共爲一書，實則坊一人所撰也。其書變亂經文，詆排舊說，
> 極爲妄誕，朱彝尊《經義考》，辨之甚詳，而康熙中禮部侍郎平湖陸葇，
> 乃尊信其中三年之喪必三十六月之說，遭憂家居，已閱二十七月，猶不
> 出補官，其門人邱嘉穗載之東山草堂邇言中，以爲美談，不知此唐王元
> 感之論，當時已爲議者所駁，載於《舊唐書》中，非古義也，則偽書之
> 貽害於經術者甚矣〔註27〕。

六、斥萬斯大詆周禮爲偽之非

一書如非偽，而誤詆爲偽，亦爲四庫館臣所不容，蓋偽書固當辨正之，而非
毀古經，終未妥也。〈周官辨非提要〉云：

> 一卷，國朝萬斯大撰，是編力攻《周禮》之偽，歷引諸經之相牴牾
> 者以相詰難，大旨病其官冗而賦重。案古經滋後人之疑者，惟《古文尚
> 書》與《周禮》，然《古文尚書》，突出於漢魏以後，其傳授無徵，而牴
> 牾有證，吳棫所疑，雖朱子亦以爲然，閻若璩之所辨，毛奇齡百計不能
> 勝，蓋有由也。周官初出，林孝存雖相排擊，然先後二鄭，咸證其非偽，
> 通儒授受，必有所徵，雖其書輾轉流傳，不免有所附益，容有可疑，然
> 亦揣摩事理，想像其詞，迄不能如《尚書》一經，能指某篇爲今文，某
> 篇爲古文也。斯大徒見劉歆王安石用之而敗，又見前代官吏之濫，賦斂
> 之苛，在在足以病民，遂意三代必無是事，竟條舉《周禮》而詆斥之，

〔註25〕見劉紀澤著《目錄學概論》，台灣中華書局，頁 53 所引。
〔註26〕見嚴靈峰編輯《書目類編》第三三冊，成文出版社，頁 14470。
〔註27〕同註 11，卷十七〈經部〉十七〈詩類〉存目一，魯詩世學條，頁 1～367。

其意未始不善，而懲羹吹韲，至於非毀古經，其事則終不可訓也〔註28〕。

關於周禮之成書時代，前人之論，莫衷一是，錢穆云：

> 周官自劉歆、王莽時，眾儒已「共排以非是」。其後雖有少許學者信仰，終不免為古今公認的偽書。然謂其書乃劉歆偽造，則與書出周公制作之說，同一無根。……何休曾說：「周官乃六國陰謀之書。」據今考論，與其謂周官乃周公所著，或劉歆偽造，均不如何氏書出六國之說遙為近情〔註29〕。

四庫館臣斥萬斯大詆《周禮》為偽之非，其實《周禮》之時代，不能全據提要也。

〔註28〕同註11，卷二三〈經部〉二三〈禮類〉存目一，周官辨非條，頁 1～472。

〔註29〕見鄭良樹編著《續偽書通考》上冊，台灣學生書局，頁352。

第七章　批評與價値

　　書目之提要，在於考撰者之行事，與論析一書之大旨及其得失。一書之大旨明及其得失著，則學有門徑可尋。目錄學之主要功用，著重於「辨章學術，考鏡源流」，古來目錄家早已注重此項功用，〈漢志〉云：

　　　　每一書已，向輒條其篇目，撮其指意，錄而奏之〔註1〕。

又阮孝緒〈七錄序〉亦云：

　　　　昔劉向校書，輒爲一錄，論其指歸，辨其訛謬〔註2〕。

所謂「撮其指意」者，乃概論作者著書之宗旨及其書之大意也。所謂「論其指歸，辨其訛謬」者，乃在於論述作者之學術淵源，及其書之得失。四庫館臣在論述各書之得失及其價値，雖其中不免有門戶之見，然爲探討學術源流，亦可提供治學之方，今分節論述於下：

第一節　褒揚漢學

　　「漢學」是中國學術之源流，表章儒家學術，以漢朝爲其主要時代，關於漢學之由來，近人黃公偉云：

　　　　西漢傳經以整理、蒐集、校勘爲主，重「師法」。東漢傳經則以詁訓經義爲主，重「家法」。而鄭玄（康成）徧注群經，立言百萬，兼通今古文，折衷門戶之學，號稱「通學」。由是後世之經遂今古文並立，而成爲「專家之業」，經學家之名由是而立。後世所謂「漢學」，此其造端〔註3〕。

〔註1〕見楊家駱主編《新校本漢書》卷三十，鼎文書局，頁1701。
〔註2〕見昌彼得編輯《中國目錄學資料選輯》，文史哲出版社，頁211。
〔註3〕見黃公偉著《中國文化概論》，台灣商務印書館，頁214。

論及漢初之學術，必重師法及家法，蓋受時代變革之影響，張舜徽《廣校讎略》卷五云：

> 漢承秦火之後，書缺簡脫，其後搜亡書，立博士，利祿之途既開，因以起家者不少。經籍初出，口耳相傳，苟不審究其從來，則造偽取寵者滋眾，漢世之必重師承家法，誠不得已也〔註4〕。

而鄭玄將師法家法融合為一，開創「漢學」之局勢，故四庫館臣對其讚揚倍至，許為一代通儒，〈駁五經異義提要〉云：

> 漢鄭玄所駁許慎五經異義之文也。……兩漢經學，號為極盛，若許若鄭，尤皆一代通儒，大敵相當，輸攻墨守，非後來一知半解，所可望其津涯〔註5〕。

鄭學發達之結果，至漢末亦產生流弊，於是王肅起而攻之，由於互持異議，流風所及，經學漸趨衰微，影響於世俗人心甚鉅，姚鼐〈儀鄭堂記〉云：

> 迄魏王肅駁難鄭義，欲爭其名，偽作古書，曲傳私說，學者由是習為輕薄，流至南北朝，世亂而學益壞，自鄭王異術，而風俗人心之厚薄以分。（《經史百家雜鈔》，卷二十六）

鄭王異術，影響後世極大，然鄭學所延續漢學之傳統，尚足為後人遵循，即朱子議禮，亦未嘗不折服於玄。〈鄭志提要〉云：

> 昔朱子與胡紘，爭寧宗持禫之禮，反覆辨難，終無據以折之，後讀禮記喪服小記疏，所引鄭志一條，方得明白證驗，因自書於本議之後，記其始末，有「向使無鄭康成，則此事終未有所斷決」語，是朱子議禮，未嘗不折服於玄矣！後之臆斷談經，而動輒排斥鄭學者，亦多見其不知量也〔註6〕。

又如〈禮記通解提要〉亦云：

> 明郝敬撰，言《禮記》者，當以鄭注為宗，雖朱子掊擊漢儒，不遺餘力，而亦不能不取其禮註，蓋他經可推求文句，據理而談，三禮則非有授受淵源，不能臆揣也。敬作此注，於鄭義多所駁難，……大抵鄭氏之學，其間附會讖文，以及牽合古義者，誠不能無所出入，而大致則貫串群籍，所得為多，魏王肅之學，百倍於敬，竭一生之力，與鄭氏為難，

〔註4〕見楊家駱主編《校讎學系編》，鼎文書局，頁480。

〔註5〕見《四庫全書總目提要》，卷三三〈經部〉三三〈五經總義類〉，駁五經異議條，頁1～660。

〔註6〕同註5，鄭志條，頁1～660。

至於僞造家語，以助申己說，然日久論定，迄不能奪康成之席也，敬乃
恃其聰明，不量力而與之角，其動輒自敗，固亦宜矣〔註7〕。

四庫館臣如此地褒揚鄭玄，認爲漢學之篤實，立下深厚之根基，宋明儒者之割裂
經傳，移易經文，竄亂聖經，實非其比，如〈大易緝說提要〉云：

元王申子撰。……其論易中錯簡脫簡羨文，凡二十有四，但注某某
當作某某，而不改經文，亦尚有鄭氏注書之遺意，與王柏諸人毅然點竄
者異焉〔註8〕。

從四庫館臣在經部提要各書之中，時對鄭學褒揚，可見其闡揚漢學不遺餘力，今
條舉於下：

一、篤志遺經，兼存古義

漢儒注經，頗能循經立訓，各守義例，後人有篤志遺經者，無不受四庫館臣
極力之褒揚，如〈周易鄭康成注提要〉云：

宋王應麟編，……應麟能於散佚之餘，蒐羅放失，以存漢易之一綫，
可謂篤志遺經，研心古義者矣。近時惠棟，別有考訂之本，體例較密，
然蓽路藍始，實自應麟，其捃拾之勞，亦不可泯，今並著於錄，所以兩
存其功也〔註9〕。

由於鄭學經過千餘年之傳承，頗有散佚，王應麟能蒐羅放失，故其篤志遺經，研
心古義之舉，深受四庫館臣讚賞，除此之外，在經部各書提要中，如有兼存古義、
發明古義、研心古義者，無不加以讚許，如〈周易程朱傳義折衷提要〉云：

元趙采撰。……其書雖以宋學爲宗，而兼及於象數變互，尚頗存古
義，非竟暖暖姝姝，守一先生之言也〔註10〕。

此讚其說《易》能存古義。

又如〈易學濫觴提要〉云：

元黃澤撰。……其說易以明象爲本，其明象則以序卦爲本，其占法
則以左傳爲主，大旨謂王弼之廢象數，遁於元虛，漢儒之用象數，亦失
於繁碎，故折衷以酌其平，其中歷陳易學不能復古者，凡十三事，持論
皆有根據，雖未能勒爲全書，而發明古義，體例分明，已括全書之宗要，

〔註7〕同註5，卷二四〈經部〉二四〈禮類〉存目二，禮記通解條，頁1～490。
〔註8〕同註5，卷四〈經部〉四〈易類〉四，大易緝說條，頁1～106。
〔註9〕同註5，卷一〈經部〉一〈易類〉一，周易鄭康成注條，頁1～55。
〔註10〕同註8，周易程朱傳義折衷條，頁1～104。

因其說而推演之，亦足爲説易之圭臬也〔註11〕。

此即讚其說《易》能發明古義，體例分明。

又如〈易學變通提要〉云：

> 元曾貫撰。……是書純以義理説易，其體例每篇統論一卦六爻之
> 義，又舉他卦辭義之相近者，參互以求其異同之故，……凡此諸條，立
> 義皆爲醇正，其他剖析微細，往往能出前儒訓解之外，間取互體立説，
> 兼存古義，尤善持平，在説易諸家，可謂明白而篤實〔註12〕。

此即讚其說《易》能兼存古義，而善持平。

又如〈易義古象通提要〉云：

> 明魏濬撰。……明自萬曆以後，經學彌荒，篤實者局於文句，無所
> 發明，高明者騖於虛無，流爲恣肆，濬獨能博考舊文，兼存古義，在爾
> 時說易之家，譬以不食之碩果，殆庶幾焉〔註13〕。

此即讚其說《易》能博考舊文，兼存古義，並斥明代經學之彌荒，以弘揚漢學之
功。

又如〈周禮註疏刪翼提要〉云：

> 明王志長撰。……《周禮》一書，得鄭注而訓詁明，得賈疏而名物
> 制度考究大備，後有作者，弗能越也，周張程朱諸儒，自度徵實之學，
> 必不能出漢唐上，故雖盛稱《周禮》，而皆無箋注之專書，其傳於今者，
> 王安石王昭禹始推尋於文句之間，王與之始脱略舊文，多集新説，葉時
> 鄭伯謙始別立標題，借經以抒議，其於經義，更在離合之間，於是考證
> 之學，漸變爲論辨之學，而鄭賈幾幾乎從祧矣。志長此書，亦多採宋以
> 後說，浮文妨要，蓋所不免，而能以注疏爲根柢，尚變而不離其宗。且
> 自朱申以後，苟趨簡易，以敘官爲無用而刪之，經遂有目無綱，俞庭椿
> 邱葵以後，又多騁臆見，竄亂五官，以補冬官之亡，經遂更無完簡，沿
> 及明代，彌逐頹波，破碎支離，益非其舊，志長能恪遵古本，亦爲力過
> 橫流，在經學荒蕪之日，臨深爲高，亦可謂研心古義者矣〔註14〕。

此述《周禮》一書之流變，間以許其研心古義之功。

〔註11〕同註8，周學濫觴條，頁1～105。
〔註12〕同註8，周學變通條，頁1～110。
〔註13〕同註5，卷五〈經部〉五〈易類〉五，易義古象通條，頁1～122。
〔註14〕同註5，卷十九〈經部〉十九〈禮類〉一，周禮註疏刪翼條，頁1～402。

二、保存古書，考核輯佚

　　古書經過長期流傳，容易散佚，則蒐羅輯佚之方，為保存古書之有效途徑，四庫館臣對於能考核補正之學者，無不加以讚揚，輯古佚書，可間接發揚漢學，四庫全書經部提要之中，對於有輯佚之功者，屢加讚揚，如〈新本鄭氏周易提要〉云：

　　　　國朝惠棟編，初王應麟輯《鄭玄易注》一卷，其後人附刻《玉海》之末，雖殘章斷句，尚頗見漢學之崖略，於經籍頗為有功，然皆不著所出之書，又次序先後，間與經文不應，亦有遺漏未載者，棟因其舊本，重為補正，凡應麟書所已載者，一一考求原本，注其出自某書，明其信而有徵，極為詳核，其次序先後，亦悉從經文釐定，復搜採群籍，上經補二十八條，……雖因人成事，而考核精密，實勝原書，應麟固鄭氏之功臣，棟之是編，亦可謂王氏之功臣矣〔註15〕。

此蓋褒揚惠棟考核補正之功。除此書之外，另有一書亦表彰其輯佚之功，〈易漢學提要〉云：

　　　　國朝惠棟撰，是編乃追考漢儒易學，掇拾諸論，以見大凡，……夫易本為卜筮作，而漢儒多參以占候，未必盡合周孔之法，然其時去古未遠，要必有所受之，棟採輯遺聞，鉤稽考證，使學者得略見漢儒之門徑，於易亦不為無功矣〔註16〕。

四庫館臣對惠棟可謂讚賞有加，蓋其掇拾殘剩，存什一於千百，誠有功於漢學矣。至於其他學者搜討之勤博，四庫館臣亦頗不乏彰其勞，如〈別本尚書大傳提要〉云：

　　　　國朝孫之騄編。……伏生《尚書大傳》，久無刻本，外間傳寫殘帙，訛缺顛倒，殆不可讀，……僅從他書輾轉援引，故之騄蒐採補綴，仍勒為三卷，其不註出典者，殘缺之原文。其注某書引者，之騄所增入也。殘章斷句，頗賴以存。近時宋本復出，揚州已有雕板，此本原可不存，然之騄於舊帙未出之前，鉤稽參考，閱歲月而成是編，其好古之勤，亦不可沒，故仍附存其目焉〔註17〕。

四庫館臣連可不存之書，亦為之附存其目，以嘉其好古之勤，而四庫輯《大典》本即有數百種之多，可見館臣對輯佚之重視。

〔註15〕同註9，新本鄭氏周易條，頁1～56。
〔註16〕同註5，卷六〈經部〉六〈易類〉六，易漢學條，頁1～151。
〔註17〕同註5，卷十四〈經部〉十四〈書類〉存目二，附錄，別本尚書大傳條，頁1～319。

三、原本漢儒，推闡考證

治經當宗漢學，蓋漢儒能以師法家法，講求大義微言，尤其對古經之章句訓詁，更能申明古義，了然於心。四庫館臣對經學之理念，在於原本漢儒，不空談義理，推闡考證，說經皆主實證，故使漢學雖經二千餘年之起伏興衰，迨至清朝又臻於復盛之時代，此種興盛之迹，可於《四庫提要》經部之中尋找答案，如〈周易述提要〉云：

> 國朝惠棟撰。……其書主發揮漢儒之學，以苟爽虞翻為主，而參以鄭玄、宋咸、干寶諸家之說，融會其義，自為注而自疏之。……自王弼《易》行，漢學遂絕，宋元儒者，類以意見揣測，去古寖遠，中間言象數者，又岐為圖書之說，其書愈衍愈繁，而未必皆四聖之本旨，故說經之家，莫多於《易》與《春秋》，而《易》尤叢雜。棟能一一原本漢儒，推闡考證，雖捃拾散佚，未能備睹專門授受之全，要其引據古義，具有根柢，視空談說經者，則相去遠矣〔註18〕。

蓋空談說經者，實無法與漢儒力主實證者相比矣。四書館臣對惠棟之褒揚，不因其蒐羅未備，而有所減損也，如〈易例提要〉云：

> 國朝惠棟撰。……棟於諸經，深窺古義，其所捃摭，大抵老師宿儒專門授受之微旨，一字一句，具有淵源，苟汰其蕪雜，存其菁英，因所錄而排比參稽之，猶可以見聖人作《易》之大綱，漢代傳經之崖略，正未可以殘缺少緒，竟棄其稿矣〔註19〕。

而對於考證之切實者，四庫館臣同樣加以讚揚，如〈田間詩學提要〉云：

> 國朝錢澄之撰。……張英序，稱其嘗與英書，謂《詩》與《尚書》、《春秋》相表裏，必考之《三禮》，以詳其制作，徵諸《三傳》，以審其本末，稽之五雅，以核其名物，博之竹書紀年、皇上大紀，以辨其時代之異同，與情事之疑信，即今輿記以考古之圖經，而參以平生所親歷云云，則其考證之切實，尤可見矣〔註20〕。

蓋四庫館臣重視考證之學，而考證學之根基在於通訓詁名物，近人馬宗霍《中國經學史》云：

> 論者謂清世經學之所由盛，在於考證，考證之所由精，在於深通小

〔註18〕同註16，周易述條，頁1～150。
〔註19〕同註16，周例條，頁1～151。
〔註20〕同註5，卷十六〈經部〉十六〈詩類〉二，田間詩學條，頁1～348。

學，是固然矣。往者臧琳教人先以《爾雅》、《說文》，嘗言不解字何以讀
書，不通訓詁何以明經，已導考證之先路，至東吳惠氏，遂以漢學植名，
戴震出，律令益嚴，⋯⋯於是承學之士，聞戴氏之論，咸以小學爲治經
入手而從事于考證〔註21〕。

漢代已以小學爲治經之門徑，然漢儒訓詁名物之考證學，至後代而衰，欲求其大
義，則可由雜家筆記之內探究，此亦四庫館臣揭示漢學精意所在之途徑之一，雜
家筆記保存古義，對傳承漢學，間接地幫助漢學之發揚，故四庫館臣甚表嘉許，
如〈經稗提要〉云：

> 國朝鄭方坤撰。⋯⋯漢代傳經，專門授受，自師承以外，罕肯旁徵，
> 故治此經者，不通諸別經，即一經之中，此師之訓故，亦不通諸別師之
> 訓故，專而不雜，故得精通，自鄭元淹貫六藝，參互鉤稽，旁及緯書，
> 亦多採摭，言考證之學者自是始，宋代諸儒，惟朱子窮究典籍，其餘研
> 求經義者，大抵斷之以理，不甚觀書，故其時博學之徒，多從而探索舊
> 文，網羅遺佚，舉古義以補其闕，於是漢儒考證之學，遂散見雜家筆記
> 之內，宋洪邁、王應麟諸人，明楊慎、焦竑諸人，國朝顧炎武、閻若璩
> 諸人，其尤著者也，夫窮經之要，在於講明大義，得立教之精意，原不
> 以搜求奇秘爲長，然有時名物訓詁之不明，事迹時地之不考，遂有憑臆
> 空談，乖聖人之本旨者，諸人於漢學放失之餘，捃摭而存一綫，亦未始
> 非儳羊之遺也，顧諸家無談經之專書，篇帙紛繁，頗難尋檢，方坤能薈
> 萃眾說，部居州分，於考核之功，深爲有裨，特錄存之，亦朱子註《中
> 庸》，不廢沈括《夢溪筆談》之意也〔註22〕。

四、篤實醇正、依經立義

由於宋明之儒論易，時有虛談浮誇之論，使得經學蒙上浮華不實之氣，於是
四庫館臣對考古窮經之儒者，倘具有先儒篤實之風或依經立義者，均大加讚揚，
藉以弘揚漢學之功。如〈讀書叢說提要〉云：

> 元許謙撰。⋯⋯宋末元初，說經者多尚虛談，而謙於《詩》考名物，
> 於《書》考典制，猶有先儒篤實之遺，是足貴也〔註23〕。

〔註21〕見馬宗霍著《中國經學史》，台灣商務印書館，頁156。
〔註22〕同註5，經稗條，頁1～679。
〔註23〕同註5，卷十二〈經部〉十二〈書類〉一，讀書叢說條，頁1～269。

又如〈尚書句解提要〉云：

> 元朱祖義撰。……祖義是書，專爲啓迪幼學而設，故多宗蔡義，不
> 復考證舊文，於訓詁名物之間，亦罕所引據，然隨文詮釋，詞意顯明，
> 使殷盤周誥詰詘聱牙之句，皆可於展卷之下，了然於心口，其亦古者離
> 經辨志之意歟！以視附會穿鑿，浮文妨要，反以晦蝕經義者，此猶有先
> 儒篤實之遺矣〔註24〕。

凡說經具有先儒篤實之遺者，均有弘揚漢學之功，爲四庫館臣所樂於表彰也，蓋
主於篤實，猶勝虛談高論，橫生臆解者也。而篤實者必能依經立義，以求其通，
江藩論治經貴通大義云：

> 治經貫通大義，每一經中，皆有大義數十百條；宜研究詳明，會通
> 貫串，方爲有益。若僅隨文訓辭，一無心得，仍不得爲通也。《經解入門》

四庫館臣對於能依經立義者，亦給予較高之評價，如〈讀易考原提要〉云：

> 元蕭漢中撰。……其說雖亦出於邵氏，而推闡卦序，頗具精理，蓋
> 猶依經立義，視黑白奇偶曼衍而不可極者，固有殊焉〔註25〕。

說易能依經立義，足破宋儒圖書一派之易學，而合於聖人作易垂訓之旨，又如〈周
易爻變義縕提要〉云：

> 元陳應潤撰。……其書大旨，謂義理元妙之談，墮於老莊，先天諸
> 圖，雜以參同契爐火之說，皆非易之本旨。……蓋自宋以後，毅然破陳
> 搏之學者，自應潤始。……其稱一卦可變六十四卦，六爻可變三百八十
> 四爻，即漢焦贛易林之例，蓋亦因古占法而推原其變通之義，非臆說也，
> 每爻證以史事，雖不必其盡合，而因卦象以示吉凶，以決進退，於聖人
> 作易垂訓之旨，實有合焉，在宋元人易解之中，亦翹然獨秀者矣〔註26〕。

四庫館臣之立論，無非在闡揚漢儒之學勝於宋儒之學矣。

第二節　評定各家說經之得失

中國學術自漢武帝以降，皆以儒家學術爲主流，歷代君相師儒莫不以崇儒術、
尊尼山相標榜，蓋治道原於士風，士風本於學術，昔時儒者對於典籍之觀念，無

〔註24〕同註23，尚書句解條，頁1～274。
〔註25〕同註8，讀易考原條，頁1～109。
〔註26〕同註8，周易爻變義縕條，頁1～112。

非以爲用來修身治國，《隋書‧經籍志》云：

> 夫經籍也者，機神之妙旨，聖哲之能事，所以經天地，緯陰陽，正
> 紀綱，弘道德，顯仁足以利物，藏用足以獨善。學之者，將殖焉，不學
> 者，將落焉。大業崇之，則成欽明之德，匹夫克念，則有王公之重，其
> 王者之所以樹風聲，流顯號，美教化，移風俗，何莫由乎斯道〔註27〕。

《舊唐書‧經籍志》亦云：

> 夫龜文成象，肇八卦於庖犧；鳥跡分形，創六書於蒼頡，聖作明述，
> 同源異流。墳典起之於前，詩書繼之於後，先王陳迹，後王準繩。易曰：
> 人文以化成天下。禮曰：君子如欲化民成俗，其必由學乎！學者非他，
> 方策之謂也。琢玉成器，觀古知今，歷代哲王，莫不崇尚〔註28〕。

清人倪燦亦謂：

> 歷代之志藝文也，尚矣。以之經天緯地，則足以宏建樹而致治功；
> 以之淑善身心，則足以秉彝而貞末俗〔註29〕。

從以上所引，可知經者爲王教之典籍，人倫之正軌，致治之成法，古人視之爲修
身治國之大典。然受時代、環境之影響，各家說經者，其傳訓解詁、闡發經義有
殊，故有得有失也。四庫於得則加以闡揚，失則加以釐正，使經之常道永存天地
之間，成爲不刊之典，後之學者，如有詮釋其字句，稽研其名物，探索其義理，
皆能得者多，失者尠。故記載典籍之目錄書，在論定各家之得失時，必秉是非之
公，捨棄入主出奴，各是其是之淺見，近人孫德謙在其所撰《劉向校讎學纂微》
中有一篇論〈究得失〉云：

> 昔荀卿之非十二子也，議者以其擯斥思孟，相率而詆之，不知此篇
> 之義，蓋亦取諸家得失，爲之推究耳，故自它囂以下，既斥之爲欺惑愚
> 眾矣，何必先稱其持之有故，言之成理，明乎此，十二子皆有得而有失
> 者也。……可知古人於一切學術得失昭然，非如後世詆排異己，黨同妬
> 眞，而無從善服義之公心者也。不然荀子崇儒，史公宗道，若挾一隅之
> 見，儒道以外皆可謂其有失而無得矣！

又云：

> 宋陳振孫《書錄解題》，其論王弼《易注》曰：「自漢以來，言易者
> 多溺於象占之學，至弼始一切掃去，暢以義理，於是天下後世宗之，餘

〔註27〕見楊家駱主編，《隋書》二，卷三二〈經籍志〉，鼎文書局，頁903。
〔註28〕見後晉劉煦撰《舊唐書》，卷四六〈經籍志〉，藝文印書館，頁946。
〔註29〕見倪燦撰《宋史藝文志補序》，書載《叢書集成新編》，新文豐出版公司，頁254。

家盡廢，然王弼好老氏，魏晉談元自弼輩倡之，易有聖人之道四焉，去三存一，於道闕矣！況其所謂辭者，又雜以異端之說乎！范寧謂其罪深於桀紂，誠有以也。」如陳氏者不過藏家目錄之書，乃其開宗明義即致辨於得失，殆亦深知中壘校讎之學哉〔註30〕！

今從《四庫提要》經部之中，舉其有關各家說經之得失而論述之：

一、易類

如〈周易注提要〉云：

　　……平心而論，闡明義理，使易不雜於術數者，弼康伯深為有功，祖尚虛無，使易竟入於老莊者，弼康伯亦不能無過，瑕瑜不掩，是其定評〔註31〕。

從〈易類〉提要，吾人得悉四庫館臣認為各家說《易》之得者有：

（一）闡明義理，使易不雜於術數。（見〈周易注提要〉）

（二）推闡理勢，言簡意明。（見〈東坡易傳提要〉）

（三）合於作易之本旨。（見〈易象鈎解提要〉）

（四）採輯古義，較為篤實、謹嚴。（見〈周易原始提要〉）

至於各家說《易》之失者有：

（一）祖尚虛無，杳冥恍惚，使易淪於老莊之異學。（見〈周易注提要〉）

（二）詞旨深晦，好生新意。（見〈了翁易說提要〉）

（三）所據之書，未免輕信。（見〈周易象旨決錄提要〉）

（四）主持太過，矯枉過直。（見〈易學象數論提要〉）

二、書類

如〈禹貢會箋提要〉云：

　　國朝徐文靖撰。……蓋說禹貢者，宋以來棼如亂絲，至胡渭錐指出，而摧陷廓除，始有條理可按，文靖生渭之後，因渭所已言，而更推尋所未至，故較之渭書益為精密，蓋繼事者易有功也，惟信《山海經》《竹書紀年》太過，是則僻於好古，不究真偽之失耳〔註32〕。

三、詩類

如〈毛詩陸疏廣要提要〉云：

〔註30〕見楊家駱主編《校讎學系編》，鼎文書局，頁36。
〔註31〕同註9，周易注條，頁1～57。
〔註32〕同註9，禹貢會箋條，頁1～289。

　　　　吳陸璣撰，明毛晉注。……蓋儲藏本富，故徵引易繁，採摭既多，
　　故異同滋甚，辨難考訂，其說不能不長也。……至於嗜異貪多，每傷支
　　蔓，如鶴鳴于九皐一條，後附焦山瘞鶴銘考一篇，蔓延及於石刻，於經
　　義渺無所關，核以詁經之古法，殊乖體例，然雖傷冗碎，究勝空疏，明
　　季說詩之家，往往簸弄聰明，變聖經爲小品，晉獨言言徵實，固宜過而
　　存之，是亦所謂論其世矣〔註33〕。

從詩類提要，四庫館臣強調說詩應徵實而謹嚴，摒棄空疏虛辨之說，尤須避免矯
枉過直，引據失義，方爲上策。又對宋儒末流之弊，及明季說詩之家之弊加以批
駁，使漢儒徵實之學得以闡揚。

四、禮類

　　如〈周禮述注提要〉云：

　　　　國朝李光坡撰。……其書取注疏之文，刪繁舉要，以溯訓詁之源，
　　又旁採諸家，參以己意，以闡制作之義，雖於鄭賈名物度數之文，多所
　　刊削，而析理明通，措詞簡要，頗足爲初學之津梁。……宋儒喜談三代，
　　故講《周禮》者恒多，又鑒於熙寧之新法，故恒牽引末代弊政，支離詰
　　駁，於注疏多所攻擊，議論盛而經義反淆。光坡此書，不及漢學之博奧，
　　亦不至如宋學之蔓衍，平心靜氣，務求理明而詞達，於說經之家，亦可
　　謂適中之道矣〔註34〕。

五、春秋類

　　如〈春秋集傳纂例提要〉云：

　　　　唐陸淳撰，蓋釋其師啖助并趙匡之說也。……助之說《春秋》，務
　　在考三家得失，彌縫漏闕，故其論多異先儒，如論《左傳》非丘明所作，
　　《漢書》丘明授魯曾申，申傳吳起，自起六傳至賈誼等說，亦皆附會，
　　公羊名高，穀梁名赤，未必是實，又云《春秋》之文簡易，先儒各守一
　　傳，不肯相通，互相彈射，其弊滋甚，《左傳》序周晉齊宋楚鄭之事獨詳，
　　乃後代學者，因師授衍而通之，編次年月，以爲傳記，又雜采各國諸卿
　　家傳，及卜書夢書占書縱橫小說，故序事雖多，釋經殊少，猶不如公穀
　　之於經爲密，其論未免一偏，故歐陽修晁公武諸人，皆不滿之，而程子
　　則稱其絕出諸家，有攘異端開正途之功。蓋舍傳求經，實導宋人之先路，

〔註33〕同註5，卷十五〈經部〉十五〈詩類〉一，毛詩陸疏廣要條，頁1～324。
〔註34〕同註14，周禮述注條，頁1～403。

生臆斷之弊，其過不可掩；破附會之失，其功亦不可沒也〔註35〕。

從〈春秋類〉提要，知四庫館臣摒棄臆斷及改經之弊，對深刻之文亦大加撻伐，使春秋經傳能深合尼山之本旨。

六、小學類

如〈古韻標準提要〉云：

> 國朝江永撰，自昔論古音者不一家，惟宋吳棫，明楊愼、陳第，國朝顧炎武、柴紹炳、毛奇齡之書，最行於世，其學各有所得，而或失於以今韻部分求古韻，或失於以漢魏以下，隋陳以前，隨時遞變之音，均謂之古韻，故拘者至格閡而不通，泛者至叢脞而無緒。永是書，惟以詩三百篇為主，謂之詩韻，而以周秦以下音之近古者附之，謂之補韻，視諸家界限較明，……古韻之有條理者，當以是編爲最，未可以晚出而輕之也〔註36〕。

總而言之，四庫館臣對各家說經者，或指出其有得之處，或摘示其有失之處，或評定其中肯之處，而無不以漢學之立場爲出發點。

第三節　對宋儒之批評

當乾隆皇帝編纂《四庫全書》之際，爲有清樸學極盛之時，舉世以徵實博考相高，鄙蔑宋儒之空疏臆斷爲不足道，尤其詆譏朱子最烈，四庫館臣爲順應時代趨勢，以張皇漢學之功，對宋代諸儒有著截然不同之批評，其一對理學家五子批評嚴厲，其二對文士則表彰之，其三文章德行，久分兩科，不以人廢言也。今按照其著錄者，條舉而分述之，以見四庫館臣對宋儒所持之態度：

一、對理學家之批評

中國之學術界人士，在宋朝以前之正史上只立〈儒林傳〉和〈文苑傳〉，洎乎宋朝又另立〈道學傳〉，專載理學家者也，其中以濂、洛、關、閩五子名最著，影響於宋代學術者亦最鉅，故四庫館臣之批評亦最厲，蓋欲極力貶抑宋學必先貶損五子也。

（一）批評張子：

〔註35〕同註5，卷二六〈經部〉二六〈春秋類〉一，春秋集傳纂例條，頁1～532。

〔註36〕同註5，卷四二〈經部〉四二〈小學類〉三，古韻標準條，頁1～888。

如〈橫渠易說提要〉云：

> 宋張子撰。……其説乾象用迎之不見其首，隨之不見其後，説文言
> 用谷神字，説鼓萬物而不與聖人同憂，用天地不仁，以萬物爲芻狗語，
> 皆借老子之言，而實異其義，非如魏晉人合老易爲一者也。惟其解復卦
> 后不省方，以后爲繼體守成之主，以不省方爲富庶優暇，不甚省事，則
> 於義頗屬未安，此又不必爲張子故而曲爲之詞矣〔註37〕。

宋儒崇尚義理，故喜老子之學，而王弼之全廢象數，闡明義理，使老子與易理相
結合，而漢易遂萎，四庫館臣耿於懷中，爲弘揚漢易，故將王弼輩掃棄漢學之流
弊加以揭示之，如〈用易詳解提要〉亦在申明此意，其云：

> 宋李杞撰。……宋時李光、楊萬里等，更博採史籍，以相證明，雖
> 不無稍涉泛濫，而其推闡精確者，要於立象垂戒之旨，實多所發明。杞
> 之説易，猶此志矣，其中不可訓者，惟在於多引老莊之文。……夫老莊
> 之書，其言雖似近易，而其強弱攻取之機，形就心和之論，與易之无方
> 无體，而定之以中正仁義者，指歸實判然各殊，自葉夢得巖下放言，稱
> 易之精蘊，盡在莊列，程大昌遂著爲《易老通言》，杞作是編，復引而伸
> 之，是則王弼輩掃除漢學流弊無窮之明驗矣，別白存之，亦足爲崇尚清
> 談者戒也〔註38〕。

（二）批評程子：

如〈易傳提要〉云：

> 宋伊川程子撰。……程子不信邵子之數，故邵子以數言易，而程子
> 此傳則言理，一闡天道，一切人事。蓋古人著書，務抒所見而止，不妨
> 各明一義，守門戶之見者，必堅護師説，尺寸不容踰越，亦異乎先儒之
> 本旨矣〔註39〕。

此蓋斥程子堅守門戶之見。

（三）批評朱子：

四庫館臣對於朱子有褒有貶，然貶實多於褒，今試將其褒貶分述如后：

1、貶（失）：

（1）因門戶之見而諱言：如〈紫巖易傳提要〉云：

〔註37〕同註5，卷二〈經部〉二〈易類〉二，橫渠易説條，頁1～65。
〔註38〕同註5，卷三〈經部〉三〈易類〉三，用易詳解條，頁1～94。
〔註39〕同註37，易傳條，頁1～66。

宋張浚撰，……其書立言醇粹，凡說陰陽動靜，皆適於義理之正，末一卷即所謂雜說，胡一桂議其專主劉牧，今觀所論河圖，信然，朱子不取牧說，而作浚墓誌，但稱尤深於易春秋論孟，不言其易出於牧，殆諱之歟〔註40〕！

（2）於《易》言孔子之傳異乎文王之經之不妥：如〈易說存悔提要〉云：

國朝汪憲撰。……所說唯上下經，而不及十翼，前有擬議數條，譏自漢以來，儒者說易之病，在調停經傳，……亦朱子不可便以孔子之易爲文王之易之舊說也。夫傳以翼經，必依經以立義，故釋名曰傳傳也，以傳示後人也，朱子作詩集傳，不能不依詩立義，即分大學爲一經十傳，亦不能曰此曾子所傳孔子之大學，此門人所傳曾子之大學也，何至於易，乃曰孔子之傳，必異於文王之經乎〔註41〕！

（3）於詩負氣求勝：如〈欽定詩經傳說彙纂提要〉云：

康熙末，聖祖仁皇帝御定。……元延祐中行科舉法，始定詩義用朱子，猶參用古注疏也。明永樂中，修《詩經大全》，以劉瑾《詩集傳通釋》爲藍本，始獨以集傳試士，然數百年來，諸儒多引據古義，竊相辨詰，亦如當日之攻毛鄭，蓋集傳廢序，成於呂祖謙之相激，非朱子之初心，故其間負氣求勝之處，在所不免，原不能如《四書集注》，句銖字兩，竭終身之力，研辨至精〔註42〕。

（4）以《禮記》一書爲《儀禮》之傳之不確：如〈日講禮記解義提要〉云：

謹案是書爲聖祖仁皇帝經筵所講，皆經御定而未及編次成帙，皇上御極之初，乃命取繕書房舊稿，校刊頒行。禮爲治世之大經，《周禮》具其政典，《儀禮》陳其節文，《禮記》一書，朱子以爲《儀禮》之傳，然特冠義等六篇，及喪服諸篇，與《儀禮》相發明耳，至於他篇，則多整躬範俗之道，別嫌明微之防，不盡與《儀禮》相比附。蓋《儀禮》皆古經，《禮記》則多誌其變；《儀禮》皆大綱，《禮記》則多謹於細；《儀禮》皆度數，《禮記》則多明其義〔註43〕。

（5）詆毀《孝經》，而不敢自居於改經：如〈孝經刊誤提要〉云：

宋朱子撰，……取《古文孝經》，分爲經一章，傳十四章，刪舊文

〔註40〕同註37，紫巖易傳條，頁1～69。
〔註41〕同註5，卷十〈經部〉十〈易類〉存目四，易說存悔條，頁1～244。
〔註42〕同註20，欽定詩經傳說彙纂條，頁1～347。
〔註43〕同註5，卷二一〈經部〉二一〈禮類〉三，日講禮記解義條，頁1～441。

二百二十三字，後有自記曰，熹舊見衡山胡侍郎論語說，疑《孝經》引詩非經本文，初甚駭焉，徐而察之，始悟胡公之言為信，而《孝經》之可疑者，不但此也，因以書質之沙隨程可久丈，程答書曰，頃見玉山汪端明，亦以此書多出後人附會，於是乃知前輩讀書精審，其論固已及此，竊幸有所因述，而得免於鑿空妄言之罪云云。……是朱子詆毀此書，已非一日，特不欲自居於改經，故托之胡宏汪應辰耳。……陳振孫《書錄解題》載此書，注其下曰：「抱遺經於千載之後，而能卓然悟疑辨惑，非豪傑特起獨立之士，何以及此，此後學所不敢仿效，而亦不敢擬議也。」斯言允矣！南宋以後，作注者多用此本，故今特著於錄，見諸儒淵源之所自，與門戶之所以分焉〔註44〕。

2、褒（得）：

（1）其徒說易未嘗全棄古義：如〈易象意言提要〉云：

宋蔡淵撰，……蔡元定之子，而從學於朱子，故是書闡發名理，多本師傳，然兼數而言，則又西山之家學也，其中惟不廢互禮，與朱子之說頗異，……顧炎武《日知錄》曰，朱子本義不取互禮之說，惟大壯六五云，卦體似兌，有羊象焉，不言互而言似，此又叛先儒所未有，不如言互體矣！然則朱子特不以互體為主，亦未嘗竟謂無是理也，淵於師說，可謂通其變而酌其平矣。……今錄而傳之，俾論易者知蔡氏之學，不徒以術數見，而朱子之徒，亦未嘗全棄古義焉〔註45〕。

（2）解經合乎先儒之說：如〈東谷易翼傳提要〉云：

宋鄭汝諧撰，……其言易，宗程子之說，所謂翼傳者，翼程傳也，然亦時有異同，……然朱子解經，於程子亦多所改定，蓋聖賢精義，愈闡愈深，沈潛先儒之說，其有合者疏通之，其未合於心者，別抒所見以發明之，於先儒乃為有功，是固不必守一先生之言，徒為門戶之見也〔註46〕。

（3）議禮折服於鄭玄：如〈鄭志提要〉所言〔註47〕。

（4）平生精力，殫於《四書》，後儒不識朱子著書之意：如〈大學章句、論語集註、孟子集註、中庸章句提要〉云：

宋朱子撰。……《大學》古本為一篇，朱子則分別經傳，顛倒其舊

〔註44〕同註5，卷三二〈經部〉三二〈孝經類〉，孝經刊誤條，頁1～649。
〔註45〕同註38，易象意言條，頁1～89。
〔註46〕同註38，東谷易翼傳條，頁1～91。
〔註47〕同註6。

次，補綴其闕文，《中庸》亦不從鄭註分節，故均謂之章句。《論語》、《孟子》，融會諸家之説，故謂之集註，猶何晏註《論語》，哀八家之説，稱集解也，惟晏註皆標其姓，朱子則或標或不標，例稍殊焉。《大學》章句，諸儒頗有異同，……《中庸》雖不從鄭注，而實較鄭注爲精密。蓋考證之學，宋儒不及漢儒，義理之學，漢儒亦不及宋儒，言豈一端，要各有當，況鄭注之善者，如戒慎乎其所不睹四句，未嘗不採用其意，雖有其位一節，又未嘗不全襲其文，觀其去取，具有鑒裁，尤不必定執古義以相爭也。《論語》、《孟子》亦頗取古註，……是知鎔鑄群言，非出私見，苟不詳考所出，固未可概目以師心矣。大抵朱子平生精力，殫於《四書》，其判析疑似，辨別毫釐，實遠在《易本義》、《詩集傳》上，讀其書者，要當於大義微言，求其根本。明以來攻朱子者，務摭其名物度數之疎，尊朱子者，又併此末節而回護之，是均門户之見，烏識朱子著書之意乎〔註48〕！

（5）其本旨爲尊信者所淆，提要爲之釐清：如〈四書管窺提要〉云：

> 元史伯璿撰。……其書引趙順孫《四書纂疏》，吳眞子《四書集成》，胡炳文《四書通》，許謙《四書叢説》，陳櫟《四書發明》，及饒氏、張氏諸説，取其與《集注》異同者，各加論辨於下，諸説之自相矛盾者，亦爲條列而釐訂之，凡三十年而後成，於朱子之學，頗有所闡發。考朱子著述最多，辨説亦最夥，其間有偶然問答，未及審核者，有後來考正，未及追改者，亦有門人各自記錄，潤色增減，或失其本眞者，故文集、語錄之內，異同矛盾，不一而足，即《四書章句集注》與《或問》，亦時有牴牾，原書具在，可一一覆按也。當時門人編次，既不敢有所別擇，後來讀朱子書者，遂一字一句，奉爲經典，不復究其傳述之眞僞，與年月之先後，但執所見一條，即據以詆排眾論，紛紜四出，而朱子之本旨，轉爲尊信者所淆矣。……伯璿此書，大旨與劉因《四書集義精要》同，而因但爲之刊除，伯璿更加以別白，昔朱子嘗憾孔門諸子，留家語作病痛，如伯璿者，可不謂深得朱子之心歟〔註49〕！

二、對文士之表彰

〔註48〕同註5，卷三五〈經部〉三五〈四書類〉一，大學章句論語集註孟子集註中庸章句條，頁1～715。

〔註49〕同註5，卷三六〈經部〉三六〈四書類〉二，四書管窺條，頁1～731。

　　四庫館臣對宋理學家五子加以貶抑，而對當時知名之文士卻表示讚揚之意，蓋當時文士對理學家之治經，亦深表不滿，近人黃公偉云：

　　　　經學傳至兩宋而變質，固起因於理學家之三教合一，北宋理學如周邵二程，莫不依己說妄衍經義。……張載所謂「爲往聖繼絕學」者，蓋有鑑於《易》、《禮》、《中庸》之原始宗旨，已湮沒失眞。南宋陸象山云：「學苟知本，六經爲我注腳，六經注我，我注六經。」可謂目無古人。朱熹號稱「通儒」，注釋經書，又輯《四書》，然其所謂《學》、《庸》，不用古本，尚不免竄改經文之嫌〔註50〕。

理學家之不信注疏，以至於疑經、改經、刪經，並移經文以就己說，宜當時文士爲之不滿，如司馬光〈論風俗箚子〉云：

　　　　近歲公卿大夫，務爲高奇之說，流及新進後生，口傳耳剽，讀《易》未識卦爻，已謂十翼非孔子之言；讀《禮》未知篇數，已謂周官爲戰國之書；讀《詩》未盡周南，召南，已謂毛、鄭爲章句之學；讀《春秋》未識十二公，已謂三傳可束之高閣；循守注疏者謂之腐儒，穿鑿臆說者謂之精義〔註51〕。

觀溫公此言，當時治經不墨守前人傳注，而專憑一己所主張之義理，可見其概。又如王應麟《困學紀聞》卷八引陸務觀（游）曰：

　　　　唐及國初，學者不敢議孔安國、鄭康成，況聖人乎！自慶曆後，諸儒發明經旨，非前人所及，然排〈繫辭〉，毀《周禮》，疑《孟子》，譏《書》之〈胤征〉、〈顧命〉、黜《詩》之〈序〉，不難於議經，況傳注乎！（同前）

蓋議傳注唐季已肇其端，而昌言議經，宋儒已敢任意取舍，毫無忌憚矣！無怪乎放翁雖非經生，亦頗有微詞也。

　　理學家之治經，既遭文人學士之不滿，故四庫館臣對文士之表彰，間接地表達出排斥宋儒理學之作用，如〈溫公易說提要〉云：

　　　　宋司馬光撰。……光《傳家集》中有〈答韓秉國書〉，謂王輔嗣以老莊解《易》，非《易》之本旨，不足爲據。蓋其意在深闢虛無元渺之說，故於古今事物之情狀，無不貫徹疏通，推闡深至，……大都不襲先儒舊說，而有德之言，要如布帛菽粟之切於日用，惜其沈湮既久，說易家竟不獲睹其書，今幸際聖朝，表章典籍，復得搜羅故簡，裒次成編，亦可

　　　　　　　　　　　　　　　　　　　　　　　　　　　　　　　　　　

〔註50〕見黃公偉著《中國文化概論》，台灣商務印書館，頁218。
〔註51〕見蔣伯潛著《經與經學》，世界書局，頁204所引。

知名賢著述，其精意所在，有不終泯沒於來世者矣〔註52〕！

四庫館臣將司馬光之易說，譽爲名賢著述，加以表彰。

又如〈東坡易傳提要〉云：

> 宋蘇軾撰。……今觀其書如解乾卦象傳性命之理諸條，誠不免杳冥
> 恍惚，淪於異學，至其他推闡理勢，言簡意明，往往足以達難顯之情，
> 而深得曲譬之旨。蓋大體近於王弼，而弼之說，惟暢元風，軾之說多切
> 人事，其文詞博辨，足資啓發，又烏可一概屏斥耶〔註53〕！

雖其說《易》近於王弼，而淪爲異學，然四庫館臣卻以其說多切人事，其文詞博
辨，足資啓發，而加以揄揚。又如〈東坡書傳提要〉云：

> 宋蘇軾撰。……軾究心經世之學，明於事勢，又長於議論，於治亂
> 興亡，披抉明暢，較他經獨爲擅長。……《朱子語錄》亦稱其解〈呂刑
> 篇〉，以王享國百年耄作一句，荒度作刑作一句，甚合於理，後與蔡沈帖，
> 雖有蘇氏失之簡之語，然《語錄》又稱或問諸家書解誰最好，莫是東坡，
> 曰然，又問但若失之太簡，曰亦有只須如此解者，則又未嘗以簡爲病，
> 洛閩諸儒，以程子之故，與蘇氏如水火，惟於此書有取焉，則其書可知
> 矣〔註54〕。

此藉朱子之言，而對東坡此書加以讚揚，蓋能屏除門戶之見，益可見其書之可貴，
四庫館臣引之，亦是對蘇氏表達讚揚之意也。又如〈毛詩本義提要〉云：

> 宋歐陽修撰。……自唐以來，說《詩》者莫敢議毛鄭，雖老師宿儒，
> 亦謹守小序，至宋而新義日增，舊說幾廢，推原所始，實發於修。然修
> 之言曰，後之學者，因迹先世之所傳，而較得失，或有之矣，使徒抱焚
> 餘殘脫之經，俍俍於去聖人千百年後，不見先儒中間之說，而欲特立一
> 家之學者，果有能哉！吾未之信也。又曰，先儒於經不能無失，而所得
> 固已多矣，盡其說而理有不通，然後以論正之。是修作是書，本出於和
> 氣平心，以意逆志，故其立論，未嘗輕議二家，而亦不曲徇二家，其所
> 訓釋，往往得詩人之本志，後之學者，或務立新奇，自矜神解，至於王
> 柏之流，乃併疑及聖經，使〈周南〉、〈召南〉，俱遭刪竄，則變本加屬之
> 過，固不得以濫觴之始，歸咎於修矣〔註55〕。

〔註52〕同註37，溫公易說條，頁1～64。

〔註53〕同註37，東坡易傳條，頁1～65。

〔註54〕同註5，卷十一〈經部〉十一〈書類〉一，東坡書傳條，頁1～255。

〔註55〕同註33，毛詩本義條，頁1～325。

此述歐陽修對古經之審慎態度，其立論不輕議毛鄭二家，而亦不曲循毛鄭，故四庫館臣為其辨護，蓋欲有所表揚。又宋神宗之時，用王安石變法，乃定《三經新義》（周禮、詩、書），頒行天下，當時蘇軾已有「黃茅白葦」之譏，徐禧亦云：

> 竊襲人語不求心通者相半。

又陳師道《後山叢談》言安石《三經新義》既行，舉子專誦王氏章句，不復求解經義，故安石歎道：

> 本欲變學究為秀才，不意變秀才為學究。

南宋時，攻擊王安石者極夥，趙鼎云：

> 安石設虛無之學，敗壞人才。

陳公輔云：

> 安石使學者習其所為《三經新義》，皆穿鑿破碎，無用之空言也。

朱子亦云：

> 經義甚害事，分明是悔聖人之言。

從以上諸人對王安石《三經新義》之批評〔註56〕，蓋緣其以《周禮》變法，戕害經義，然四庫館臣卻極力為之辨解，〈周禮新義提要〉云：

> 宋王安石撰。……安石以《周禮》亂宋，學者類能言之，然《周禮》之不可行於後世，微特人人知之，安石亦未嘗不知也，安石之意，本以宋當積弱之後，欲濟以富強，而恐富強之說必為儒者所排擊，於是附會經義，以鉗其口，實非真信《周禮》為可行，迨其後用之不得其人，行之不得其道，百弊叢生，而宋以大壞，其弊亦非真緣《周禮》以致誤。……安石怙懼植黨之罪，萬萬無可辭，安石解經之說，則與所立新法，各為一事，程子取其《易解》，朱子、王應麟均取其《尚書義》，所謂言各有當也。今觀此書，惟訓詁多用《字說》，病其牽合，其餘依經詮義，如所解八則之治都鄙，八統之馭萬民，九兩之繫邦國者，皆具有發明，無所謂舞文害道之處，故王昭禹、林之奇、王與之、陳友仁等注《周禮》，頗據其說，《欽定周官義疏》，亦不廢採用，又安可盡以人廢耶〔註57〕！

四庫館臣非但為治《周禮》非亂宋之源而辨解，並言其書為後儒引據採用，亦是讚揚安石。

從以上四庫館臣對司馬光、歐陽修、王安石等文人學士之褒揚，亦可見其用

〔註56〕以上見蔣伯潛著《經與經學》一書中所引，世界書局，頁208。
〔註57〕同註14，周禮新義條，頁1～390。

心之所在。

三、文章德行，久分兩科，不以人廢言

《四庫全書總目》卷首三〈凡例〉中有云：

> 文章德行，自孔門既已分科，兩擅厥長，代不一二，今所錄者，如
> 龔詡、楊繼盛之文集，周宗建、黃道周之經解，則論人而不論其書，耿
> 南仲之説易，吳开之評詩，則論書而不論其人，凡茲之類，略示變通，
> 一則表章之公，一則節取之義也〔註58〕。

所謂「論書而不論其人」，即不以人之廢言也，蓋四庫館臣評鄭剛中，因秦檜以進
身，依附和議，捐棄舊疆，不見滿於公論。耿南仲，亦畏戰主和，依違遷就，因
而媚敵誤國。易祓，亦依附權姦。蔡卞，則王安石壻也，傾邪姦憸，犯天下之公
惡。其德行，「繩以名義，非止微瑕」，然其經解，卻有足傳者，今據提要以究其
概。如〈周易窺餘提要〉云：

> 宋鄭剛中撰。……雖其人因秦檜以進身，依附和議，捐棄舊疆，頗
> 不見滿於公論。然闡發經義，則具有理解，要為說易所不廢也〔註59〕。

又如〈毛詩名物解提要〉云：

> 宋蔡卞撰。……自王安石《新義》及《字説》行，而宋之士風一變，
> 其為名物訓詁之學者，僅卞與陸佃二家，佃安石客，卞安石壻也，故佃
> 作《埤雅》，卞作此書，大旨皆以《字説》為宗。陳振孫稱卞書議論穿鑿，
> 徵引瑣碎，無裨於經義，詆之甚力。蓋佃雖學術本安石，而力沮新法，
> 斷斷異議，君子猶或取之，卞則傾邪姦憸，犯天下之公惡，因其人以及
> 其書，群相排斥，亦自取也。然其書雖王氏之學，而徵引發明，亦有出
> 於孔穎達《正義》、陸璣《草木蟲魚疏》外者，寸有所長，不以人廢言也
> 〔註60〕。

又如〈周官總義提要〉云：

> 宋易祓撰。……其書研索經文，斷以己意，與先儒頗有異同，……
> 雖持論互有短長，要皆以經釋經，非鑿空杜撰。……蓋祓雖人品卑污，
> 而於經義則頗有考據，不以韓侂胄、蘇師旦故，掩其著書之功也〔註61〕。

〔註58〕同註5，卷首三，凡例，頁1～38。
〔註59〕同註38，周易窺餘條，頁1～72。
〔註60〕同註33，毛詩名物解條，頁1～327。
〔註61〕同註14，周官總義條，頁1～395。

第四節 力斥諸儒竄亂經傳

前數節闡述四庫館臣表彰漢學，批評宋儒之種種，蓋認爲漢學之篤實謹嚴，猶勝於宋儒之虛脫浮誇。四庫館臣曾舉實證說明唐以前儒風之淳實，如〈禮記纂言提要〉云：

> 元吳澄撰。……考《漢書·藝文志》，《禮記》本一百三十一篇，戴德刪爲八十五，戴聖刪爲四十九，與《易》、《書》、《詩》、《春秋》，經聖人手定者固殊。然《舊唐書·元行沖傳》，載行沖〈上類禮義疏〉，張說駁奏曰：「今之《禮記》，歷代傳習，著爲經教，不可刊削，魏孫炎始改舊本，先儒所非，竟不行用。貞觀中魏徵因孫炎所修，更加整比，兼爲之註，其書竟亦不行。今行沖等解徵所著，勒成一家，然與先儒第乖，章句隔絕，若欲行用，竊恐未可云云。」則古人屢經修緝，迄不能變漢儒舊本，唐以前儒風淳實，不搖憾於新說，此亦一徵〔註62〕。

四庫館臣引《舊唐書·元行沖傳》例，以表明漢儒之經傳，實未可輕意竄亂刪改，蓋「漢以來專門之學，各承師說，但有字句訓詁之異，無人敢竄亂古經，鄭玄稱好改字，特注某當作某耳，不敢遽變其字也，費直始移《周易》，杜預始移《左傳》，但析傳附經耳，亦未敢顛倒經文也〔註63〕。」自後儒「逞小辨而汩聖籍」，於是聖籍橫遭割裂移易，故四庫館臣對後儒種種竄亂古經之行爲，常奮筆加以撻伐掊擊，今據提要所言，條舉縷述之：

一、割裂經傳

如〈周易輯聞提要〉云：

> 宋趙汝楳撰。……其說據《漢書·儒林傳》，稱費直惟以彖象繫辭十篇文言，解說上下經，疑說卦序卦雜卦，皆爲漢儒竄入。又以繫辭多稱子曰，定爲門人所記，非夫子之書，因置此諸傳，惟註經文。其以彖傳散附彖辭，小象散附爻辭，仍用王弼之本。其以大象移於卦畫之後，彖辭之前，以文言散附乾坤象傳，及小象後，則又汝楳之新意，割裂顛倒，殊屬師心，又王弼本雖移轉附經，尚有彖曰象文言曰字，以存識別，汝楳併此而去之，使經傳混淆，茫然莫辨，尤爲治絲而棼〔註64〕。

〔註62〕同註43，禮記纂言條，頁1～436。
〔註63〕同註49，大學證文條，頁1～741。
〔註64〕同註38，周易輯聞條，頁1～93。

此蓋斥趙汝楳割裂經傳，師心自用之失。又如〈周易傳義附錄提要〉云：

> 宋董楷撰。……其學出於陳器之，器之出於朱子，故其說易惟以洛閩
> 爲宗，是編成於咸淳丙辰，合《程子傳》、《朱子本義》爲一書，而采二子
> 之遺經附錄其下，意在理數兼通，又引程朱之語以羽翼程朱，亦愈於逞臆
> 鑿空，務求奇於舊說之外者。惟《程子傳》用王弼本，而《朱子本義》則
> 用呂祖謙所定古本，楷以程子在前，遂割裂朱子之書，散附程傳之後，沿
> 及明永樂中，胡廣等纂《周易大全》，亦仍其誤，至成矩專刻本義，亦用
> 程傳之次序，鄉塾之士，遂不復知有古經，則楷肇其端也〔註65〕。

此述董楷割裂朱子之書，散附程傳之後，所造成之流弊，致使鄉塾之士，不復知
有古經。又如〈三禮編繹提要〉云：

> 明鄧元錫撰。……昔俞庭椿首亂《周禮》，儒者所譏。朱子作《儀
> 禮經傳通解》，雖列附《禮記》，而仍以《儀禮》爲主，不過引經證經。
> 至吳澄《禮記纂言》，始刪削其文，顚倒其次。貢汝成因而更定三禮，彌
> 爲變亂紛紜，已大乖先儒謹嚴之義，至元錫此書，則非惟亂其部帙，併
> 割裂經文，移甲入乙，別爲標目分屬之，甚至採掇他書，臆爲竄入，古
> 經於是乎蕩盡矣，非聖人而刪定六籍，不亦異乎〔註66〕！

此斥其割裂經文，臆爲竄入，使古經蕩盡無存矣。

二、移易經文

如〈易纂言提要〉云：

> 元吳澄撰。……澄於諸經好臆爲點竄，惟此書所改，則有根據者爲
> 多，……皆援引古義，具有源流，不比師心變亂，其餘亦多依傍胡瑗程
> 子朱子諸說，澄所自爲改正者，不過數條而已，惟以繫辭傳中說上下經
> 十六卦十八爻之文，定爲錯簡，移置於文言傳中，則悍然臆斷，不可以
> 爲訓矣〔註67〕。

此斥吳澄移易經文之失。又如〈周易會通提要〉云：

> 元董眞卿撰。……惟其變易經文，則不免失先儒謹嚴之意，可不必
> 曲爲之詞耳〔註68〕。

〔註65〕同註38，周易傳義附錄條，頁1～95。
〔註66〕同註5，卷二五〈經部〉二五〈禮類〉存目三，三禮編繹條，頁1～507。
〔註67〕同註8，易纂言條，頁1～101。
〔註68〕同註8，周易會通條，頁1～110。

蓋變易經文，則失先儒謹嚴之意，固爲四庫館臣所排斥。

三、竄亂古經

如〈周易衍義提要〉云：

> 元胡震撰。……其書序次頗爲顛倒，昔李過作《西谿易說》，改乾坤
> 二卦經文次第，割裂文言，分附卦爻，胡一桂譏其混亂古經，此書實同其
> 病，前後脫簡，亦不一而足，或傳寫者失其原次，故錯糅若此歟〔註69〕。

又如〈周易古文鈔提要〉云：

> 明劉宗周撰。……宗周與漳浦黃道周，明末俱以善易名，道周長於
> 數，宗周長於理，其學多由心得，故不盡墨守傳義，其刪說卦序卦雜卦
> 三傳，雖本舊說，已失先儒謹嚴之義，至於經文序次，每以意移置，較
> 吳澄《纂言》，更爲無據，亦勇於竄亂聖經矣〔註70〕。

又如〈書疑提要〉云：

> 宋王柏撰。……此其辨論《尚書》之文也，《尚書》一經，……其
> 併全經而移易補綴之者，則自柏始。……柏作是書，乃動以脫簡爲詞，
> 臆爲移補，……至於堯典、皋陶謨、說命、武成、洪範、多士、多方、
> 立政八篇，則純以意爲易置，一概託之於錯簡，有割一兩節者，有割一
> 兩句者，何脫簡若是之多，而所脫之簡，又若是之零星破碎，長短參差，
> 其簡之長短廣狹，字之行款疏密，茫無一定也，其爲師心杜撰，竄亂聖
> 經，已不辨而可知矣〔註71〕。

又如〈魯詩世學提要〉云：

> 明豐坊撰。……其書變亂經文，詆排舊說，極爲妄誕，朱彝尊經義
> 考，辨之甚詳〔註72〕。

又如〈周禮復古編提要〉云：

> 宋俞庭椿撰。……庭椿之說，謂五官所屬皆六十，不得有羨，其羨
> 者皆取以補冬官，鑿空臆斷，其謬妄殆不足辨。……然復古之說，始於
> 庭椿，厥後邱葵吳澄，皆襲其謬，說《周禮》者遂有冬官不亡之一派，
> 分門別戶，輾轉蔓延，其弊至明末而未已，故特存其書，著竄亂聖經之

〔註69〕同註8，周易衍義條，頁1～104。
〔註70〕同註5，卷八〈經部〉八〈易類〉存目二，周易古文鈔條，頁1～191。
〔註71〕同註5，卷十三〈經部〉十三〈書類〉存目一，書疑條，頁1～293。
〔註72〕同註5，卷十七〈經部〉十七〈詩類〉存目一，魯詩世學條，頁1～367。

始，爲學者之炯戒焉〔註73〕。

四、刪改經文

如〈易學四同提要〉云：

> 明季本撰。……其大旨，乃主於發明楊簡之易，以標心學之宗，則仍不免墮於虛渺，至於祖歐陽修之説，以繫辭爲講師所傳，非孔子所作，故多割裂經文，從吳澄所定之本，……考澄説多可取，而其謬則在於改經，原爲瑕瑜並存，本之理不及澄，而改經則效之，益無取矣〔註74〕。

又如〈書纂言提要〉云：

> 元吳澄撰。……考漢代治尚書者，伏生今文，傳爲大小夏侯歐陽三家，孔安國古文，別傳都尉胡庸生胡常自爲一派，是今文古文，本各爲師説。澄專釋今文，尚爲有含於古義，非王柏《詩疑》，舉歷代相傳之古經，肆意刊削者比，惟其顛倒錯簡，皆以意自爲，且不明言所以改竄之故，與所作《易纂言》體例迥殊，是則不可以爲訓，讀者取所長而無效所短，可矣〔註75〕。

又如〈詩疑提要〉云：

> 宋王柏撰。柏有《書疑》，已著錄，《書疑》雖頗有竄亂，尚未敢刪削經文，此書則攻駁毛鄭不已，併本經而攻駁之，攻駁本經不已，又併本經而刪削之。……此自有六籍以來，第一怪變之事也，柏亦自知詆斥聖經爲公論所不許，乃託詞於漢儒之竄入，夫漢儒各尊師説，字句或有異同，至篇數則傳授昭然，其增減一一可考〔註76〕。

又如〈禮記析疑提要〉云：

> 國朝方苞撰。是書亦融會舊説，斷以己意，……其最不可訓者，莫如別爲考定文王世子一篇。……夫禮記糅雜，先儒言之者不一，然刪定六經，維聖人能之，孟子疑〈武成〉不可信，然未聞奮筆刪削也，朱子改《大學》，刊《孝經》，後儒且有異同，王柏、吳澄竄亂古經，則至今爲世詬厲矣。苞在近時，號爲學者，此書亦頗有可採，惟此一節，則不效宋儒之所長，而效其所短，殊病乖方，今錄存其書，而附辨其謬於此，

〔註73〕同註14，周禮復古編條，頁1～392。
〔註74〕同註5，卷七〈經部〉七〈易類〉存目一，易學四同條，頁1～170。
〔註75〕同註23，書纂言條，頁1～270。
〔註76〕同註72，詩疑條，頁1～393。

爲後來之炯戒焉〔註77〕。

五、詆諆經文

如〈周官析疑提要〉云：

> 國朝方苞撰。……其書體會經文，頗得大義，然於說有難通者，輒
> 指爲後人增竄，因力詆鄭玄之注，……苞乃力詆經文，亦爲勇於自信，
> 蓋苞徒見王莽、王安石之假借經義以行私，故鰓鰓然預杜其源，其立意
> 不爲不善，而不知弊在後人之依托，不在聖人之制作，曹操復古九州，
> 以自廣其封域，可因以議禹貢冀州，失之過廣乎〔註78〕！

以上所列舉諸條，爲四庫館臣對諸儒竄亂、刪削經傳之種種指摘，蓋漢儒五經之
學，有變與不變者，如〈五經總義類〉末案語云：

> 漢儒五經之學，惟《易》先變且盡變，惟《書》與《禮》不變，《詩》
> 與《春秋》則屢變而不能盡變，蓋《易》包萬彙，隨舉一義，皆有說可
> 通，數惟人所推，象惟人所取，理惟人所說，故一變再變而不已；《書》
> 紀攻事，《禮》具器數，具有實徵，非空談所能眩亂，故欲變之而不能；
> 《詩》則其美其刺，可以意解，其名物訓詁，則不可意解也；《春秋》則
> 其褒其貶，可以詞奪，其事迹始末，則不可以詞奪也，故二經雖屢變而
> 不盡變〔註79〕。

其變者在義，其不變者亦在義，後儒隨意竄亂經傳，使經義混淆，馴至於廢弛，
宜其詳爲指摘。

第五節　斥宋明理學

何謂理學？胡適在〈幾個反理學的思想家〉一文中云：

> 理學是什麼？理學掛著儒家的招牌，其實是禪宗、道家、道教、儒
> 教的混合產品。其中有先天太極等等，是道教的分子；又談心說性，是
> 佛教留下的問題；也信災異感應，是漢朝儒教的遺跡。但其中的主要觀
> 念卻是古來道家的自然哲學裏的天道觀念，又叫做「天理」觀念，故名

〔註77〕同註43，禮記析疑條，頁1～444。
〔註78〕同註5，卷二三〈經部〉二三〈禮類〉存目一，周官析疑條，頁1～473。
〔註79〕同註5，頁1～387。

爲道學，又名爲理學〔註80〕。

依此可知，宋明理學融合了佛、道、儒三家之思想成分，在中國思想史上，佔有重要地位，然理學家空談義理，不重視名物訓詁，故清儒病理學家言之空疏，而倡經史之學以救其弊，近人唐君毅在〈論中國哲學史中理之六義〉一文之結論指出：

> 大體而言，清儒明是欲藉宋以前人對「理」及其他理學名辭之訓詁，
> 以反對宋、明理學家之言〔註81〕。

以下從《四庫提要》經部之中，闡述四庫館臣對宋明理學如何排斥？以見漢學、宋學之爭中，漢儒所堅持之立場爲何？

一、斥性命之學

如〈讀易詳說提要〉云：

> 宋李光撰。……書中於卦爻之詞，皆即君臣立言，證以史事，或不免間有牽合，然聖人作易以垂訓，將使天下萬世，無不知所從違，非徒使上智數人矜談妙悟，如佛家之傳心印，道家之授丹訣，自好異者推闡性命，鉤稽奇偶，其言愈精愈妙，而於聖人立教牖民之旨，愈南轅而北轍，轉不若光作是書，切實近理，爲有益於學者矣〔註82〕。

此蓋斥宋明性命之學，矜談妙悟，鉤稽奇偶，未若切於人事之有益於學者。

以心性之理說《易》，易使《易》流於恍惚虛無，而入禪學，此非漢儒篤實之學可比擬，故四庫館臣排斥之，如〈楊氏易傳提要〉云：

> 宋楊簡撰。……考自漢以來，以老莊說易，始魏王弼，以心性說易，始王宗傳及簡。……顧宗傳人微言輕，其書僅存，不甚爲學者所誦習，簡則爲象山弟子之冠，如朱門之有黃幹，又歷官中外，政績可觀，在南宋爲名臣，尤足以籠罩一世，故至於明季，其說大行，紫溪蘇濬解易，遂以冥冥篇爲名，而易全入禪矣。夫易之爲書，廣大悉備，聖人之爲教，精粗本末兼該，心性之理，未嘗不蘊易中，特簡等專明此義，遂流於恍惚虛無耳〔註83〕。

又如〈童溪易傳提要〉亦云：

> 宋王宗傳撰。……宗傳之說，大概佻梁孟而宗王弼，故其書惟憑心

〔註80〕見韋政通編著《中國哲學辭典》，大林出版社，頁 562。
〔註81〕同註 80，頁 561。
〔註82〕同註 37，讀易詳說條，頁 1～69。
〔註83〕同註 38，楊氏易傳條，頁 1～80。

悟,力斥象數之弊,至譬於誤注本草之殺人,焞序述宗傳之論,有性本
無説聖人本無言之語,不免涉於異學,與楊簡慈湖易傳宗旨相同。蓋彌
易祖尚元虛,以闡發義理,漢學至是而始變,宋儒掃除古法,實從是萌
芽,然胡程祖其義理,而歸諸人事,故似淺近而醇實,宗傳及簡,祖其
元虛,而索諸性天,故似高深而幻眇。……錄存是編,俾學者知明萬曆
以後,動以心學説易,流別於此二人〔註84〕。

楊簡、王宗傳以心學説《易》,其流弊至明代而極,而心性之學正爲宋明理學之根
基,故四庫館臣不憚其煩地加以排斥,即使明人以心言《易》,亦不得不歸咎於楊
簡、王宗傳二人,如〈周易易簡説提要〉云:

明高攀龍撰。……其説主於學易以檢心,非如楊簡、王宗傳等引易
以歸心學,引心學以歸禪學,務屏棄象數,離絕事物,遁於恍惚窅冥,
以爲不傳之秘也,是固不得謂以心言易,爲攀龍之失矣〔註85〕。

二、斥釋氏之學

四庫館臣對釋道方外之教,向有鄙薄之意,蓋不足登大雅之堂,《四庫提要》
卷首〈凡例〉曾云:

文章流別,歷代增新,古來有是一家,即應立是一類,作者有是一
體,即應備是一格,斯協於全書之名,故釋道外教,詞曲末技,咸登簡
牘,不廢蒐羅,然二氏之書,必擇其可資考證者,其經懺章咒,並凜遵
諭旨,一字不收〔註86〕。

更有甚者,即使以釋氏之語名經解,亦爲四庫館臣所排斥之,如〈易傳燈提要〉
云:

《易傳燈》一書,諸家書目俱不著錄,朱彝尊《經義考》亦不載其
名,惟《永樂大典》散見於各卦之中,題其官曰徐總幹而不著名字。……
傳燈本釋氏之語,乃取之以名經解,殊爲乖剌〔註87〕。

又如〈周易淺解提要〉云:

國朝張步瀛撰。……是編題其父含命意,而步瀛筆受,昔房融譯《楞

〔註84〕同註38,童溪易傳條,頁1～86。
〔註85〕同註13,周易易簡説條,頁1～122。
〔註86〕同註5,卷首三,凡例,頁1～37。
〔註87〕同註38,易傳燈條,頁1～84。

嚴經》，稱爲筆受，此注經而襲佛氏之稱，蓋偶未檢〔註88〕。

三、斥數理之學：

（一）入乎道釋：

如〈御纂周易折中提要〉云：

> 康熙五十四年聖祖仁皇帝御纂，自宋以來，惟說易者至夥，亦惟說易者多岐，門戶交爭，務求相勝，遂至各倚於一偏，故數者易之本，主數太過，使魏伯陽、陳搏之說，竄而相雜，而易入於道家；理者易之蘊，主理太過，使王宗傳、楊簡之說，溢而旁出，而易入於釋氏〔註89〕。

（二）蠹蝕經術：主數理太過，不但使易入乎道釋，亦足以蠹蝕經術，其弊不勝窮，如〈周易傳注提要〉云：

> 國朝李塨撰。……其自序排擊諸儒，雖未免過激，然明自隆萬以後，言理者以心學竄入易學，率持禪偈以詁經；言數者奇偶黑白遞相推衍，圖日積而日多，反置象占詞變吉凶悔吝於不問，其蠹蝕經術，實弊不勝窮，塨引而歸之人事，深得聖人垂教之旨〔註90〕。

總之，宋明理學融合了儒釋道三教合一之思想成份，與傳統漢儒篤實之學，其趣相異，故爲四庫館臣所不容，其遭排斥，自是意料之事，而排斥宋明理學，正足彰顯漢學之功，然所排斥者，僅指其書。

第六節　貶抑明代學術

一時代有一時代之學術，而學術之良窳，繫乎一時代之局勢與士風，自劉敞說經，開南宋臆斷之弊。前數節已略將宋代學術之流弊加以敘述，然四庫館臣亦不廢宋儒之長，所謂「蓋考證之學，宋儒不及漢儒，義理之學，漢儒亦不及宋儒，言豈一端，要各有當〔註91〕。」於〈聖門釋非錄提要〉云：

> 國朝陸邦烈編，……考宋儒標榜門戶，以劫制天下之異論，誠所不免，至坐以詆誣聖賢，則未免深文〔註92〕。

〔註88〕同註5，卷九〈經部〉九〈易類〉存目三，周易淺解條，頁1～22。
〔註89〕同註16，御纂周易折中條，頁1～129。
〔註90〕同註16，周易傳注條，頁1～142。
〔註91〕同註48。
〔註92〕同註5，卷三七〈經部〉三七〈四書類〉存目，聖門釋非錄條，頁1～765。

蓋對於宋儒尚未全力排擊，至於明代承襲宋儒末流之弊，學術荒蕪至極，故四庫館臣對之貶抑尤甚於宋代，又滿清以異族入主中國，對明代懷恨在心，四庫館臣對明代學術痛加貶抑，正迎合乾隆皇帝之心，藉以彌補異族文化學術低落之自卑心，今檢據《四庫提要》經部之中所言者，條其義例，以見其概：

一、從《四書五經大全》中，評述明代學術之陋

自古帝王於大一統之後，莫不整理圖籍，以附風雅，並以彰千古同文之盛，如明孝宗宏治中，大學士邱濬言：

> 經籍圖書，皆自古帝王精神心術所寓，今世賴之知古，後世賴之以知今者也，是以自古帝王，莫不以是爲重〔註93〕。

明永樂中胡廣等奉勅撰《四書五經大全》，亦是此意，然《大全》一出，非但無以以弘揚學術文化，反而斲傷學術之發展，蓋《大全》之編纂，成爲明代學術盛衰之關鍵。今據《四庫提要》中經部之言加以評述之。

（一）《周易大全》：

易道廣大精微，隨取一義皆可通之，此書乃胡廣等取材前儒，雜爲鈔錄以成編，提要云其「雖不免守匱抱殘，要其宗旨，則尚可謂不失其正。」然由此書可觀明代經學盛衰之由，〈周易大全提要〉引鄭曉今言曰：

> 洪武開科，五經皆主古注疏，及宋儒《易》程朱、《書》蔡、《詩》朱、《春秋左公羊穀梁》程胡張、《禮記》陳，後乃盡棄注疏，不知始何時，或曰始於頒《五經大全》時，以爲諸家說優者采入故耳〔註94〕。

所謂采入諸家說優者，其實只是「龐雜割裂，無所取裁」，至於古注疏中篤實之學卻盡棄之，無怪乎經學走上衰微之途，蓋不可免矣！

（二）《詩經大全》：

詩有四家，毛氏獨傳，在唐以前無異論，而宋以後則眾說紛爭，蓋宋儒好爲議論，進而刪削聖籍，使古義廢而異學大興，明修《大全》承襲其弊，蓋乃剽竊舊文爲之，實不足以存，〈詩經大全提要〉云：

> 明胡廣等奉勅撰。……自北宋以前，說《詩》者無異學，歐陽修、蘇轍以後，別解漸生，鄭樵、周孚以後，爭端大起，紹興紹熙之間，左右佩劍，相笑不休，迄宋末年，乃古義黜而新學立，故有元一代之說《詩》

〔註93〕見楊家駱編《四庫全書概述》，中國學典館復館籌備處，頁8。
〔註94〕同註13，周易大全條，頁1～114。

者，無非朱傳之箋疏，至延祐行科舉法，遂定爲功令，而明制因之。廣
等是書，亦主於羽翼朱傳，遵憲典也，然元人篤守師傳，有所闡明，皆
由心得，明則靖難以後，耆儒宿學，略已喪亡，廣等無可與謀，乃剽竊
舊文以應詔，此書名爲官撰，實本元安福劉瑾所著《詩傳通釋》，而稍損
益之，……顧炎武《日知錄》、朱彝尊《經義考》，並抉摘其非，陳啓源
《毛詩稽古編》，但責廣等採劉瑾之說太濫，猶未究其源也，其書本不足
存，惟是恭逢聖代，考定藝文，既括千古之全書，則當備歷朝之沿革，
而後是非得失，釐然具明，此書爲前明取士之制，故仍錄而幸之〔註95〕。

此亦四庫館臣本朱子所言「存之正所以廢之」，而錄存之，其書之毫無價值可言，
蓋亦明矣！

（三）《禮記大全》：

胡廣等修《五經大全》，《禮記》以元陳澔集說爲主，澔註之短，四庫館臣曾
爲之批評云：

澔所短者，在不知禮制當有證據，禮意當有發明，而箋釋文句，一
如註《孝經》、《論語》之法，故用爲蒙訓則有餘，求以經術則不足，朱
彝尊《經義考》，以免園冊子詆之，固爲已甚，要其說亦必有由矣〔註96〕！

故四庫館臣認爲禮記大全以之爲主，甚爲缺失。蓋禮記大全，僅只依附門牆，抱殘
守匱，隨聲標榜，執一鄉塾課冊，以錮天下之耳目者也，宜其學術之陋也。

（四）《春秋大全》：

有明一代，《春秋》之學爲最弊，蓋所承襲者，僅胡安國之傳義而已，〈春秋
傳提要〉云：

宋胡安國撰。……明初定科舉之制，大略承元舊式，宗法程朱，而
程子《春秋傳》，僅成二卷，闕略太甚，朱子亦無成書，以安國之學出程
氏，張洽之學出朱氏，故《春秋》定用二家，蓋重其淵源，不必定以其
書也，後洽傳漸不行用，遂獨用安國書，漸乃棄經不讀，惟以安國之傳
爲主，當時所謂經義者，實安國之傳義而已，故有明一代，《春秋》之學
爲最弊〔註97〕。

而《春秋大全》之編纂，蓋亦承襲胡安國之傳義，古經漸棄，學術之陋，蓋不可

〔註95〕同註20，詩經大全條，頁1～342。
〔註96〕同註43，雲莊禮記集說條，頁1～436。
〔註97〕同註5，卷二七〈經部〉二七〈春秋類〉二，春秋傳條，頁1～547。

免矣！〈春秋大全提要〉云：

> 明永樂中胡廣等奉勒撰。……元史選舉志，載延祐科舉新制，始以《春秋》用胡安國傳，定爲功令，汪克寬作《春秋纂疏》，一以安國爲主，蓋尊當代之法耳，廣等之作是編，即因克寬之書，稍爲點竄。朱彝尊《經義考》，引吳任臣之言曰，永樂中勒修《春秋大全》，纂修官四十二人，其發凡云，紀年依汪氏《纂疏》，地名依李氏《會通》，經文以胡氏爲據，例依林氏，實則全襲《纂疏》成書，雖奉勒纂修，實未纂修也，朝廷可罔，月給可糜，賜予可邀，天下後世詎可欺乎云云。於廣等之敗闕，可謂發其覆矣。其書所採諸說，惟憑胡氏定去取，而不復考論是非，有明二百餘年，雖以經文命題，實以傳文立義，至於元代合題之制，尚考經文之異同，明代則割傳中一字一句，牽連比附，亦謂之合題，使春秋大義，日就榛蕪，皆廣等導其波也。……廣等舊本，原可覆甄置之，然一朝取士之制，既不可不存以備考，且必睹荒途之蒙翳，而後見芟蕪除穢之功：必經岐徑之迷惑，而後知置郵樹表之力。存此一編，俾學者互相參證，益以見前代學術之陋，而聖朝經訓之明也〔註98〕。

（五）《四書大全》：

　　前引《五經大全》之編纂，致使明代學術之鄙陋，無以復加，所謂「《大全》出而經說亡」，最足爲四庫館臣所貶抑，然尤以《四書大全》之編纂，使漢至宋之經術盡變矣，其影響甚鉅，〈四書大全提要〉云：

> 明永樂十三年，翰林學士胡廣等奉勒撰，成祖御製序文，頒行天下，二百餘年，尊爲取士之制者也。其書因元倪士毅《四書輯釋》，稍加點竄。…考士毅撰有《作義要訣》一卷，附刻陳悅道《書義斷法》之末，今尚有傳本，蓋頗講科舉之學者，其作《輯釋》，殆亦爲經義而設，故廣等以夙所誦習，剽割成編歟！初與《五經大全》並頒，然當時程式，以《四書》義爲重，故《五經》率皆庋閣，所研究者惟《四書》，所辨訂者亦惟《四書》，後來四書講章，浩如煙海，皆是編爲之濫觴，蓋由漢至宋之經術，於是始盡變矣，特錄存之，以著有明一代士大夫學問根柢，具在於斯，亦足以資考鏡焉〔註99〕！

《四書大全》一出，文人轉相剽襲，紛紛竊據，學術之陋，莫此爲甚，〈四書通義

〔註98〕同註5，卷二八〈經部〉二八〈春秋類〉三，春秋大全條，頁1～571。
〔註99〕同註49，四書大全條，頁1～732。

提要〉云：

> 明劉剡撰。……是書因倪士毅《四書輯釋》，重爲訂正，更益以金
> 履祥《疏義指義》，朱公遷《通旨約說》，程復心《章圖》，史伯璿《管
> 窺》，王元善《通考》，及當時諸儒著述，改題此名。夫吳眞子據眞氏、
> 祝氏、蔡氏、趙氏之書，纂爲《四書集成》，自以爲善矣！而胡炳文、
> 陳櫟重訂之，胡氏、陳氏，自以爲善矣！而倪士毅又重訂之，倪氏自
> 以爲善矣！而剡又重訂之，自剡以後，重訂者又不知凡幾，蓋隸首不
> 能算其數也，而大旨皆曰前人未善，吾不得已而作焉，實則轉相剽襲，
> 改換其面貌，更易其名目而已，輯一四書講章，是何名山不朽之業，
> 而紛紛竊據如此，是亦不可以已乎〔註100〕！

一代文人之學術風氣如此，欲學術之興盛，蓋不可得矣！

總之，明代《四書五經大全》之編纂，非但不足以彰千古同文之盛，而適足
以顯露其學術之陋，顧炎武曰：

> 當日儒臣奉旨修《四書五經大全》，頒餐錢，給筆札。書成之日，
> 賜金邊秩，所費於國家者不知凡幾。將謂此書既成，可以章一代教學之
> 功，啓百世儒林之緒，而僅取已成之書，抄謄一過，上欺朝廷，下誑士
> 子。唐宋之時，有是事乎？豈非骨鯁之臣已空於建文之代，而制義初行，
> 一時士人盡棄宋元以來所傳之實學。上下相蒙以饕祿利，而莫之問也？
> 嗚呼！經學之廢，實自此始〔註101〕。

無怪乎四庫館臣乘其極弊而攻之，錄而存之，以揭示一代學術之陋，固有由矣！

二、時文貽害於明代學術者彌深

《四書五經大全》之編纂，成爲科舉時代推波助瀾之工具，然而時文之興盛，
卻貽害學術甚鉅，舉其故，蓋有二焉：

（一）時文之剽竊庸膚：

中國自隋唐時代以來，科舉制度已極爲發達，它爲政府取才，文人踏入宦途
之途徑，其制度在歷代選舉志中均有明確之記載，至於宋元以來，明經取士之法，
〈四書經疑貫通提要〉云：

> 元王充耘撰。……其書以四書同異，參互比較，各設問答以明之，蓋

〔註100〕同註92，四書通義條，頁1～750。
〔註101〕見顧炎武著《原抄本日知錄》，卷二十，不注出版者，頁525。

延祐科舉，經義之外有經疑，此與袁俊翁書，皆程試之式也。其間辨別疑似，頗有發明，非經義之循題衍說，可以影響揣摩者比，故有元一代，士猶篤志於研經。明洪武十三年，初行科舉，其四書疑問，以《大學》古之欲明明德於天下者二節，與《孟子》道在邇而求諸遠一節，合為一題，問二書所言平天下大旨同異，蓋猶沿元制，至十七年改定格式，而經疑之法遂廢，錄此二書，猶可以見宋元以來，明經取士之舊制也〔註102〕。

而論及科舉之學，流為剽竊，如〈書義斷法提要〉云：

> 元陳悅道撰。……其書不全載經文，僅摘錄其可以命題者載之，，逐句詮解，各標舉作文之要，蓋王充耘書義矜式，如今之墨程，而此書則如今之講章，後來學者，揣摩擬題，不讀全經，實自此濫觴，錄而存之，知科舉之學，流為剽竊，已非一朝一夕之故〔註103〕。

科舉考試，流為剽竊，由來已久，故對於持論謹嚴者，四庫館臣尚不失為之表彰，以見時文之剽竊庸膚，實為學術衰微之根由，〈易經存疑提要〉云：

> 明林希元撰。……蓋其書本為科舉之學，故主於祧漢而尊宋，然研究義理，持論謹嚴，比古經師則不足，要猶愈於剽竊庸膚，為時文弋獲之術者，蓋正嘉以前，儒者猶近篤實也〔註104〕。

（二）時文盛而經義荒

當科舉之行，一些書專為舉業而設，凡經文之不可命題者，皆刪去之，極為誕妄，如〈禮記敬業提要〉云：

> 明楊鼎熙撰。……是書專為舉業而作，徑以時文之法詁經，又刪去曾子問明堂位喪服小記喪大記奔喪問喪間傳三年問喪服四制九篇，宋人禮部韻略，凡字出喪禮者不載，已為紕繆，然未敢刪經也，至明代而喪禮不命題，士子亦遂棄而不讀，如鼎熙輩者，汨於俗學，乃併經文去之，時文盛而經義荒，此亦一驗矣〔註105〕！

除刪去經文之不可命題者之外，又創為比題傳題，使經義之荒彌甚，如〈春秋因是提要〉云：

> 明梅之熉撰。……是編專為春秋制義比題傳題而作，每題必載一破題，而詳列作文之法，蓋舊制以《春秋》一經，可命題者不過一百餘條，

〔註102〕同註49，四書經疑貫通條，頁1～729。
〔註103〕同註23，書條斷法條，頁1～273。
〔註104〕同註13，易經存疑條，頁1～116。
〔註105〕同註7，禮記敬業條，頁1～492。

慮其易於弋獲,因而�爲合題,及合題之說,紛紜淆亂,試官舉子,均無定見,於是此類講章出焉。夫信傳不信經,先儒以爲詬厲,猶爲三傳言之也,至於棄置經文,而惟於《胡傳》之中推求語氣以行文,經已荒矣,其弊也,又於《胡傳》之中,摘其一字兩字,牽合搭配,以聯絡成篇,則併傳亦荒矣。此類講章,皆經學之蟊賊,本不足錄,特一以見場屋舊制,所謂比題傳題者,其陋如此,並非別有精微,一以見明季時文之弊,名爲發揮經義,實則割裂傳文,於聖人筆削之旨,南轅北轍,均可以爲炯鑑,故存其目,爲學《春秋》者戒焉〔註106〕。

時文盛,故一切應舉之書應運而生,尤其四書講章之編纂,使經義荒弛至極限,蓋爲始料未及,如〈四書人物考提要〉云:

明薛應旂撰。……是編於《四書》所載人物,援引諸書,詳其事蹟,凡記三卷,傳三十七卷,紀傳之末,各系以論贊,蓋仿宋王當春秋臣傳之體,中間多採雜說,而不著所出,其自序有云,汎引雜證,雖嘗刪次,而文章事行,苟有禆於問學治理者,或在所錄,固不敢過求其眞膺也,其得失固自知之矣,間有附注,題閩朱焯維盛撰,其言頗爲淺陋,《續考》八卷,題應旂元孫窠編,雜考四書名物,餖飣尤甚。明代儒生,以時文爲重,時文以《四書》爲重,遂有此類諸書,襞積割裂,以塗飾試官之耳目,斯亦經術之極弊,非惟程朱編定《四書》之時,不料其至此,即元延祐用《四書》義,明洪武定三場法,亦不料其至此者矣〔註107〕。

總之,時文貽害於明代學術者彌深,一切揣摩舉業而作之書,實爲經學之蟊賊,它荒蔑了經義,故〈四書類〉末案語云:

明永樂中,《大全》出而捷徑開,八股盛而俗學熾,科舉之文,名爲發揮經義,實則發揮註意,不問經義何如也;且所謂註意者,又不甚究其理,而惟揣測其虛字語氣,以備臨文之摹擬,併不問註意何如也,蓋自高頭講章一行,非惟孔曾思孟之本旨亡,併朱子之《四書》亦亡矣〔註108〕。

此即明代學術鄙陋之最佳寫照。

三、明代經學衰微之故

〔註106〕同註5,卷三十〈經部〉三十〈春秋類〉存目一,春秋因是條,頁1～618。

〔註107〕同註92,四書人物考條,頁1～752。

〔註108〕同註49,頁1～745。

明自萬曆以後，經學彌荒，篤實者局於文句，無所發明；高明者騖於虛無，流為恣肆。所謂「馬鄭孔賈之學，至明殆絕，研思古義者，二百七十年內，稀若晨星，迨其中葉，狂禪瀾倒，異說飆騰，乃併宋儒義理之學，亦失其本旨〔註109〕。」推究經學荒蕪之故，蓋有數因：

（一）時勢使然：

明太祖以武力驅除元人，光復漢室，而成祖時，為粉飾文治，勅纂《四書五經大全》，然「明代纂修諸臣，於革除之際，老師宿儒，誅鋤殆盡，不能如劉三吾等，輯書傳會選，於蔡氏多所補正，又成祖雖戰伐之餘，欲興文治，而實未能究心經義，定眾說之是非，循聲附和，亦其勢然歟！〔註110〕」時勢如此，欲經學之不荒蕪，蓋不可得矣。

（二）講學家之恣橫：

講學家貴在篤實，如恣意竄改古經，將盡失古義，古義一失，經學豈有不荒蕪之時，講學家之恣橫，至明代而極，如〈春秋私考提要〉云：

> 明季本撰。本不信三傳，故釋經處謬戾，不可勝舉。……夫孫復諸人之棄傳，特不從其褒貶義例而已，程端學諸人之疑傳，不過以所記為不實而已，未於二千餘年之後，杜撰事迹，以改易舊文者，蓋講學家之恣橫，至明代而極矣〔註111〕。

而講學家之掉弄筆墨以解經，不但貽害學者至酷，亦將造成經學之荒蕪，如〈詩經偶箋提要〉云：

> 明萬時華撰。……是編成於崇禎癸酉，大旨宗孟子以意逆志之說，而掃除訓詁之膠固，頗足破腐儒之陋，然詩道至大而至深，未可以才士聰明，測其涯際，況於以竟陵之門徑，掉弄筆墨，以一知半解，訓詁古經。……蓋鍾惺譚元春詩派，盛於明末，流弊所極，乃至以其法解經，詩歸之貽害於學者，可謂酷矣〔註112〕。

（三）應舉、窮經久分兩事：

應舉者，窮畢生之力於功名利祿之途，不能使經義有所闡揚，所謂「時文盛而經義荒」。而窮經者，不戀棧功名利祿，故深居陋巷或朱邸，以專研古義，窮究

〔註109〕同註5，簡端錄條，頁1～671。
〔註110〕同註20，欽定詩經傳說彙纂條，頁1～347。
〔註111〕同註106，春秋私考條，頁1～609。
〔註112〕同註72，詩經偶箋條，頁1～375。

經文，且未能移轉風氣之先，致使經義荒蕪。故經學盛衰之故，應舉、窮經久分兩事，亦爲一因，如〈詩故提要〉云：

> 明朱謀㙔撰。……謀㙔是編，蓋用漢儒之舊名，故其說詩，亦多以漢學爲主，與朱子《集傳》，多所異同，其間自立新義者，……雖未免失之穿鑿，然謀㙔博極群書，學有根柢，要異乎剽竊陳言，蓋自胡廣等《五經大全》一出，應舉窮經，久分兩事，謀㙔深居朱邸，不藉進取於名場，乃得以研究遺文，發揮古義也，經術盛衰之故，此亦可知其大凡矣〔註113〕。

總之，胡廣等《四書五經大全》之編纂，影響於明代學術之盛衰至鉅，四書館臣將之著錄於《四庫提要》經部之中，蓋「胡廣《大全》既爲前代之功令，又爲經義明晦，學術升降之大關，亦特存之，以著明二百餘年士習文風之所以弊，蓋示戒，非示法也。〔註114〕」

四、斥《洪武正韻》

明成祖時，胡廣等奉勅撰《四書五經大全》，既已爲四庫館臣嚴加貶抑，而洪武中奉勅所撰之《洪武正韻》，亦被貶抑體無完膚，以「本不足錄」而錄之，蓋可知其貶抑之至矣，而其本意在尊《佩文韻府》也。〈洪武正韻提要〉云：

> 明洪武中奉勅撰。……書成於洪武八年，濂奉勅爲之序，大旨斥沈約爲吳音，一以中原之韻，更正其失，併平上去三聲，各爲二十二部，入聲爲十部，於是古來相傳之二百六部，併爲七十有六，其註釋一以毛晃《增韻》爲稿本，而稍以他書損益之，蓋歷代韻書，自是而一大變。……濂在明初，號爲宿學，不應沿訛踵謬至此，蓋明太祖既欲重造此書，以更古法，如不誣古人以罪，則改之無名，濂亦曲學阿世，強爲舞文耳，然源流本末，古籍昭然，天下後世，何可盡掩其目乎！……李東陽《懷麓堂詩話》曰，國初顧祿爲宮詞，有以爲言者，朝廷欲治之，及觀其詩集，乃用洪武正韻，遂釋之，此書初出，亟欲行之故也，然終明之世，竟不能行於天下，則是非之心，終有所不可奪也。又周賓所《識小編》曰，洪武二十三年，正韻頒行已久，上以字義音切，尚多未當，命詞臣再校之，學士劉三吾，言前後韻書，惟元國子監生孫吾與所纂《韻會定正》，音韻歸一，應可流傳，遂以其書進，上覽而善之，更名《洪武通韻》，

命刊行焉，今其書不傳云云，是太祖亦心知其未善矣。其書本不足錄，以其爲有明一代同文之治，削而不載，則韻學之沿革不備，猶之記前代典制者，雖其法極爲不善，亦必錄諸史冊，固不能泯滅其迹，使後世無考耳〔註115〕。

《洪武正韻》之不善，已可由所引李東陽《懷麓堂詩話》、周賓所《識小編》中之言而知之，一代開國之君所勅撰之書既如此，其影響於一代之學術亦可言矣，後世有欲補正《洪武正韻》者，然實已窒礙難通矣，如〈正韻牋提要〉云：

明楊時偉撰，是書前有崇禎辛未自序，大旨以《洪武正韻》，不行於當代，故因其原本，增注於下，謂之補牋，又取吳棫《韻補》，陳第《古音考》諸書，所據古書之音，附於各韻之後，謂之古音，又取熊忠《韻會舉要》，楊愼《丹鉛錄》諸書所收字，增附於韻後，謂之逸字，其用意頗勤，然《洪武正韻》，分合舛誤，窒礙難通，雖以天子之尊，傳國十餘世，懸是書爲令甲，而終不能使行於天下，二百六七十年之中，若存若亡，無人置議，時偉乃於舉世不用之中，出奇立異，冀以匹夫之力，顛倒千古之是非，抑亦難矣〔註116〕。

五、斥宦官以詞臣自居

一代學術之良窳，儒臣居於主導之地位，所謂上行下效，共爲提昇學術風氣而導正，然當政治之衰微，社會之腐壞，宦官以詞臣自居，而天下無人議之，則其學術之沈淪，蓋不言可喻矣，四庫館臣對此種現象之發生，將之附存其目，一以貶抑明代學術之低落，一以足爲萬世之炯戒，如〈經書音釋提要〉云：

明馮保撰，……嘉靖中秉筆司禮太監，隆慶及萬曆之初最用事，事迹具《明史·宦官傳》，是編掇拾《經典釋文》、《說文》、《廣韻》諸書，參以己意，如解《論語》過則勿憚改，憚字，曰難也畏也，則已詳於朱注，解宓不齊，宓字，曰三國時秦宓人名，則更與音釋無關，至其鈔襲舛誤，更不可枚舉，末有隆慶辛未保自跋，其私印曰內翰之章，尤可怪笑，史稱保善琴能書，是編當即所自撰，意當時士大夫，懼其權勢，必有從而譽之者，故竟至於災梨，其人其書，本均不足存，以趙高〈爰歷〉六篇，〈漢志〉著錄，故存其目，亦以見明代貂璫之橫，至儼然以詞臣自

〔註115〕同註36，洪武正韻條，頁1～874。
〔註116〕同註5，卷四四〈經部〉四四〈小學類〉存目二，正韻牋條，頁1～920。

－131－

居，而無一人議之，足爲萬世之炯戒也〔註117〕。

綜合以上五點論述，四庫館臣貶抑明代學術，用意良深，江藩〈漢學師承記〉、前言云：

> ……元明之際，以制義取士，古學幾絕。而有明三百年，四方秀艾困於帖括；以講章爲經學，以類書爲博聞；長夜悠悠，視天夢夢，可悲也夫！在當時豈無明達之人、志識之士哉！然皆滯於所習以求富貴，此所以儒罕通人、學多鄙俗也〔註118〕。

可謂最佳寫照。

第七節　四庫館臣對經傳與訓詁名物之見解

四庫館臣以「專門漢學」自居，而漢學相對於宋學，它重視古義之闡釋與有關訓詁名物，弘揚了漢儒之家法師法，使古經大義能在千百年之後，尚能求其精義，本節擬就《四庫提要》經部所著錄，闡述四庫館臣對經傳與訓詁名物之見解。

一、經傳問題

探討經傳問題，爲研究古書之初步認識，關於經傳之名義，近人呂思勉曾云：

> 古書「經傳」恒相輔而行，大抵文少而整齊有韻者爲「經」，議論縱橫者爲「傳」。蓋經爲歷世相傳，簡要精當之語；「寡其辭，協其音，」所以便誦讀；而傳則習其學者發揮經意之書也〔註119〕。

呂氏蓋從句式音韻上區別經傳之異，而章學誠對於經傳之區別，則有較爲嚴格之劃分，《文史通義‧經解上》云：

> 六經不言經，三傳不言傳，猶人各有我，而不容我其我也。依經而有傳，對人而有我，是經傳人我之名，起於勢之不得已，而非其質本爾也。……然夫子之時，猶不名經也。逮夫子既歿，微言絕而大義將乖，於是弟子門人，各以所見所聞，所傳聞者，或取簡畢，或授口耳，錄其文而起義。左氏春秋，子夏喪服諸篇，皆名爲傳。而前代逸文，不出於六藝者，稱述皆謂之傳。……然則今之所謂經，其強半皆古人之所謂傳

〔註117〕同註5，卷三四〈經部〉三四〈五經總義類〉存目，經書音釋條，頁1～690。
〔註118〕見江藩撰《漢學師承記》，河洛圖書出版社，頁13。
〔註119〕見呂思勉著《經子解題》，商務印書館，頁109。

也。古之所謂經，乃三代盛時，典章法度，見於政教行事之實，而非聖
人有意作爲文字以傳後世也〔註120〕。

而四庫館臣對經傳問題之看法，則有：

（一）不應舍傳言經：

經傳雖無定名，然《春秋》相對於三傳，則有經傳之分，宋儒說經而摒棄三
傳，爲舍近而求遠，然舍傳言經，談何容易，如〈春秋經筌提要〉云：

> 宋趙鵬飛撰。……其意以說經者拘泥三傳，各護師說，多失聖人本
> 旨，故爲此書，主於據經解經，其自序曰，學者當以無傳明《春秋》，不
> 可以有傳求《春秋》，無傳以前，其旨安在，當默與心會矣，又曰三傳固
> 不足據，然公吾心而評之，亦有時得聖意者。夫三傳去古未遠，學有所
> 受，其間經師衍說，漸失本意者，固亦有之，然必一舉而刊除，則《春
> 秋》所書之人，無以核其事，所書之事，無以核其人，即以開卷一兩事
> 論之，元年春王正月，不書即位，其失在夫婦嫡庶之間，苟無傳文，雖
> 有窮理格物之儒，殫畢生之力，據經文而沈思之，不能知聲子仲子事也。
> 鄭伯克段于鄢，不言段爲何人，其失在母子兄弟之際，苟無傳文，雖有
> 窮理格物之儒，殫畢生之力，據經文而沈思之，亦不能知爲武姜子莊公
> 弟也，然則舍傳言經，談何容易，啖助趙匡攻駁三傳，已開異端之萌，
> 至孫復而全棄舊文，遂貽春秋家無窮之弊〔註121〕。

（二）經文簡質，非傳難明：

宋儒說《春秋》以經解經，未爲有得，蓋經文簡質，非傳難明，四庫館臣以
此駁斥國朝王心敬之說，如〈春秋原經提要〉云：

> 國朝王心敬撰。……其大旨本孟子之言，以尊王抑伯爲主，持論甚
> 正，其謂孔子不以一字爲褒貶，亦足以破諸家紛紜轇轕之陋，而矯枉過
> 直，加以懸揣臆斷，不顧事理之安，至謂《左傳》事迹，皆聖人之所刪，
> 不當復存其說，考古者左史記言，右史記事，《尚書》者左史類也，《春
> 秋》者右史類也，劉知幾作《史通》，敘述源流，至爲明析，心敬乃援《尚
> 書》爲例，謂事迹之可存者，聖人必存，如典謨訓誥是也，事迹之不可
> 存者，聖人必刪，如《左傳》所載是也，因而盡廢諸傳，惟以經解經，
> 不思經文簡質，非傳難明，即如鄭伯克段於鄢一條，設無傳文，則段于

〔註120〕見章學誠撰《文史通義·校讎通義》。盤庚出版社，頁 18。
〔註121〕同註97，春秋經筌條，頁 1～557。

鄭爲何人,鄭伯克之爲何,故經文既未明書,但據此六字之文,抱遺經而究終始,雖聖人復生,沈思畢世,無由知其爲鄭伯之弟,以武姜内應作亂也,是開卷數行,已窒礙不行,無論其餘矣。況自有六經以後,歷漢至今,通儒輩出,其失經意者固多,得經意者亦不少,心敬乃一概排斥,謂孔子之後,惟孟子能知,孟子之後,直至心敬乃能知,甚至謂孔門諸子,未見《春秋》,故《論語》無一字及之,子思亦未見《春秋》,故《中庸》亦無一字及之,至孟子搜索闕里,始見本經,揆以事理,豈其然乎〔註122〕。

二、注疏問題

　　從經傳問題所衍生者乃注疏問題,蓋注疏乃古人心力精神所專注者,爲治經之要途,段玉裁編〈東原先生年譜〉中云:

　　　　先生十六、七以前,凡讀書,每一字必求其義。塾師略舉傳注訓詁語之,意每不釋。塾師因取近代字書及漢許氏《説文解字》授之,先生大好之,三年盡得其節目。又取《爾雅》、《方言》及漢儒傳、注、箋之存於今者,參伍考究。一字之義,必本六書,貫群經,以爲定詁。由是盡通前人所合集《十三經注疏》,能全舉其辭。先生嘗謂玉裁曰:「余於疏不能盡記,經、注則無不能背誦也。」又嘗曰:「經之至者道也,所以明道者其辭也,所以成辭者字也。必由字以通其辭,由辭以通其道,乃可得之。」〔註123〕

戴氏身綜《四庫全書》經部之務,深知注疏於治經之重要性,其對段玉裁所言,蓋有得於心之言,其後阮元亦曾云:

　　　　竊謂士人讀書,當從經學始,經學當從注疏始。空疏之士,高明之徒,讀注疏不終卷而思臥者,是不能潛心研索,終身不知有聖賢諸儒經傳之學矣。(見〈十三經注疏重刻宋板注疏總目錄〉)

古注疏之於治經,其重要性,蓋不言而喻矣。四庫館臣甚爲重視古注疏,今條舉其文以敘之:

(一)古注疏不可廢:

　　前已言明代胡廣等編纂《四書五經大全》而廢棄古注疏,爲明代學術盛衰之

〔註122〕同註5,卷三十一〈經部〉三十一〈春秋類〉存目二,春秋原經條,頁1～639。
〔註123〕見戴震撰《戴震文集》附錄〈戴東原先生年譜〉,河洛圖書出版社,頁216。

關鍵，如明代禮學荒廢，即在於廢除鄭註之故，〈禮記正義提要〉云：

> 漢鄭玄註，唐孔穎達疏。……元延祐中行科舉法，定《禮記》用鄭玄註，故元儒說禮，率有根據，自明永樂中，勅修《禮記大全》，始廢鄭註，改用陳澔《集說》，禮學遂荒〔註124〕。

而漢學宋學之轉關，廢古注疏亦其造端也，如〈論語正義提要〉云：

> 魏何晏註，宋邢昺疏，……是書蓋咸平二年，詔昺改定舊疏，頒列學官，至今承用，而傳刻頗訛，《集解》所引十三家，今本各題曰某氏，皇侃義疏則均題其名。……蓋唐以前經師授受，各守專門，雖經文亦不能畫一，無論註文，固不必以此改彼，亦不必以彼改此，今仍從今本錄之，所以各存其舊也。昺疏《宋志》作十卷，今本二十卷，蓋後人依《論語》篇第析之，晁公武《讀書志》，稱其亦因皇侃所採諸儒之說，刊定而成，今觀其書，大抵翦皇氏之枝蔓，而稍傳以義理，漢學宋學，茲其轉關，是疏出而皇疏微，迨伊洛之說出，而是疏又微，故《中興書目》曰，其書於章句訓詁名物之際，詳矣，蓋微言其未造精微也，然先有是疏，而後講學諸儒，得沿溯以窺其奧，祭先河而後海，亦何可以後來居上，遂盡廢其功乎〔註125〕！

（二）傳注疏均有功於經：

古注疏不可廢，蓋其均有功於經，即以《春秋》為例，《左傳》、《杜注》、《孔疏》均有大功於《春秋》，如〈春秋左傳正義提要〉云：

> 周左丘明傳，晉杜預注，唐穎達疏。……今以《左傳》經文，與二傳校勘，皆左氏義長，知手錄之本，確於口授之本也。言《左傳》者，……今世所傳，惟杜注孔疏為最古，杜注多強經以就傳，孔疏亦多左杜而右劉，是皆篤信專門之過，不能不謂之一失。然有注疏，而後左氏之義明，左氏之義明，而後二百四十二年內，善惡之迹，一一有徵，後儒妄作聰明，以私意談褒貶者，猶得據傳文以知其謬，則漢晉以來，藉左氏以知經義，宋元以後，更藉左氏以杜臆說矣，傳與注疏，均謂有大功於《春秋》，可也〔註126〕。

（三）註疏之體例：

〔註124〕同註43，禮記正義條，頁1～433。
〔註125〕同註48，論語正義條，頁1～708。
〔註126〕同註35，春秋左傳正義條，頁1～526。

四庫館臣認爲註疏體例各殊，所謂「註者詞尚簡明，疏者義存曲證。」然古來疏家之體，不能旁搜曲證，本註以外之說，不能多加搜羅，以致古義多所遺漏，四庫館臣於此，深覺惋惜，如〈爾雅註疏提要〉云：

> 晉郭璞註，宋邢昺疏。璞時去漢未遠，如遂幠大東稱詩，釗我周王稱逸書，所見尚多古本，故所註多可據，後人雖迭爲補正，然宏綱大旨，終不出其範圍。昺疏亦多能引證，如尸子廣澤篇、仁意篇，皆非今人所及睹，其犍爲文學樊光李巡之註，見於陸氏釋文者，雖多所遺漏，然疏家之體，惟明本註，註所未及，不復旁搜，此亦唐以來之通弊，不能獨責於昺〔註127〕。

三、經傳與訓詁名物之關係

古經歷幾千餘載之後，其義必不容易爲後人知曉，則訓詁甚爲重要，清末學者陳澧《東塾讀書記》卷十一云：

> 時有古今，猶地有東西，有南北。相隔遠，則言語不通矣。地遠，則有翻譯；時遠，則有訓詁。有翻譯，則能使別國如鄉鄰；有訓詁，則能使古今如旦暮〔註128〕。

治經如不講求訓詁，則將貽害於經術，清儒錢大昕於《經籍纂詁》序云：

> 漢儒說經，遵守家法，詁訓傳箋，不失先民之旨。自晉代尚空虛，宋賢喜頓悟，笑問學爲支離，棄注疏爲糟粕，談經之家，師心自用，乃以俚俗之言，詮說經典，若歐陽永叔解吉士誘之爲挑誘，後儒遂有詆召南爲淫奔而刪之者，古訓之不講，其貽害於聖經甚矣〔註129〕！

又於〈左氏傳古注輯存序〉云：

> 窮經者必通訓詁，訓詁明而後知義理之趣。後儒不知訓詁，欲以鄉壁虛造之說，求義理所在，夫是以支離而失其宗。漢之經師，其訓詁皆有家法，以其去聖人未遠。魏晉而降，儒生好異求新，注解日多，而經益晦。輔嗣之《易》，元凱之《春秋》，皆疏於訓詁，而後世盛行之，古學之不講久矣〔註130〕！

四庫館臣推崇漢儒之學，故甚爲重視訓詁名物，甚至於將欽定之書喻爲訓詁之學，

〔註127〕同註5，卷四十〈經部〉四十〈小學類〉一，爾雅註疏條，頁1～817。
〔註128〕見陳澧撰《東塾讀書記》，卷十一，台灣商務印書館，頁183。
〔註129〕見阮元著《經籍纂詁》，錢大昕序，西林出版社。
〔註130〕見〈大陸雜誌特刊〉，第二輯，大陸雜誌社，頁85。

如〈欽定書經傳說彙纂提要〉云：

> 康熙末，聖祖仁皇帝勅撰，……宋以來說五經者，易詩春秋，各有
> 門戶，惟三禮則名物度數不可辨論以空言，故無大異同，書則帝王之大
> 經大法，共聞共見，故自古文今文互有疑信外，義理亦無大異同。……
> 是編雖仍以蔡傳居前，眾說列後，而參稽得失，辨別瑕瑜，於其可從者
> 發明證佐，不似袁仁等之有意扺彈；於其不可從者，辨訂舛訛，亦不似
> 陳櫟等之違心回護；其義可兩通者，皆別爲附錄，以明不專主一家，蓋
> 即一訓詁之學，而聖人執兩用中之道，大公至正之心，悉可以仰窺焉，
> 又不僅爲說書之準繩已也〔註131〕。

以下就《四庫提要》經部所及，闡述經傳與訓詁名物之關係：

（一）訓詁之不明，則義理必將有謬誤：

如〈詩經疑問提要〉云：

> 明姚舜牧撰。……自序稱所疑凡經數十年，重加訂問，前此誤解，
> 亟與辨正，蓋其用力較深也，惟不信古人字少假借通用之說，於龍光伴
> 奐之類，皆徑以本字解之，強生論辨，是則隆萬以後，儒者少見古書之
> 故，亦足見訓詁之不明，而欲義理之不謬，無是事矣〔註132〕。

訓詁不明，則義理將謬，欲彰顯經義，必講求訓詁之學。

（二）讀經讀傳，必求官名地名人名之舛異，以免橫生異論：

如〈春秋識小錄提要〉云：

> 國朝程廷祚撰。……其考職官，首爲數國共有之官，次爲一國自有
> 之官，皆分列排纂，凡與《周禮》異同者，一一根據注疏，爲之辨證，
> 頗爲精核。…其考地名，首爲地同而名異，次爲地異而名同。……其辨
> 人名，自一人二人，以逮一人八名者，皆彙列而分注之，大致與《春秋
> 名號歸一圖》，互相出入，而較爲簡明，雖似與經義無關，然讀經讀傳者，
> 往往因官名地名人名之舛異，於當日之事迹，不能融會貫通，因於聖人
> 之褒貶，不能推求詳盡，如胡安國之誤執季孫，橫生異論，毛奇齡之附
> 會尹氏，牽合正經者，蓋有之矣，則廷祚是書，固讀《春秋》者所當知

〔註131〕同註23，欽定書烴傳說彙纂條，頁1～280。
〔註132〕同註20，詩經疑問條，頁1～345。

也〔註133〕。

不論讀《春秋》，必考求官名地名人名之舛異，讀其他經書，亦必考究訓詁名物，以免橫生異論，牽合正經。

（三）讀古人之書，當先通古人文字所表達之義理：

中國文字起源甚早，歷經長久演變，然文字之聲音，無法傳至後代，文字之義理，則恒久不變，〈欽定繙譯五經提要〉云：

> 案鄭樵《通志‧七音略》曰，宣尼之書，自中國而東則朝鮮，西則涼夏，南則交阯，北則朔易，皆吾故封也，故封之外，其書不通，何瞿曇之書，能入諸夏，而宣尼之書，不能至跋提河，聲音之道，有障礙耳！其說良是。然文字之聲音，越數郡而或不同，文字之義理，則縱而引之千古上下，無所異；橫而推之四海內外，無所異。苟能宣其意旨，通以語言，自有契若符節者，又何聲音之能障礙乎哉〔註134〕！

四書館臣勉人欲讀古人之書，當先通文字之義理，蓋文字之聲音隨地域而變，而文字之義理則曠世不變，只要精通於訓詁名物之學，對古經之精義，必能了然於心，而毫無窒礙難通之處，四庫館臣對於後人「每以近代之形聲，究古書之義旨」，必無法得古書之義理，而要人從精通古人之字著手，如〈九經古義提要〉云：

> 國朝惠棟撰。……曰古義者，漢儒專門訓詁之學，得以考見於今者也。古者漆書竹簡，傳寫為艱，師弟相傳，多由口授，往往同音異字，輾轉多岐，又六體孳生，形聲漸備，毫釐辨別，後世乃詳，古人字數無多，多相假借，沿流承襲，遂開通用一門，談經者不考其源，每以近代之形聲，究古書之義旨，穿鑿附會，多起於斯，故士生唐宋以後，而操管摛文，動作奇字，則生今反古，是曰亂常，至於讀古人之書，則當先通古人之字，庶明其文句，而義理可以漸求〔註135〕。

而乾隆二十年至四十七年陸續欽定繙譯四書五經，將聖賢典籍，繹為國書，以疏通經義為主，使宣尼之書，被於四方，彰於萬世，如〈欽定繙繹五經四書提要〉云：

> ……我國家肇興東土，剏作十二字頭，貫一切音，復御定清文鑑，聯字成語，括一切義，精微巧妙，實小學家所未有，表章經學，天下從風，莫不研究微言，講求古義，尤非前代之所及，故先譯《四書》，示初

〔註133〕同註5，卷二九〈經部〉二九〈春秋類〉四，春秋識小錄條，頁1～596。
〔註134〕同註5，欽定繙繹五經四書條，頁1～673。
〔註135〕同註5，九經古義條，頁1～678。

學之津梁，至於五經，《易》則略象數之迹，示其吉凶；《書》則疏詰屈
之詞，歸於顯易；《詩》則曲摹其詠嘆，而句外之寄托可思；《春秋》則
細核其異同，而一字之勸懲畢見；《禮記》則名物度數，考訂必詳，精理
名言，推求必當，尤足破講家之聚訟。蓋先儒之詁經，多株守其文，故
拘泥而鮮通，此編之詁經，則疏通其意，故明白而無誤，不立箋傳之名，
不用註疏之體，而脣吻輕重之間，自然契刪述之微旨，厥有由矣〔註136〕。

總之，漢儒註經，多明訓詁名物，清儒詁經則疏通其意，以破講學家之拘泥，所
謂「易書文皆最古，非通其訓詁不明，詩禮語皆徵實，非明其名物亦不解〔註137〕」
將經傳與訓詁名物之關係，說得妥切而明白，吾人從事古經學之研究，必從訓詁
名物著手，則探源溯流，易於水到渠成也。

第八節　四庫館臣對「經傳」本身之見解

前節闡述了經傳與訓詁名物之關係，本節擬就「經傳」本身之問題，作一敘
述，使得古經之現況，有一輪廓，俾後人從事古經之研究，能夠有初步之認識，
今條舉其例，以示其概：

一、聚訟疑惑

古經歷來滋後人之聚訟疑惑者有《尚書》、《周禮》。〈日講書經解義提要〉云：
　　……《尚書》一經，漢以來所聚訟者，莫過〈洪範〉之五行，宋以
　來所聚訟者，莫過〈禹貢〉之山川，明以來所聚訟者，莫過今文古文之
　真偽〔註138〕。

了解古來所聚訟之處，則可針對其聚訟之故加以探討。又如〈周官辨非提要〉云：
　　……案古經滋後人之疑者，惟《古文尚書》與《周禮》，然《古文
　尚書》，突出於漢魏以後，其傳授無徵，而牴牾有證，吳棫所疑，雖朱子
　亦以爲然，閻若璩之所辨，毛奇齡百計不能勝，蓋有由也。《周官》初出，
　林孝存雖相排擊，然先後二鄭，咸證其非偽，通儒授受，必有所徵，雖
　其書輾轉流傳，不免有所附益，容有可疑，然亦揣摩事理，想像其詞，

〔註136〕同註134。
〔註137〕同註48，孟子正義條，頁1～706。
〔註138〕同註23，日講書經解義條，頁1～279。

迄不能如《尚書》一經，能指某篇爲今文，某篇爲古文也〔註139〕。
《古文尚書》因突出於漢魏以後，《周官》因輾轉流傳，不免有所附益，故皆滋後人之疑。

二、三禮、書，義理無大異同

如〈欽定書經傳說彙纂提要〉云：

> ……宋以來說五經者，《易》、《詩》、《春秋》，各有門戶，惟三禮則名物度數不可辨論以空言，故無大異同；書則帝王之大經大法，共聞共見，故自古文今文互有疑信外，義理亦無大異同〔註140〕。

蓋《易》與《春秋》空言易騁，而《詩》則文義易明，即《詩》無達詁，各隨所主之門戶，均有一說之可通也。

三、易讀難讀

五經之中，惟《詩》易讀，蓋詩義明白曉暢，然訛誤亦最甚，如〈詩集傳提要〉云：

> ……蓋五經之中，惟《詩》易讀，習者十恒七八，故書坊刊板亦最夥，其輾轉傳訛，亦爲最甚〔註141〕。

而惟《儀禮》難讀，其舛訛脫誤亦甚多，如〈儀禮註疏提要〉云：

> 漢鄭元註，唐賈公彥疏。……其書自明以來，刻本舛訛殊甚，顧炎武《日知錄》曰，萬曆北監本《十三經》中，《儀禮》脫誤尤多。……蓋由《儀禮》文古義奧，註釋者亦代不數人，寫刻有訛，猝不能校，故紕漏至於如是也〔註142〕。

由於《儀禮》文古義奧，舛訛脫誤甚多，無以校正，故世所罕習，講學家每避之而不道也，如〈儀禮述注提要〉云：

> 國朝李光坡撰。……三禮之學，至宋而微，至明殆絕，《儀禮》尤世所罕習，幾以爲故紙而棄之，注其書者，寥寥數家，即郝敬完解之類，稍傳於世者，亦大抵影響揣摩，橫生臆見。蓋《周禮》猶可談王霸，《禮記》猶可言誠敬，《儀禮》則全爲度數節文，非空詞所可敷演，故講學家

〔註139〕同註78，周官辨非條，頁1～472。
〔註140〕同註131。
〔註141〕同註33，詩集傳條，頁1～329。
〔註142〕同註5，卷二十〈經部〉二十〈禮類〉二，儀禮註疏條，頁1～410。

每避之而不道也〔註143〕。

其他於《四庫提要》經部之中論及《儀禮》難讀之文，尚有多處，如〈儀禮要義提要〉云：

> ……《儀禮》一經最爲難讀，諸儒訓詁亦稀，其著錄於史者，自喪服諸傳外，〈隋志〉僅四家，〈舊唐志〉亦僅四家，〈新唐志〉僅三家，今惟鄭玄註賈公彥疏存耳，鄭註訓詁深奧，猝不易通，賈疏文繁句複，雖詳贍而傷於蕪漫，端緒亦不易明〔註144〕。

又如〈欽定儀禮義疏提要〉云：

> ……《儀禮》至爲難讀，鄭註文句古奧，亦不易解，又全爲名物度數之學，不可以空言騁辨，故宋儒諱其所短，多避之不講，即偶有論述，亦爲數無多〔註145〕。

又如〈儀禮鄭注句讀提要〉中亦云：

> ……蓋《儀禮》一經，自韓愈已苦難讀，故習者愈少，傳刻之訛愈甚〔註146〕。

四、比較區別

從經文內容比較之中，可以了解其經義所在，如〈日講禮記解義提要〉云：

> ……蓋《儀禮》皆古經，《禮記》則多誌其變；《儀禮》皆大綱，《禮記》則多謹於細；《儀禮》皆度數，《禮記》則多明其義〔註147〕。

此即區別《儀禮》、《禮記》之不同點。至於論及《春秋》三傳之不同點亦有多處，如〈春秋集傳辨疑提要〉云：

> ……然左氏事實有本，而論斷多疏；公羊、穀梁每多曲說，而公羊尤甚〔註148〕。

又如〈春秋皇綱論提要〉云：

> 宋王皙撰，……其傳釋異同篇曰，左氏善覽舊史，兼該眾說，得春秋之事迹甚備，然於經外自成一書，故有貪惑異說，採掇過當，至於聖人微

〔註143〕同註142，儀禮述注條，頁1〜420。
〔註144〕同註142，儀禮要義條，頁1〜414。
〔註145〕同註142，欽定儀禮義疏條，頁1〜418。
〔註146〕同註142，儀禮鄭注句讀條，頁1〜419。
〔註147〕同註43。
〔註148〕同註35，春秋集傳辨疑條，頁1〜533。

旨，頗亦疎略，而大抵有本末，蓋出一人之所撰述也。公穀之學，本於議論，擇取諸儒之說，繫於經文，故雖不能詳其事迹，而於聖人微旨，多所究尋，然失於曲辨贅義，鄙淺叢雜，蓋出於眾儒之所講說也〔註149〕。

又如〈春秋或問提要〉云：

> 宋呂大圭撰，……大旨於三傳之中，多主左氏、穀梁，而深排公羊，於何休解詁，斥之尤力。考三傳之中，事跡莫備於左氏，義理莫精於穀梁，惟公羊雜出眾師，時多偏駁，何休解詁，牽合讖緯，穿鑿尤多。大圭所論，於三家得失，實屬不誣〔註150〕。

又如〈左傳事緯提要〉云：

> ……三傳之中，左氏親觀國史，事迹爲眞，而褒貶則多參俗議。公羊、穀梁二家，得自傳聞，記載頗謬，而義例則多有師承。《朱子語錄》，謂左氏史學，事詳而理差；公穀經學，理精而事謬。蓋篤論也〔註151〕。

從以上所引，可知左氏之書，遠勝公穀，如〈春秋左傳要義提要〉云：

> 宋魏了翁撰。……凡疏中日月名氏之曲說，煩重瑣屑者，多刊除不錄，而名物度數之間，則削繁舉要，本末燦然，蓋左氏之書，詳於典制，三代之文章禮樂，猶可以考見其大凡，其遠勝公穀，實在於此〔註152〕。

又如〈春秋簡書刊誤提要〉云：

> ……考左傳雖晚出，而其文實竹帛相傳，公穀雖先立於學官，而其初皆經師口授，或記憶之失眞，或方音之遞轉，勢所必然，不足爲怪〔註153〕。

而以〈春秋類〉末之案語，最足歸納三傳之得失，其云：

> 左氏親見國史，古人之始末具存，故據事而言，即其識有不逮者，亦不至大有所出入；公羊、穀梁則前後經師，遞相附益，推尋於字句之間，故憑心而斷，各徇其意見之所偏也。然則徵實迹者，其失小；騁虛論者，其失大矣。後來諸家之是非，均持此斷之可也〔註154〕。

除了三傳之區別之外，《周禮》一書，與《左傳》多不相合，〈春秋屬辭比事記提要〉云：

〔註149〕同註35，春秋皇綱論條，頁1～536。
〔註150〕同註97，春秋或問條，頁1～558。
〔註151〕同註5，卷二九〈經部〉二九〈春秋類〉四，左傳事緯條，頁1～587。
〔註152〕同註97，春秋左傳要義條，頁1～552。
〔註153〕同註151，春秋簡書刊誤條，頁1～588。
〔註154〕同註151，頁1～603。

……至《周禮》一書，與《左傳》多不相同，蓋《周禮》爲王制，而《左傳》則皆諸侯之事；《周禮》爲初制，而《左傳》則皆數百年變革之餘〔註155〕。

五、本相表裏

如〈春秋五禮例宗提要〉云：

宋張大亨撰。……考《左傳》發凡，杜預謂皆周公禮典，韓起見《易象春秋》，亦謂周禮在魯，孫復作《春秋尊王發微》，葉夢得譏其不深於禮學，故其言多自牴牾，蓋禮與春秋，本相表裏〔註156〕。

六、空言易騁

說經之家，莫多於《易》與《春秋》，蓋「自王弼廢象數，而談易者日增，自啖助廢三傳，而談春秋者日盛，故解五經者，惟易與春秋二家，著錄獨多，空言易騁，茲亦明效大驗矣〔註157〕。」此於宋儒尤其明顯，近人馬宗霍《中國經學史》云：

宋人經學，……其間《易》與《春秋》，作者尤繁。蓋《易》本隱以之顯；《春秋》推見至隱。一明天道，一明人事，惟人所說，不必徵實。……又南渡而後，國勢不振，士大夫憤夷禍之日亟，痛恢復之難期，情殷中興，念切雪恥，無以寄志，退而著書，則垂戒莫顯乎易象，復讎莫大乎春秋，趨治二經，殆亦有不獲已者焉〔註158〕。

故古宋儒於《易》、《春秋》之作尤多。

七、可以相通

易道變化不窮，其理與律呂（樂）可以相通，〈易律通解提要〉云：

……易道陰陽，律呂亦本陰陽；易爲天地自然之數，律呂亦本天地自然之數，故推而衍之，其理可以相通〔註159〕。

從以上所條舉七項特點，可了解現今「經傳」所存在之意義，以爲治經者之參究。

〔註155〕同註151，春秋屬辭比事記條，頁1～589。
〔註156〕同註97，春秋五禮例宗條，頁1～544。
〔註157〕同註97，春秋後傳條，頁1～549。
〔註158〕見馬宗霍著《中國經學史》，台灣商務印書館，頁121。
〔註159〕同註5，卷三九〈經部〉三九〈樂類〉存目，易律通解條，頁1～813。

第八章　《四庫提要》經部之編纂體例

　　《四庫提要》爲目錄書之一，其內容有考撰者之行事、撰者之時代，及撰者之學術等等，前面數章已分就書名、卷數、撰者、板刻、辨僞、批評與價值等項加以敘述，本章擬就其所敘錄之內容中有關編纂體例上一些問題加以申述，以探討四庫館臣在編纂《四庫提要》之時，對編纂體例之一些問題所持之看法與見解，尤其在書籍之著錄與存目上是否存有某些門戶之見，及其特殊用意之所在。

第一節　著錄之原則

　　《四庫全書》之編纂爲乾隆皇帝稽古右文之千秋大業，其編纂之目的，以政治上之用意爲主，後人已詳爲探究，在其政治作用之大前提下，其購訪之原則，曾於乾隆三十七年正月初四日之〈聖諭〉中有所宣示：

> 今內府藏書，插架不爲不富，然古今來著作之手，無慮數千百家，或逸在名山，未登柱史，正宜及時採集，彙送京師，以彰千古同文之盛。其令直省督撫學政等，通飭所屬，加意購訪，除坊肆所售舉業時文，及民間無用之族譜、尺牘、屛幛、壽言等類，又其人本無實學，不過嫁名馳騖，編刻酬唱詩文，瑣屑無當者，均無庸採取，其歷代流傳舊書，內有闡明性學治法，關繫世道人心者，自當首先購覓，至若發揮傳注，考覈典章，旁暨九流百家之言，有裨實用者，亦應備爲甄擇。又如歷代名人，洎本朝士林宿望，向有詩文專集，及近時沈潛經史，原本風雅，如顧棟高、陳祖范、任啓運、沈德潛輩，亦各著成編，並非剿說卮言可比，均應概行查明〔註1〕。

〔註1〕見《四庫全書總目》卷首一〈聖諭〉，頁1～1。

確立乎訪購之原則之後，則著錄之原則亦可得矣，今由卷首三〈凡例〉中有言：

今所錄者，率以考證精核，論辨明確爲主，庶幾可謝彼虛談，敦茲實學〔註2〕。

又言：

蓋聖朝編錄遺文，以闡聖學明王道者爲主，不以百氏雜學爲重也〔註3〕。

可知四庫館臣所堅持之著錄原則。然而在《四庫提要》經部中有爲著錄之原因加以闡述者，今爲之條舉其義例如后：

一、流傳已久

一書流傳已久，雖是僞中生僞，至一至再而未已，卻仍加著錄，以備一家之說，如〈子夏易傳提要〉云：

舊本題卜子夏撰，按說易之家，最古者莫若是書，其僞中生僞，至一至再而未已者，亦莫若是書。……是唐以前，所謂子夏傳，已爲僞本，晁說之傳易堂記又稱，今號爲子夏傳者，乃唐張弧之易，是唐時又一僞本並行，……然則今本又出僞託，不但非子夏書，亦並非張弧書矣，流傳既久，姑存以備一家云爾〔註4〕。

二、足廣異聞

四庫館臣以爲圖書之學，源出道家，此在易道上而言，誠是異聞，故特錄存之，如〈易數鉤隱圖提要〉云：

宋劉牧撰，……漢儒言易，多主象數，至宋而象數之中，復岐出圖書一派，……此本爲通志堂所刊，何焯以爲自《道藏》錄出，今考〈道藏目錄〉，實在〈洞眞部‧靈圖類‧雲字號〉中，是即圖書之學，出於道家之一證，錄而存之，亦足廣異聞也〔註5〕。

又如〈易圖通變、易筮通變提要〉云：

宋雷思齊撰。……白雲霽《道藏目錄》載二書於太元部若字號中，蓋圖書之學，實出道家，思齊又本道士衍說之，以附於易，固亦有由云〔註6〕。

〔註2〕見《四庫全書總目》卷首三〈凡例〉，頁1～37。
〔註3〕同註2，頁1～39。
〔註4〕《四庫全書總目》卷一〈經部〉一〈易類〉一，子夏易傳條，頁1～54。
〔註5〕同註4，卷二〈經部〉二〈易類〉二，易數鉤隱圖條，頁1～62。
〔註6〕同註4，卷三〈經部〉三〈易類〉三，易圖通變、易筮通變條，頁1～99。

三、名重而摘誤存之

名人學說容易爲後世所仿效，如其學說有誤謬，而不加以訂正，恐其遺誤後學，如〈楊氏易傳提要〉云：

> 宋楊簡撰。……簡之學出陸九淵，故其解易，惟以人心爲主，而象數事物，皆在所略，…考自漢以來，以老莊説易，始魏王弼；以心性説易，始王宗傳及簡，宗傳淳熙中進士，簡乾道中進士，皆孝宗時人也，顧宗傳人微言輕，其書僅存，不甚爲學者所誦習，簡則爲象山弟子之冠，如朱門之有黃幹，又歷官中外，政績可觀，在南宋爲名臣，尤足以籠罩一世，故至於明季，其說大行，紫溪蘇濬解易，遂以冥冥篇爲名，而易全入禪矣。夫易之爲書，廣大悉備，聖人之爲教，精粗本末兼該，心性之理未嘗不蘊易中，特簡等專明此義，遂流於恍惚虛無耳，昔朱子作儀禮經傳通解，不刪鄭康成所引讖緯之説，謂存之正所以廢之，蓋其名既爲後世所重，不存其說，人無由知其失也，今錄簡及宗傳之易，亦猶是意云〔註7〕。

又如〈古文尚書冤詞提要〉云：

> 國朝毛奇齡撰。……其學淹貫群書，而好爲駁辨以求勝，凡他人所已言者，必力反其詞，……《古文尚書》，自吳棫、朱子以來，皆疑其僞，及閻若璩作《古文尚書疏證》，奇齡又力辨以爲眞，……梅賾之書，行世已久，其文本採掇佚經，排比聯貫，故其旨不悖於聖人，斷無可廢之理，而確非孔氏之原本，則証驗多端，非一手所能終掩，近惠棟、王懋竑等，續加考證，其說益明，本不必再煩較論，惟奇齡才辨足以移人，又以衛經爲詞，托名甚正，使置而不錄，恐人反疑其說之有憑，故併存之，而撮論其大旨，俾知其說不過如此，庶將來可以互考焉〔註8〕。

又如〈深衣考提要〉云：

> 國朝黃宗義撰。……其説大抵排斥前人，務生新義，……考深衣之裳十二幅，前後各六，自漢唐諸儒，沿爲定説，宗義忽改創四幅之圖，殊爲臆撰。……宗義經學淹貫，著述多有可傳，而此書則變亂舊詁，多所乖謬，以其名頗重，恐或貽誤後來，故摘其誤而存錄之，庶讀者知所抉擇焉〔註9〕。

〔註 7〕同註4，楊氏易傳條，頁1～80。
〔註 8〕同註4，卷十二〈經部〉十二〈書類〉二，古文尚書冤詞條，頁1～282。
〔註 9〕同註4，卷二一〈經部〉二一〈禮類〉三，深衣考條，頁1～442。

四、深思過甚，因而存之

如〈三易備遺提要〉云：

> 宋朱元昇撰。……元昇學本邵子，其言河圖洛書，則祖劉牧；其言
> 《連山》，以卦位配夏時之氣候；其言《歸藏》，以干支之納音配卦爻；
> 其言《周易》，則闡反對互體之旨。雖未必眞合周官太卜之舊，而冥心求
> 索，以求一合，亦可謂好學深思者，過而存之，或亦足備說易者之參考
> 耳〔註10〕。

五、存眞去僞

歷代僞書甚夥，辨僞之工作爲治目錄學者主要課題之一，如發現一書雖有闕
略而眞，則亦至可寶貴，蓋能存眞去僞，可爲治學提供正確之途徑也。故四庫館
臣亦甚爲重視它。如〈易原奧義、周易原旨提要〉云：

> 元寶巴撰。……是書原分三種，統名《易體用》，本程子之說，即
> 卦體以闡卦用也。朱彝尊《經義考》載《易原奧義》一卷存，《周易原旨》
> 六卷存，《周易尚占》三卷佚。考陳繼儒彙秘笈，中有《周易尚占》三卷，
> 書名與卷數並符，書前又有大德丁未寶巴序，人名亦合，然序稱爲瑩蟾
> 子李清庵撰，不云寶巴自作，其書乃用錢代著之法，以六爻配十二時五
> 行六親六神合月建日辰以斷吉凶，亦非尚古之本義，序文鄙陋，尤不類
> 讀書人語，蓋方技家傳有是書，與寶巴佚書其名偶合，明人喜作僞本，
> 遂撰寶巴序文以影附之，不知寶巴說易，並根柢於宋儒，闡發義理，無
> 一字涉京焦讖緯之說，其肯以此書當古占法哉！今辨明其妄，別存目於
> 術數類中，而寶巴原書，則仍以所存二種著錄，庶闕而眞，猶勝於全而
> 僞焉〔註11〕！

六、表彰大節

凡人有義舉善行，必爲人所推崇，提要中對某人之表彰大節，猶如春秋一字
之褒，然其所褒，卻因時代而異，對元代出自眞誠表彰，對明代之忠臣雖也曾表
彰，然在其背後所顯示之意義，則更是在鄙夷明季之秕政，並取爲殷鑒，《四庫全
書》之編纂，實基於政治上之目的，不言而喻矣！如〈易學變通提要〉云：

〔註10〕同註6，三易備遺條，頁1～96。
〔註11〕同註4，卷四〈經部〉四〈易類〉四，易原奧義、周易原旨條，頁1～103。

> 元曾貫撰。……元季兵亂，棄官家居，鄉人推率義軍，後禦龍泉寇，
> 戰敗抗節死，……是書純以義理說易，其體例每篇統論一卦六爻之義，
> 又舉他卦辭義之相近者，參互以求其異同之故，……凡此諸條，立義皆
> 爲醇正，其他剖析微細，往往能出前儒訓解之外，間取互體立說，兼存
> 古義，尤善持平，在說易諸家，可謂明白而篤實，且其成仁取義，無愧
> 完人，而元史忠義傳，失於記載，殊傷漏略，今蒐輯遺文，著之於錄，
> 非惟其書足重，亦因以表章大節，發潛德之幽光焉〔註12〕！

不但其書足重，而其人成仁取義之大節，亦與其書相得益彰，此爲四庫館臣對元
人之偏好，而對明人，在表彰之背後，卻隱含政治上之用意，如乾隆四十一年十
一月十七日諭旨曾言：

> ……若劉宗周、黃道周立朝守正，風節凜然，其奏議慷慨極言，忠
> 藎溢於簡牘，卒之以身殉國，不愧一代完人。又如熊廷弼受任疆場，材
> 優幹濟，所上封事，語多凱切，乃爲朝議所撓，致使身陷大辟，嘗閱其
> 疏，內有「灑一腔之血於朝廷，付七尺之軀於邊塞」二語，親爲批識云，
> 至此爲之動心欲淚，而彼之君若不聞，明欲不亡得乎！可見朕大公至正
> 之心矣！又如王允成〈南臺奏稿〉，彈劾權奸，指陳利弊，亦爲無慚骨鯁。
> 又如葉向高爲當時正人，頗負重望，及再入內閣，值逆閹弄權，調停委
> 曲，雖不能免責賢之備，然視其綸扉奏草，請補閣臣，疏至七十上，幾
> 於痛哭流涕，一概付之不答，其朝綱叢脞，可不問而知也。以上諸人所
> 言，若當時能採而用之，敗亡未必若彼其速，是其書爲明季喪亂所關，
> 足資考鏡〔註13〕。

又如乾隆四十四年二月二十六日諭旨亦曾言：

> ……前因明季諸臣如劉宗周、黃道周等，立身行己，秉正不回，其抗
> 疏直諫，皆意切於匡濟時艱，忠藎之忱，溢於簡牘，已降旨將其違礙字句，
> 酌量改易，毋庸銷燬，因復思明自神宗以後，朝多秕政，諸臣目擊國勢之
> 阽危，往往苦口極言，無所隱諱，雖其君置若罔聞，不能稍收補救之效，
> 而遺篇俱在，凡一時廢弛瞀亂之迹，痛切敷陳，足資考鏡〔註14〕。

館臣對忠臣體國之誠，再三致意，並著錄其書，乃在「使天下萬世，曉然於明之

〔註12〕同註11，易學變通條，頁1～110。
〔註13〕同註1，頁1～8。
〔註14〕同註1，頁1～11。

所以亡，亦可垂示方來，永爲殷鑒〔註15〕。」

七、杜標榜斥門戶

　　說經講學如互相標榜，則門戶立分，朋黨之爭亦因之而起，小則影響學術之發展，大則危害社稷之安危，翻閱歷代史實，歷歷在目，四庫館臣爲防微杜漸，並彌平門戶之爭，故於提要中再三致意，然提要本身崇漢抑宋，本即門戶之見，如《四庫全書總目》卷首三〈凡例〉云：

　　　　漢唐儒者，謹守師說而已，自南宋至明，凡說經講學論文，皆各立門戶，大抵數名人爲之主，而依草附木者囂然助之，朋黨一分，千秋吳越，漸流漸遠，并其本師之宗旨亦失其傳，而釁隙相尋，操戈不已，名爲爭是非，實則爭勝負也，人心世道之害，莫甚於斯〔註16〕。

作私諡爲標榜之始，四庫館臣以爲不可行，故於〈讀易日鈔提要〉云：

　　　　國朝張烈撰，……烈之沒也，門人私諡曰志道先生，楊允長作〈私諡議〉一篇，冠於此書之首，昔宋儒張載之沒，門人欲爲作私諡，司馬光力言其非，當時手帖，猶載《張子全書》之首，古人以禮處人，不欲妄相尊重，干國家易名之典，其謹嚴如是，允長等未之聞乎！今錄是書，而削除是議，用杜標榜之漸焉〔註17〕。

而四庫館臣認爲漢唐諸儒，謹守師說，不立門戶，以黨同伐異，如〈易傳提要〉云：

　　　　……蓋古人著書，務抒所見而止，不妨各明一義，守門戶之見者，必堅護師說，尺寸不容踰越，亦異乎先儒之本旨矣〔註18〕！

守門戶之見，以堅護師說，非沈潛先儒之說應持之態度，如〈東谷翼傳提要〉云：

　　　　……蓋聖賢精義，愈闡愈深，沈潛先儒之說，其有合者疏通之，其未合於心者，別抒所見以發明之，於先儒乃爲有功，是固不必守一先生之言，徒爲門戶之見也〔註19〕。

四庫館臣曾於提要中多處斥責門戶之見，如〈夏小正戴氏傳提要〉云：

　　　　宋傅崧卿撰。……《夏小正》本《大戴禮記》之一篇，《隋書‧經

　　〔註15〕同註14。
　　〔註16〕同註2，頁1～38。
　　〔註17〕同註4，卷六〈經部〉六〈易類〉六，讀易日鈔條，頁1～137。
　　〔註18〕同註5，易傳條，頁1～66。
　　〔註19〕同註6，東谷易翼傳條，頁1～91。

籍志》，始於《大戴禮記》外，別出《夏小正》一卷，註云戴德撰。……
蓋是書之分經傳，自崧卿始，朱子作《儀禮經傳通解》，以《夏小正》分
析經傳，實沿其例，其詮釋之詳，亦自崧卿始，金履祥通鑑前編所注，
實無以勝之，於是書可謂有功。儒者盛稱朱子考定之本，與履祥續作之
注，而不以創始稱崧卿，蓋講學家各尊所聞，非公論也〔註20〕。

此即斥講學家守門戶之見，各尊所聞之不公也。又如〈春秋左傳正義提要〉云：

……言《左傳》者，……今世所傳，惟杜注孔疏爲最古，杜注多強
經以就傳，孔疏亦多左杜而右劉，是皆篤信專門之過，不能不謂之一失
〔註21〕。

此即斥杜注孔疏篤信專門之過之失也。又如〈論語義疏提要〉云：

魏何晏註，梁皇侃疏。……此書《宋國史志》、《中興書目》、晁公
武《讀書志》、尤袤《遂初堂書目》皆尚著錄，國史志稱侃疏雖有鄙近，
然博極群言，補諸書之未至，爲後學所宗。蓋是時講學之風，尚未甚熾，
儒者說經，亦尚未盡廢古義，故史臣之論云爾，迨乾淳以後，講學家門
戶日堅，羽翼日眾，剷除異己，惟恐有一字之遺，遂無復稱引之者，而
陳氏《書錄解題》，亦遂不著錄，知其佚在南宋時矣〔註22〕。

此即因講學家門戶之見，致使目錄學家遂亦不復著錄，故其書亡佚矣！由此可知守
門戶之見影響於書籍之存佚至大矣！又如〈論語集註考證、孟子集註考證提要〉云：

宋金履祥撰。……其書於朱子未定之說，但折衷歸一，於事跡典故，
辨訂尤多，蓋集註以發明理道爲主，於此類率沿襲舊文，未遑詳核，故
履祥拾遺補闕，以彌縫其隙，於朱子深爲有功。惟其自稱此書，不無微
悟，自我言之，則爲忠臣，自他人言之，則爲讒賊，則殊不可訓。夫經
者，古今之大常；理者，天下之公義，議論之得失，惟其言不惟其人，
使所補正者果是，雖他人亦不失爲忠臣，使所補正者或非，雖弟子門人
亦不免爲讒賊，何以履祥則可，他人則必不可，此宋元間門戶之見，非
篤論也〔註23〕。

宋元間講學家門戶之見至多，故四庫館臣所斥責者亦至夥，如〈詩疑提要〉云：

宋王柏撰。柏有書疑，已著錄，書疑雖頗有竄亂，尚未敢刪削經文，

〔註20〕同註9，附錄，夏小正戴氏傳條，頁1～449。
〔註21〕同註4，卷二六〈經部〉二六〈春秋類〉一，春秋左傳正義條，頁1～526。
〔註22〕同註4，卷三五〈經部〉三五〈四書類〉一，論語義疏條，頁1～707。
〔註23〕同註22，論語集註考證、孟子集註考證條，頁1～725。

此書則攻駁毛鄭不已，併本經而攻駁之，攻駁本經不已，又併本經而刪削之。……此自有六籍以來，第一怪變之事也，柏亦自知詆斥聖經為公論所不許，乃託詞於漢儒之竄入，夫漢儒各尊師說，字句或有異同，至篇數則傳授昭然，其增減一一可考。……後人乃以柏嘗師何基，基師黃榦，榦師朱子，相距不過三傳，遂併此書亦莫敢異議，是門戶之見，非天下之公義也〔註24〕。

又如〈四書通提要〉云：

元胡炳文撰。……其於一家之學，用心亦勤且密矣，章句集註，所引凡五十四家，今多不甚可考，蔡模集疏，間有所註，亦不甚詳，是書尚一一載其名字，頗足以資訂證，然如集註，以有婦人焉為邑姜，所引劉侍讀曰者，即劉敞七經小傳之說也，炳文獨遺漏不載，蓋敞在北宋，閉戶窮經，不入伊洛之派，講學之家，惡其不相攀附，遂無復道其姓名者，故朱子雖引之，而炳文不知其誰也，是亦各尊所聞之一驗矣〔註25〕。

而四庫館臣對於不涉門戶之爭者則加以表彰揄揚，如〈韻補正提要〉云：

國朝顧炎武撰，案《宋志》吳棫有《毛詩叶韻補音》十卷，又《韻補》五卷，自朱子作《詩集傳》，用其《毛詩叶韻補音》，儒者因朱子而不敢議棫，又因《毛詩叶韻補音》，併不敢議其韻補。炎武此書，於棫雖亦委曲迴護，有安得如才老者與之論韻之言，然所作詩本音，已不從棫說，至於此書，則更一一糾彈，不少假借，蓋攻韻補者其本旨，推棫者其巽詞也。……炎武此書，絕不為叫囂攻擊之詞，但於古音叶讀之舛誤，今韻通用之乖方，各為別白注之，而得失自見，可謂不悖是非之正，亦不涉門戶之爭者矣〔註26〕。

八、足示炯戒

四庫之著錄，亦有告以讀者，炯戒後學之意，如〈周禮復古編提要〉云：

宋俞庭椿撰。……庭椿之說，謂五官所屬皆六十，不得有羨，其羨者皆取以補冬官，鑿空臆斷，其謬妄殆不足辨。……然復古之說，始於庭椿，厥後邱葵吳澄，皆襲其謬，說周禮者遂有冬官不亡之一派，分門

〔註24〕同註4，卷十七〈經部〉十七〈詩類〉存目一，詩疑條，頁1～363。
〔註25〕同註4，卷三六〈經部〉三六〈四書類〉二，四書通條，頁1～728。
〔註26〕同註4，卷四二〈經部〉四二〈小學類〉三，韻補正條，頁1～886。

別戶，輾轉蔓延，其弊至明末而未已，故特存其書，著竊亂聖經之始，爲學者之炯戒焉〔註27〕。

又如〈春秋王霸列國世紀編提要〉云：

> 宋李琪撰。……其書成於嘉定辛未，以諸國爲綱，而以春秋所載事蹟，類編爲目，前有序，後有論斷，……所論多有爲而發，如譏晉文借秦抗楚，晉悼結吳困楚，則爲徽宗之通金滅遼而言。譏紀侯隣於讎敵而不能自強，則爲高宗之和議而言。其意猶存乎鑒戒，至於稱魯已滅之後，至秦漢猶爲禮義之國，則自解南渡之弱。霸國之中，退楚莊秦穆，而進宋襄，則自解北轅之恥。置秦楚吳越於諸小國後，則又隱示抑金尊宋之意。蓋借《春秋》以寓時事，略與胡安國傳同，而安國猶堅主復讎之義，琪則徒飾以空言矣！流傳已久，姑錄以備一家，且以見南宋積削之後，士大夫猶依經託傳，務持浮議以自文，國勢日頹，其來漸矣！存之亦足示炯戒也〔註28〕。

九、著其始

事物之興，學術之起，首倡者實居於扭轉之地位，蓋其影響後世至深且鉅，探討學術之衍變，必須探源溯流，方足以掌握學術之全，故於提要中著其始，爲治學闢一尋源探本之門徑，如〈孝經刊誤提要〉云：

> 宋朱子撰。……陳振孫《書錄解題》載此書，注其下曰，抱遺經於千載之後，而能卓然悟疑辨惑，非豪傑特起獨立之士，何以及此，此後學所不敢仿效，而亦不敢擬議也，斯言允矣！南宋以後，作注者多用此本，故今特著於錄，見諸儒淵源之所自，與門戶之所以分焉〔註29〕！

又如〈六書統提要〉云：

> 元楊桓撰，……以六書論之，其書本不足取，惟是變亂古文，始於戴侗，而成於桓，侗則小有出入，桓乃至於橫決而不顧，後來魏校諸人，隨心造字，其弊實濫觴於此，置之不錄，則桓穿鑿之失不彰，故於所著三書之中，錄此一編，以著變法所自始，朱子所謂存之正以廢之者，茲其義矣〔註30〕。

〔註27〕同註4，卷十九〈經部〉十九〈禮類〉一，周禮復古編條，頁1～392。
〔註28〕同註4，卷二七〈經部〉二七〈春秋類〉二，春秋王霸列國世紀編條，頁1～555。
〔註29〕同註4，卷三二〈經部〉三二〈孝經類〉，孝經刊誤條，頁1～649。
〔註30〕同註4，卷四一〈經部〉四一〈小學類〉二，六書統條，頁1～849。

第二節　存目之原因

　　《四庫全書》之編纂，分爲應刊、應鈔及存目三項。應刊者，以活字板重新排印，以便於行世，即乾隆三十九年，命名爲武英殿聚珍版者也，〈御製題武英殿聚珍版詩序〉云：

　　　　校輯《永樂大典》內之散簡零編，並蒐天下遺籍，不下萬餘種，彙
　　爲《四庫全書》，種類多則付雕非易，董武英事金簡以活字法爲請，既不
　　濫費棗梨，又不久淹歲月，用力省而工程速，至簡且捷。……茲刻單字
　　計二十五萬，雖數百十種之書，悉可取給。

故依《永樂大典》之例，概行抄錄正本，以備天祿之儲。應鈔者，乃四庫館臣之手鈔本也。應刊、應鈔皆爲四庫著錄之書。至於存目者，只存書名，蓋僞妄依託之書，魚目混珠，猝難究詰，或其書雖歷代著錄，而實一無可取；或其爲異說空言無用之學，並斥而存目，不使濫登。今擬就《四庫提要》經部之中，條其存目之原因，以爲參究：

一、單行書已入全集，不復重錄

　　將一位學者生前之著作，彙整成全集，如此可全盤了解此學者一生學術之專精所在，以爲專人之研究，當其單行書已編入全集之中，不復重錄，故附存於目，如〈方舟易學提要〉云：

　　　　宋李石撰，……朱彝尊《經義考》曰《方舟集》止存二卷，崑山
　　徐秉義家，藏有《易互體例》，卷首不著撰人名氏，但題門人劉伯熊編，
　　此本卷首有竹垞二字小印，豈其書後歸彝尊歟！考《書錄解題》，載李
　　石《方舟集》五十卷，《後集》二十卷，而《永樂大典》所載左氏君子
　　例詩、如例詩補遺及此書，皆題曰《李石方舟集》，則是四書皆其集中
　　所載，徐氏惟得其兩卷，故卷端無姓名耳，今《方舟集》已於《永樂
　　大典》中裒輯成帙，此四書亦仍其舊例，併入集中，故不復重錄，而
　　附存其目於此焉〔註31〕！

二、恐以僞亂眞

　　古今載籍，浩如煙海，汗牛充棟，然僞書卻至夥，張之洞謂「一分眞僞，而

〔註31〕同註4，卷七〈經部〉七〈易類〉存目一，方舟易學條，頁1～160。

古書去其半；一分瑕瑜，而列朝書去其八九。」斯言允矣！故僞書如流傳已久，恐其亂眞，因予存目，以備查核，如〈周易輯說明解提要〉云：

> 舊本題宋馮椅撰，椅有《厚齋易學》，已著錄，此其別行之僞本也。……今椅之全書，業已重編成帙，此本已可不存，以外間傳寫已久，恐其亂眞，故存其目而論之焉〔註32〕。

三、本書完整，殘本存目

書籍流傳已久，可能造成殘缺，然其全本亦可能尙完整，則對殘本存目以區別之，如〈周易上下經解殘本提要〉云：

> 宋丁易東撰，易東有《易象義》，已著錄，此即《易象義》殘本，傳鈔者改其名也。十翼惟存象傳象傳，其餘皆佚，上經自乾卦至泰卦，僅有一頁，尤爲殘缺，惟下經晉大壯暌寒中孚五卦，爲《永樂大典》所佚者，此本獨完，今已採掇補錄，而別存其目於此，俾世知與《易象義》非兩書焉〔註33〕！

四、好古之勤不可沒

四庫館臣嘉許輯佚之勞者，蓋殘章斷句，尙頗見漢學之崖略，於經籍頗爲有功，故蒐羅遺籍，捃拾之勞，最爲四庫館臣所感念，即其前本復出，輯佚之本已無價值，爲表彰好古之勤，亦酌附存目，如〈別本尙書大傳、補遺提要〉云：

> 國朝孫之騄編。……伏生《尙書大傳》，久無刻本，外間傳寫殘帙，訛缺顚倒，殆不可讀，元和惠棟，號爲博洽，修明堂大道錄時，亦未見其原本，僅從他書輾轉援引，故之騄蒐採補綴，仍勒爲三卷，其不註出典者，殘缺之原文，其注某書引者，之騄所增入也，殘章斷句，頗賴以存，近時宋本復出，揚州已有雕板，此本原可不存，然之騄於舊帙未出之前，鉤稽參考，閱歲月而成是編，其好古之勤，亦不可沒，故仍附存其目焉〔註34〕！

五、杜好奇及變亂古經之漸

〔註32〕同註31，周易輯說明解條，頁1～161。
〔註33〕同註31，周易上下經解殘本條，頁1～163。
〔註34〕同註4，卷十四〈經部〉十四〈書類〉存目二，附錄，別本尙書大傳、補遺條，頁1～319。

　　四庫館臣重視篤實之學，故對標新立異及變亂古經之學者，深表不滿，蓋標新立異及變亂古經，將使古經義蕩然無存，足以妨礙學術之發展，將此等學者之著作黜而存目，可收防微杜漸之效，亦可為喜好奇及變亂古經之學者戒焉！如〈書古文訓提要〉云：

> 宋薛季宣撰。……是編所載經文，皆以古文奇字書之。……然《經典釋文‧敘錄》，稱《尚書》之字，本為隸古，既是隸寫古文，則不全為古字，今宋齊舊本，及徐李等音，所有古字，蓋亦無幾，穿鑿之徒，務欲立異，依傍字部，改變經文，疑惑後生，不可承用，……季宣此本，又以古文筆畫，改為今體，奇形怪態，不可辨識，較篆書之本，尤為駭俗，其訓義亦無甚發明，《朱子語錄》謂其於地名上用功，頗中其病，故雖宋人舊帙，今亦無取焉〔註35〕！

又如〈書疑提要〉云：

> 宋王柏撰，……《尚書》一經，疑古文者，自吳棫朱子始；併今文而疑之者，自趙汝談始；改定《洪範》，自龔鼎臣始；改定〈武成〉，自劉敞始；其併全經而移易補綴者，則自柏始。……柏作是書，乃動以脫簡為詞，臆為移補，……其為師心杜撰，竄亂聖經，已不辨而可知矣〔註36〕！

又如〈古洪範提要〉云：

> 宋賀成大撰，……其自序以為〈洪範〉自三八政以下，紊亂無次，因援朱子大學分經傳之例，每疇以禹之言為經，以箕子之言為傳，……顛倒錯亂，純出臆斷，而自以為古洪範，自伏生以後，傳授歷歷可考，何處有此古本乎〔註37〕！

六、華而不實

　　學問貴篤實精研，抄撮之書無貴乎為學問，尤以抄撮經解諸序，而命之曰《五經翼》，更為華而不實也，此等著作可存目，而不必著錄矣！如〈五經翼提要〉云：

> 國學孫承澤撰，是編雜取前人諸經序跋論說，以類相次，……王士禎《池北偶談》，記康熙辛亥，與承澤論經學，承澤自言《五經翼》，是

〔註35〕同註4，卷十三〈經部〉十三〈書類〉存目一，書古文訓條，頁1～292。
〔註36〕同註35，書疑條，頁1～293。
〔註37〕同註35，古洪範條，頁1～294。

十五年前所撰，不過集諸經序論耳，無當經學也，是承澤亦有自知之明矣〔註38〕！

孫承澤既已自知《五經翼》，無當經學也，而四庫館臣附之存目，以爲華而不實者戒。其案語有云：

> 先儒授受，大抵專治一經，其兼通諸經，各有論說者，鄭康成以下，曠代數人耳！宋以後著作漸夥，明以來撰述彌眾，非後人學問遠過前修，精研之則見難，涉獵之則見易，求實據則議論少，務空談則卷軸富也。孫承澤抄撮經解諸序，寥寥數卷，亦命之曰《五經翼》，則孰非兼通五經者哉！略存其目，而不錄其書，古今人巧拙之異，華實之分，亦大概可睹矣〔註39〕！

已將存目之原因作一敘述。

七、科舉之產物，其存亡不足取惜

中國自隋唐以後，以科舉掄才取士，各種時義、時文及坊刻講章乃應運而生，尤其自朱子定《四書》之名以後，科舉制藝以《四書》爲主，各種應舉之四書講章，汗牛充棟，然因專爲時文而設，故龐雜割裂，庸陋相仍，使得經義荒廢不已，四庫館臣對制藝，抨擊不遺餘力，其較佳者酌附存目，如〈四書類〉存目後案語云：

> 古書存佚，大抵有數可稽，惟坊刻四書講章，則旋生旋滅，有若浮漚，旋滅旋生，又幾如掃葉，雖隸首不能算其數。蓋講章之作，沽名者十不及一，射利者十恆逾九，一變其面貌，則必一獲其贏餘，一改其姓名，則必一趨其新異，故事同幻化，百出不窮，取其書而觀之，實不過陳因舊本，增損數條，即別標一書目，別題一撰人而已，如斯之類，其存不足取，其亡不足惜，其剽竊重複，不足考辨，其庸陋鄙俚，亦不足糾彈，今但據所見，姑存其目，所未見者，置之不問可矣〔註40〕！

坊刻四書講章多爲沿襲剽竊，庸陋鄙俚，非但無益乎經學，亦足腐蝕經義，無怪乎四庫館臣附之存目，以爲此學者之戒。

〔註38〕同註4，卷三四〈經部〉三四〈五經總義類〉存目，五經翼條，頁1～695。
〔註39〕同註38，頁1～704。
〔註40〕同註4，卷三七〈經部〉三七〈四書類〉存目末案語，頁1～774。

第三節　四庫館臣對編纂體例之見解

　　《四庫提要》之編纂，爲《四庫全書》提供了指引之門徑，然四庫館臣在編纂提要之時，是如何吸收前代目錄學家之經驗，其本身又具備何種目錄學上之見解，實爲吾人探討《四庫提要》時，所應注意，今由《四庫提要》經部之中，條舉四庫館臣對編纂體例所持之見解：

一、引書目以證眞僞及存佚

　　書目之功用至大，歷代帝王每有訪書之詔，求書之使，天下之書既集，然後命官詳加校讎，撰爲目錄。其私人典藏，亦刻意搜訪，並編書目，以備考查。後人歷閱前代目錄，則可從中探討古書之眞僞及存佚。尤其前人已會利用書目以考辨古書之眞僞，誠爲難能可貴，如《唐會要》載開元七年詔：

> 子夏易傳，近無習者，令儒官詳定，劉知幾議曰：「漢志易有十三家，而無子夏作傳者，至梁阮氏七錄，始有子夏易六卷，或云韓嬰作，或云丁寬作，然據漢書韓易十二篇，丁易八篇，求其符合，事殊驂靳，必欲行用，深以爲疑。」司馬貞議亦曰：「按劉向七略，有子夏易傳，但此書不行已久，今所存多失眞本。荀勖中經薄云，子夏傳四卷，或云丁寬，是先達疑非子夏矣。又隋書經籍志云，子夏傳殘缺，梁六卷，今二卷，知其書錯謬多矣。又王儉七志引劉向七略云，易傳子夏韓氏嬰也，今題不稱韓氏，而載薛虞記，其質粗略，旨趣非遠，無益後學。」〔註41〕

劉知幾引用〈漢志〉、〈七錄〉以論《子夏易傳》之眞僞；司馬貞亦引用〈七略〉、〈中經簿〉、〈隋書經籍志〉、〈七志〉以論《子夏易傳》之眞僞。四庫館臣則引用《唐會要》、《宋國史志》、《崇文總目》、《經義考》等以辨證《子夏易傳》乃僞中生僞，至一至再而未已，可謂善用前人之經驗。四庫館臣亦引書目以證存佚，如〈周易鄭康成注提要〉云：

> ……案《隋志》載鄭玄《周易注》九卷，又稱鄭玄、王弼二注，梁陳列於國學，齊代惟傳鄭義，至隋王注盛行，鄭學寖微，然《新唐書》著錄十卷，是唐時其書猶在，故李鼎祚集解多引之，宋《崇文總目》，惟載一卷，所存者僅文言、序卦、說卦、雜卦四篇，餘皆散佚，至《中興書目》，始不著錄，則亡於南北宋之間，故晁說之朱震尚能見其遺文，而

〔註41〕同註4。

淳熙以後諸儒，即罕所稱引也〔註42〕。

又如〈論語義疏〉云：

> ……此書《宋國史志》、《中興書目》、晁公武《讀書志》、尤袤《遂
> 初堂書目》，皆尚著錄。國史志稱侃疏雖有鄙近，然博極群言，補諸書之
> 未至，爲後學所宗，蓋是時講學之風，尚未甚熾，儒者說經，亦尚未盡
> 廢古義，故史臣之論云爾，迨乾淳以後，講學家門戶日堅，羽翼日眾，
> 劇除異己，惟恐有一字之遺，遂無復稱引之者，而陳氏《書錄解題》，亦
> 遂不著錄，知其佚在南宋時矣〔註43〕！

乾淳以後，講學家門戶之見，使論語義疏無復稱引之者，而陳氏《書錄解題》不
著錄，豈此書已亡佚，故引書目以考證古書之亡佚情形，實爲一重要佐證。

二、篇帙完闕，皆能著錄

書籍重在眞僞，其篇帙之殘缺，實爲流傳中所難免，故四庫館臣在編纂《四庫
全書》之時，對於古書不管完闕，尚能加以著錄，蓋卷帙分合，古今每異，不必定
以卷帙之完整，作爲著錄之準則，如〈原本周易本義、附重刻周易本義提要〉云：

> ……自古以來，經師授受，不妨各有異同，即秘府儲藏，亦各兼存
> 眾本，苟其微言大義，本不相乖，則篇章分合，未爲大害於宏旨〔註44〕。

蓋篇帙分合，無關宏旨，對於前人有以殘缺而不傳錄者，四庫館臣無不加以斥責，
如〈周易集傳提要〉云：

> 元龍仁夫撰。……吉安府志云，仁夫周易集傳十八卷，……原書十
> 八卷，今僅存者八卷，然上下經及象象傳，皆已全具，朱彝尊曝書亭集
> 有是書跋，謂通志堂刻經解時，以其殘缺，故未開雕云云。夫傳錄古書，
> 當問其義理之是非，不當論其篇頁之完闕，殘編斷簡，古人尚且蒐輯，
> 仁夫是書，上下經衰然俱完，而以不全棄之，何其僄也〔註45〕。

三、批評各家書目及《永樂大典》

本文前數章已略述四庫館臣對各家書目所記載內容有誤之處加以辨正，此處
擬就各家書目及《永樂大典》加以批評，以探討四庫館臣對各家書目所持之見解。

〔註42〕同註4，周易鄭康成注條，頁1～55。
〔註43〕同註22，論語義疏條，頁1～707。
〔註44〕同註6，原本周易本義、附重刻周易本義條，頁1～77。
〔註45〕同註11，周易集傳條，頁1～108。

如四庫館臣輯錄佚書，得自《永樂大典》者共五百餘部，其中皆宋元以降經義傳說子史記載等，世所罕見之秘本。但《永樂大典》卻是將四部典籍拆散，割裂諸書原文，分隸於《洪武正韻》，編纂不出一手，提要以「割裂龐襍」評之，蓋由於此。除了《永樂大典》之外，四庫館臣又批評「前代官書，任儒臣拘守門戶」，在四庫館臣心目中，前代史志皆存有門戶之見，皆有其缺點，如批評《隋志》為「編次無法，述經學源流，每多乖誤」，「在十志中為最下」。批評《宋志》為「訛謬顛倒，瑕隙百出，於諸史志中最為叢脞」。至於私家書目方面，對於焦竑之《國史經籍志》，更攻詆不遺餘力，如〈國史經籍志提要〉云：

> 明焦竑撰。……顧其書叢抄舊目，無所考核，不論存亡，率爾濫載，古來目錄，惟是書最不足憑，世以竑負博物之名，莫之敢詰，往往貽誤後生，其譸詞炫世，又甚於楊慎之《丹鉛錄》矣〔註46〕！

其實清人對此志，早存恣意醜詆之意，如乾隆初年張廷玉主纂之《明史‧藝文志》序中有言：

> 焦竑輯《經籍志》，號稱詳博，然延閣、廣內之藏，竑亦無從徧覽，則前代陳編，何憑記錄？區區掇捨遺聞，冀以上承《隋志》，而贗書錯列，徒滋譌舛〔註47〕。

焦竑《國史經籍志》所著錄者，皆據史志叢抄舊目，所載類多虛列，故譌舛頗多，無怪乎四庫館臣加以嚴厲之批評。至於批評黃虞稷《千頃堂書目》為「亦多未見原書，固不足盡據耳」！如將姜璉喪禮書、倪復褅袷議入禮樂，實應入三禮；何景明古樂府、梅鼎祚古樂苑入禮樂，實應入總集；楊朝英太平樂府，梁辰魚江東白苧入禮樂，實為詞曲。如斯之誤乃黃氏見名而未睹書，所發生之錯誤。又批評曹溶《學海類編》漫收失考，如〈禮經奧旨提要〉云：

> 舊本題宋鄭樵撰，考其文即《六經奧論》之一卷也。《六經奧論》，本危邦輔託之鄭樵，此更偽中作偽，摘其一卷，別立書名以炫世，曹溶漫收之《學海類編》中，失考甚矣〔註48〕！

四、論蒐輯佚書之體例

輯佚有功於學術，不言而喻矣！《四庫提要》給予王應麟、姚士粦、惠棟在

〔註46〕見《四庫全書總目》第二冊〈史部〉，卷八十七〈史部目錄類〉存目，國史經籍志條，頁2～794。
〔註47〕見楊家駱主編，《明史》四，鼎文書局，頁2344。
〔註48〕同註4，卷二五〈經部〉二五〈禮類〉存目三，禮經奧旨條，頁1～503。

輯佚上，有相當高之評價，即肯定輯佚對學術之貢獻，祁承㸁有一套輯佚之理論，其所著〈澹生堂藏書約購書訓〉云：

> 如書有著于三代而亡於漢者，然漢人之引經多據之；書有著于漢而亡於唐者，然唐人之著述尚存之；書有著于唐而亡於宋者，然宋人之纂集多存之。每至檢閱，凡正文之所引用，注解之所證據，有涉前代之書而今失其傳者，即另從其書，各為錄出〔註49〕。

佚書既可錄出，後人在蒐輯佚書之時，卻有不著所自，四庫館臣深以為不可，如〈左傳杜解補正提要〉云：

> 國朝顧炎武撰。……是書以杜預《左傳集解》，時有缺失，而賈逵、服虔之注，樂遜之《春秋序義》，今又不傳，於是博稽載籍，作為此書。……炎武甚重杜解，而又能彌縫其闕失，可謂掃除門戶，能持是非之平矣！近時惠棟作《左傳補註》，糾正此書，……又摘其引古春秋左氏說，但舉漢書五行志之名，又摘其禮為鄰國闕一條，用服虔之說，而不著所自。案徵引佚書，當以所載之書為據，棟引《世本》，不標《史記注》，引京相璠土地名，不標《水經注》，正體例之疎，未可反譏炎武〔註50〕。

蒐輯佚書，不標所自，後人無以求證，將失去輯佚書之價值，四庫館臣雖針對惠棟而提出糾正，然正可作為後人蒐輯佚書之一般體例。

〔註49〕見祁承㸁著《澹生堂藏書約》，書載《叢書集成新編》二，新文豐出版公司，頁748。
〔註50〕同註4，卷二九〈經部〉二九〈春秋類〉四，左傳杜解補正條，頁1～583。

第九章 《經義考》與《四庫提要》之關係

　　《經義考》初名《經義存亡考》，它是朱彝尊晚年家居之作，曾兩次上獻於朝廷，初爲聖祖南巡江浙之時，召見行殿，乃進呈所著《經義考》，康熙覽後，溫諭褒獎，並賜御書「研經博物」扁額，屬稿未竟，即不幸邁疾，校刻僅及一半，而已謝世。越數十年，其孫稻孫乃籲請盧見曾馬日琯捐貲刻版，而是時適逢四庫開館，詔求遺書，乃得全帙上獻，乾隆閱後，諭云：

　　　　朕閱四庫全書館所進鈔本朱彝尊《經義考》，于歷代說經諸書，廣
　　搜博考，存佚可徵，實有裨于經學，朕因親製詩篇，題識卷首〔註1〕。
故四庫館臣於編纂《四庫提要》經部之時，對《經義考》常加以辨正與採用。蓋《經義考》者，諸儒說經之書目也。

第一節 《經義考》之撰述沿革與體制

　　朱彝尊字錫鬯，號竹垞，又號醧舫，晚稱小長盧釣魚師，浙江秀水（今嘉興縣）人，生於明思宗崇禎二年，卒於清聖祖康熙四十八年（1629～1709 年），年八十一歲。少肆力古學，博極群書，康熙十八年（1679 年）應試「博學鴻儒」科，以布衣入選，除翰林院檢討，入直內廷，參與纂修《明史》，其時與顧炎武、閻若璩頡頏上下，亭林有〈贈答詩廣師篇〉云：

　　　　文章爾雅，宅心和厚，吾不如朱錫鬯〔註2〕。

〔註 1〕見《四庫備要》經部，《經義考》，中華書局聚珍倣宋版印，卷首載〈諭旨〉。
〔註 2〕見梁啓超著《中國近三百年學術史》，頁 74，華正書局。

凡所撰述，具有本原，後因輯《瀛洲道古錄》，私抄禁中書，被劾降一級，雖補原官，乃引疾乞歸。晚年家居，以經學家局守一家之言，致說經之書多失傳，乃搜集歷代經學典籍，仿馬端臨《文獻通考・經籍考》體例，採朱睦㮮《授經圖》之說，作《經義存亡考》，惟列存亡二例，其蒐採宏富，網羅齊備，蓋「朱氏生國初隆盛之世，其時兵事既定，文化肆興，海內藏書家競蒐求遺書，大半皆先生同好所藏，咸得寓目，故得蒐採賅備〔註3〕。」

《經義考》為我國書目上卷數最多之一部巨著，以記載經學之書籍為主，考經學之書，《七略》謂之〈六藝略〉，晉《中經簿》改稱〈甲部〉，《七志》正名經典，《隋書・經籍志》定為〈經部〉。而北魏盧昶有《甲乙新錄》，陳承香殿有《五經史記目錄》，唐李肇有《經史解題》，皆為經史並錄，然一般所謂經籍，通指一切書籍，故如黃虞稷《千頃堂書目》所載王佐《經籍目略》，佚名《國朝經籍考》，皆未必專記經書，惟《宋史・藝文志》所載歐陽伸（一作坤）《經籍目錄》十一卷，方得謂為經書專錄之始。《崇文總目》有《授經圖》一卷，敘述五經、三傳之學，其書不傳，故未詳體制。宋章俊卿《山堂考索》嘗溯經學之宗派，各為之圖，亦未能精備。迨至明末清初，朱睦㮮、黃虞稷、龔翔麟，取宋章俊卿《山堂考索》之《經學宗派圖》，增訂校刻，首敘授經世次，次記諸儒列傳，次錄諸儒著述及歷代經解名目卷數。朱睦㮮又撰經序錄，取諸家說經之書，各採篇首一序，編為一集。此二書雖非純粹之目錄體裁，而實開通考古今典籍，迻錄群書序跋於一篇之創例。朱彝尊《經義考》，即仿其體例而作也。

是編統考歷代經義之目，所集關於經學之書，非常宏富，初名《經義存亡考》，惟列存亡二例，後分例曰存、曰闕、曰佚、曰未見，因改今名，盧見曾刊刻《經義考》之時，曾加以說明，其云：

> 此書初撰原名《經義存亡考》，嘗以二十餘卷質吾鄉，漁洋先生於《居易錄》載其大凡，後先生以菉竹、聚樂、淡生、一齋諸目所藏及同人所見世有其本者，列未見一門，又有雜見於諸書，或一卷，或數條，列闕書一門，於是分存、佚、闕、未見四門，刪舊名之存亡字，而名之曰《經義考》〔註4〕。

朱彝尊見聞廣博，學有根柢，其創存、佚、闕、未見四例，可謂體例精善，為日後四庫館臣編纂《四庫提要》經部之時，提供不少有關書籍存佚方面寶貴之線索，

〔註3〕見羅振玉撰《經義考目錄》、校記序言，廣文書局。
〔註4〕同註1，《經義考》總目卷下載，頁9。

容後再述。

　　《經義考》共三百卷，凡歷代目錄所著錄說經之書，先注其卷數、著者或注疏者之姓名，其卷數有異同者，則注某書作幾卷；再以一行注明「存」、「佚」、「闕」或「未見」；次列原書序跋、古今學者論述該書之語，及其人之爵里，依時代爲次，使讀者一讀而知古來各家對該書之意見，則該書之內容與價值自然明瞭，此亦因目錄學之功能；至於彝尊有所考正者，即附列案語於末。可謂網羅宏富，爲古來諸家書目所未及。此書於乾隆甲戌乙亥間，盧見曾、馬日琯始捐貲刻版，補刊問世，彝尊之孫朱稻孫於《經義考》後序曾詳載其事，其云：

>　　自先大父齎志以歿，稻孫餬口四方，夭懷莫遂，惟謹笥遺稿，未之敢離，雍正甲寅得交嶰谷馬君於維揚，君好古博雅，篤於友誼，欣然約同志欲爲我先人成此未竟之業，中有所格不果，越二十年歲甲戌，德州盧公重掌江南齕政，稻孫謁公邗上，公一見即詢及《經義考》，因具陳顚末，公爲歎息者久之，遂首捐清俸爲同志倡，還以其事屬諸馬君，君由是與令弟半查，盡發二酉之藏，偕錢塘陳君授衣、儀徵江君賓谷、元和惠君定宇、華亭沈君學子，相爲參校，而稻孫仍率次子昌涼、長孫休承，暨從孫壻同里金蓉，共襄厥事，既踰年而剞劂乃竣，計一百三十卷，合前所刻一百六十七卷成完書〔註5〕。

然以其囊括千古，不能無遺漏，故乾隆中，沈廷芳已有《續經義考》，乾隆末年，翁方綱又撰《經義考補正》十二卷，凡一千零八十八條，以補書中缺略與訛誤，然四庫館臣所補正者亦甚夥，容後再述。又原書卷帙既富，且無目錄，檢閱不易，至民國二十二年，羅振玉因輯簡目，各書但錄撰者、書名、卷數、存佚，並拾遺糾繆，撰爲校記一卷，以記其輯佚情形。

第二節　《經義考》之評價

　　《經義考》共三百卷，爲空前一部經典目錄之巨著，此書所受之重視，如浙江巡撫三寶曾上表云：

>　　朱彝尊勵志研經，學問淹雅，所著《經義考》一書，尤爲詳覈，……不惟學古之士遵繩尺於後來，並使傳述之家慰勤勞於在昔，垂諸藝林，

〔註5〕同註1，《經義考·後序》。

實爲千載一時之盛〔註6〕。

三寶所言，蓋非溢美之譽，不但窮經稽古之士有所遵循，四庫館臣得所津逮之處尤多。後人對此書評價極高，毛奇齡序此書云：

> 非博極群書，不能有此。

然此僅指其中著錄部分而言，陳廷敬序亦云：

> 兹先生所著《經義考》，至於三百卷之多，雖其或存或佚者，悉載簡編，余以爲經先生之考定，存者固森然其畢具，而佚者亦絕其穿鑿附會之端，則經義之存，又莫有盛於此時者矣，微竹垞博學深思，其孰克爲之〔註7〕。

而盧見曾補刊其書，爲之序云：

> 今觀《經義考》所載，雖其闕佚者過半，猶必爲之稽其爵里，條其同異，其存者在學士大夫之家，如得購而讀之，詎不爲厚幸歟〔註8〕！

至於梁啓超在其所著《中國近三百年學術史》中云：

> 朱彝尊著有《經義考》三百卷，把自漢至明說經的書大概都網羅齊備，各書序跋目錄都錄入，自己更提要批評，私人所撰目錄學書，沒有比他更詳博的了〔註9〕。

又云：

> 清儒以經學爲學問中心，……朱竹垞的《經義考》三百卷，這部書把竹垞以前的經學書一概網羅，簿存目錄，實史部譜錄類一部最重要的書，研究「經史學」的人最不可少。還有謝蘊山（啓昆）的《小學考》，也是踵朱書而成〔註10〕。

以上所引，皆後人對其書之評價，較爲詳實之論。

然因其卷帙宏富，囊括千古，故得失互見，如《四庫提要》評云：

> 惟序跋諸篇，與本書無所發明者，連篇備錄，未免少冗。又《隋志》著錄，凡於全經之內，專說一篇者，如易類之繫辭註、乾坤義，書類之洪範五行傳、古文舜典、禮類之夏小正、月令章句、中庸傳等，皆與說全經者通敘先後，俾條貫易明。彝尊是書，乃以專說一篇者，附錄全經

〔註6〕同註1，三寶上表。
〔註7〕同註1，陳廷敬序。
〔註8〕同註1，盧見曾序。
〔註9〕同註2，頁192。
〔註10〕同註2，頁225。

之末，遂令時代參錯，於可亦爲未善，然上下二千年間，元元本本，使傳經源委，一一可稽，亦烈以云詳贍矣！至所註佚闕未見，今以四庫所錄校之，往往其書具存，彝尊所言，不盡可據，然冊府儲藏之秘，非人間所得盡窺，又恭逢我皇上稽古右文，蒐羅遺逸，嫏嬛異笈，宛委珍函，莫不乘時畢集，圖書之富，曠古所無，儒生株守殘編，目營掌錄，窮一生之力，不能測學海之津涯，其勢則然，固不足爲彝尊病也〔註11〕。

關於《四庫提要》評《經義考》註佚闕未見之書，不盡可據，將於下節詳述之。
至於其他論及《經義考》之失者，如汪汝瑮云：

自漢迄今，說經諸書，存亡可考，文獻足徵，編輯之勤，考據之審，網羅之富，實有禅於經學，惟所注闕佚未見者，今四庫所錄，往往其書尚存，蓋冊府儲藏，外間難覯，不足爲彝尊病。至卷首冠以我朝世祖御注孝經、聖祖日講解義，自屬體制應爾，若臣工著述，則當按時代先後，彝尊於編次時，亦未及詳訂，即如本朝成德所著之大易集義粹言合訂，列於前，而朱子元亨利貞說，列於後，殊爲參錯，第已刊布成書，難以改刻，惟令於四庫全書提要內聲明，以正體例，至其義在尊經，不惟汲古之助，並將昭示來茲〔註12〕。

汪汝瑮之意見，四庫館臣已遵行之。又如羅振玉於所撰〈經義考目錄校記序〉中云：

然卷帙既富，疏失自不能免，如當時未見之書，厥後《四庫全書》及存目與諸藏書家恆有著錄者。其注闕者，亦往往人間尚有足本。……今存之書，往往但載史志及前人目錄所載卷數，而不載今本卷數，又書名或與今傳本不同，卷數與今傳本或異，或尚存之書失記卷數，或不分卷之書多至數百葉而誤作一卷，或誤以篇爲卷，或撰人名字仕履有誤，此則當時未及詳核，致有遺憾〔註13〕。

以上皆由注闕佚未見，而後世有書，並及於卷數、書名、撰者之誤，加以批評之，蓋卷帙浩繁，考據不週，在所難免，四庫館臣之糾繆與羅振玉氏之校記，足以彌補其失，而盧見曾更從其繁富精詳之內容，有資於後學之考鏡、參稽，給予極高之評價，盧見曾奏表云：

〔註11〕見《四庫全書總目》卷八五〈史部〉四一〈目錄類〉一，經義考條，台灣商務印書館，頁2～766。
〔註12〕同註1，汪汝瑮〈恭錄敬鐫御題朱彝尊經義考注〉。
〔註13〕同註3，頁11。

朱彝尊所纂《經義考》三百卷，博徵傳世之書，誌其存佚；提衡眾家之論，判厥醇疵。……夫師友之緒言，挈領提綱，開卷瞭如指掌；升堂入奧，披函燦若列眉。實裨益於稽古之儒，宜刊布於右文之世，……臣訪存稿於其後嗣，乃捐餘俸以成完書。見淺見深，咸網羅而不失；識大識小，悉隱括以靡遺。惟舊臣纂輯之勤，即古人精神之寄，況今者續一代文獻之書，補群儒經籍之志，論說有資於考鏡，見聞可藉爲參稽，較陳振孫之《解題》，更加繁富；比晁公武之《書志》，尤覺精詳〔註14〕。

此種評斷，洵屬允當，四庫館臣之取資於此書，蓋亦有由矣！

第三節　《四庫提要》經部辨正《經義考》之誤

前兩節曾約略論及四庫館臣取資於《經義考》之處極多，而辨正《經義考》錯誤之處亦不少，蓋兩者之關係極爲密切，《經義考》取材宏富，而其疏失之處亦多，四庫館臣不煩辭費，加以辨正，今列舉於下：

一、書　名

四庫館臣辨正《經義考》所載書名之誤，有多處，今列舉於后：

（一）誤以他書爲此書：

如〈周易要義提要〉云：

朱彝尊《經義考》，群經類中，載《九經要義》二百六十三卷，注曰分見各經，然各經皆載《要義》，而易類則但據宋志載了翁《周易集義》六十四卷，不載此書，似乎即以《集義》爲《要義》。考方回〈周易集義跋〉，曰鶴山先生謫靖州，取諸經注疏摘爲《要義》，又取濂洛以來諸大儒易說，爲《周易集義》，則爲二書審矣〔註15〕！

（二）未見原書，傳聞訛異

如〈用易詳解提要〉云：

其書原本二十卷，焦竑《經籍志》，作《謙齋詳解》，朱彝尊《經義考》，作周易詳解，考杞自序稱經必以史證，後世岐而爲二，尊經太過，

〔註14〕同註1，盧見曾奏表。
〔註15〕見《四庫全書總目》卷三〈經部〉三〈易類〉三，周易要義條，頁1～90。

反入於虛無之域，無以見經爲萬世有用之學，故取文中子之言，以《用
易》名編，其述稱名之意甚詳，兹及彝尊，殆未見原書，故傳聞訛異歟
〔註16〕！

又如〈易精蘊大義提要〉云：

解縉《春雨堂集》，稱是書爲《易經精義》，《經義考》稱是書爲《周
易精蘊》，考《永樂大典》所題實作解蒙《周易精蘊大義》，二人皆偶誤
記也〔註17〕。

（三）未見原書，稱名小誤：

如〈易學變通提要〉云：

惟朱彝尊《經義考》，載有《周易變通》之名，亦以爲已佚，今檢
《永樂大典》，所錄周易各卦下，收入貫說尚多，其標題實作《易學變通》，
知彝尊未見原書，故稱名小誤矣〔註18〕！

又如〈禹貢說斷提要〉云：

案朱彝尊《經義考》，有寅所著《禹貢集解》二卷，通志堂嘗刊入
《九經解》中，而《永樂大典》載其書，則題曰《禹貢說斷》，無集解之
名〔註19〕。

四書館臣均據《永樂大典》所載，以辨正《經義考》所載書名之誤。

（四）從本書中析分爲二：

如〈讀易餘言提要〉云：

朱彝尊《經義考》，載銳《讀易餘言》五卷，又載銳《易大象說》
一卷，考此書第三卷，即大象說，彝尊以其別本單行，遂析爲二，偶未
考也〔註20〕。

（五）載他書，而不載此書：

目錄學家著錄撰者之書，宜將其著作兼容並載，以考究一人之學，如有缺載，
必事出有因，四書館臣對經義考載撰者一書，而不載此書，加以辨析，今條舉其
例於后：

〔註16〕同註15，用易詳解條，頁1～94。
〔註17〕同註15，卷四〈經部〉四〈易類〉四，易精蘊大義條，頁1～109。
〔註18〕同註17，易學變通條，頁1～110。
〔註19〕同註15，卷十一〈經部〉十一〈書類〉一，禹貢說斷條，頁1～259。
〔註20〕同註15，卷五〈經部〉五〈易類〉五，讀易餘言條，頁1～115。

1、一書異名：如〈易象鈔提要〉云：

> 朱彝尊《經義考》，載有居仁《易通解》，注曰未見，而不載此書，豈此書一名《易通解》歟〔註21〕！

2、殆偶未見：如〈周易廣義提要〉云：

> 朱彝尊《經義考》，載敷教《易經圖考》十二卷，而不載是書，殆偶未見歟〔註22〕！

又如〈十願齋易說、霞舟易箋提要〉云：

> 朱彝尊《經義考》，惟載鍾巒《周易卦說》，不著卷數，註曰未見，而無此書名，《江南通志‧儒林傳》，所載亦同，殆輾轉傳聞，相沿而誤歟〔註23〕！

又如〈四易通義提要〉云：

> 朱彝尊《靜志居詩話》，載其事迹頗詳，然《經義考》惟載其《易內三圖註》三卷，註曰已佚，而不及此編，蓋遺書散失，此編幸而僅存，久乃復出，彝尊未及見也〔註24〕。

3、卷數相同，因而傳訛：

> 如〈禹貢詳略提要〉云：
>
> 朱彝尊《經義考》，載邦奇書說一卷，註曰未見，而不載此書，其卷數則相同，或即因此書而傳訛歟〔註25〕！

4、其為一書兩書，蓋不可考，故誤記其名：

> 如〈讀詩私記提要〉云：
>
> 朱彝尊《經義考》，載先芳有《毛詩考正》，不列卷數，註曰未見，而不載此書，其為一書兩書，蓋不可考，然此書亦多辨定毛傳，或彝尊傳聞，誤記其名歟〔註26〕！

5、疏漏：

> 如〈周禮傳、圖說、翼傳提要〉云：
>
> 朱彝尊《經義考》，惟載傳十卷、《圖說》二卷、《學周禮法》一卷、

〔註21〕同註20，易象鈔條，頁1～117。
〔註22〕同註15，卷八〈經部〉八〈易類〉存目二，周易廣義條，頁1～201。
〔註23〕同註22，十願齋易說、霞舟易箋條，頁1～202。
〔註24〕同註22，四易通義條，頁1～205。
〔註25〕同註15，卷十三〈經部〉十三〈書類〉存目一，禹貢詳略條，頁1～298。
〔註26〕同註15，卷十六〈經部〉十六〈詩類〉二，讀詩私記條，頁1～343。

《非周官辨》一卷，而不載翼傳之名，頗爲疎漏〔註27〕。

6、殆亦誤以爲一：

如〈禮記纂註提要〉云：

朱彞尊《經義考》，但載三才書，而不及此書，殆亦惧以爲一也〔註28〕。

又如〈四如講稿提要〉云：

朱彞尊《經義考》，但載其所著《經史辨疑》，而不及是書，當由刊在家塾，閩中僻遠，偶然未見傳本歟〔註29〕！

（六）改書名，而與撰者名書之意不合：

如〈易義古象通提要〉云：

是書，……大旨謂文周之易，即象著理，孔子之易，以理明象，又於漢魏晉唐諸人所論象義，取其近正者，故名《古象通》，而冠以易義，言即象以通義也。朱彞尊《經義考》，改曰《周易古象通》，則與潘名書之意不合矣〔註30〕！

（七）舛互：

如〈禮記要旨補提要〉云：

又朱彞尊《經義考》，載聞人德《行禮記要旨補》十六卷，又載戈九疇《禮記要旨》十六卷，戈氏書既載其後，不應聞人氏書先云補，尤爲舛互〔註31〕。

以上所述皆爲四庫館臣辨正《經義考》所載書名上之問題，其間或有四庫館臣疑未能決之處，亦足供吾人之參究也。

二、卷　數

四庫館臣辨正《經義考》所載卷數之誤，今列舉其所載訛誤之故於后：

（一）朱目以篇或冊爲卷：

如〈大易粹言提要〉云：

其書《宋志》作十卷，《經義考》作七十卷，又總論五卷，蓋原本

〔註27〕同註15，卷十九〈經部〉十九〈禮類〉一，周禮傳、圖說、翼傳條，頁1～400。
〔註28〕同註15，卷二四〈經部〉二四〈禮類〉存目二，禮記纂註條，頁1～491。
〔註29〕同註15，卷三三〈經部〉三三〈五經總義類〉，四如講稿條，頁1～666。
〔註30〕同註20，易義古象通條，頁1～122。
〔註31〕同註28，禮記要旨補條，頁1～488。

每卦每傳皆各爲一篇，刊板不相聯屬，故從其分篇之數稱七十有五，然宋刻明標卷一至卷十，則《經義考》又誤也〔註32〕。

又如〈四書管窺提要〉云：

然刊本皆散佚不傳，故朱彝尊《經義考》，注云未見，……然量其篇頁，釐而析之，已成八卷，《經義考》乃作五卷，或誤以五冊爲五卷歟〔註33〕！

（二）疑傳寫誤：

如〈周易圖說提要〉云：

是書成於至正六年，上卷爲圖者七，下卷爲圖者二十，朱彝尊《經義考》作一卷，疑傳寫誤也〔註34〕。

又如〈周易辨提要〉云：

朱彝尊《經義考》，載此書作二十八卷，此本少四卷，疑亦《經義考》傳寫之誤也〔註35〕。

（三）後人或重刻者所合併：

如〈周易文詮提要〉云：

《經義考》載八卷，此本舊鈔止四卷，然首尾完具，不似有所闕佚，或後人合併與〔註36〕！

又如〈石潭易傳撮要提要〉云：

前有蕭鎡序，云總爲四卷，而此刻則僅有一卷，然門目與鎡序皆符，知無所佚闕，朱彝尊《經義考》，亦作一卷，蓋重刻者所合併也〔註37〕。

（四）疑或尚有所佚脫，或彝尊所見爲不完之本：

如〈易疑提要〉云：

《經義考》作四卷，此本三卷，江蘇採進之本亦三卷，疑或尚有所佚脫，抑或《經義考》誤三爲四歟〔註38〕！

又如〈周易時論合編提要〉云：

〔註32〕同註15，大易粹言條，頁1～83。
〔註33〕同註15，卷三六〈經部〉三六〈四書類〉二，四書管窺條，頁1～731。
〔註34〕同註17，周易圖說條，頁1～111。
〔註35〕同註15，卷九〈經部〉九〈易類〉存目三，周易辨條，頁1～220。
〔註36〕同註22，周易文詮條，頁1～113。
〔註37〕同註15，卷七〈經部〉七〈易類〉存目一，石潭易傳撮要條，頁1～166。
〔註38〕同註25，易疑條，頁1～178。

　　　　是書即其罷官後所著,凡圖象幾表八卷,上下經繫辭説卦序卦雜卦

十五卷,……是編刊於順治庚子,前有李世洽序,《經義考》作十五卷,

或朱彝尊所見之本,無圖象幾表歟〔註39〕!

又如〈廣易筌提要〉云:

　　　　朱彝尊《經義考》,作《廣易筌》二卷,與此不合,殆僅見上下經耶〔註

40〕!

又如〈讀詩略記提要〉云:

　　　　是書朱彝尊《經義考》作二卷,此本六冊,不分卷數,核其篇頁,

不止二卷,疑原書本十二卷,刊本誤脱一十字,傳寫者病其繁瑣,併爲

六冊也〔註41〕。

又如〈春秋事義全考提要〉云:

　　　　《明史‧藝文志》、朱彝尊《經義考》,俱載是書二十卷,而此少四

卷,然檢其篇帙,未見有所缺佚,疑或別有附錄而佚之歟〔註42〕!

四庫館臣雖舉其卷數之差異,亦有疑不能定之處。

（五）彝尊偶誤:

　　如〈周易應氏集解提要〉云:

　　　　是書朱彝尊《經義考》作十七卷,此本僅十三卷,然首尾完具,不

似有所佚脱,或彝尊偶誤耶〔註43〕!

又如〈春秋輯傳、宗旨、春秋凡例提要〉云:

　　　　是編朱彝尊《經義考》作十五卷,又別出〈凡例〉二卷,註曰未見,

此本凡輯傳十三卷,前有〈宗旨〉三篇,〈附論〉一篇,共爲一卷,與十

五卷之數不符,蓋彝尊偶誤,又〈凡例〉二卷,今實附刻書中,彝尊亦

偶未檢也〔註44〕。

（六）字之誤也:

　　如〈易芥提要〉云:

　　　　是書《經義考》作十卷,與此本不符,然所引鄭之惠説,稱陸庸成

〔註39〕同註22,周易時論合編條,頁1～196。
〔註40〕同註27,廣易筌條,頁1～200。
〔註41〕同註26,讀詩略記條,頁1～346。
〔註42〕同註15,卷二八〈經部〉二八〈春秋類〉三,春秋事義全考條,頁1～576。
〔註43〕同註23,周易應氏集解條,頁1～218。
〔註44〕同註30,春秋輯傳、宗旨、春秋凡例條,頁1～575。

爲諸生時，著《易芥》八卷，與此本合，則十卷乃字之誤也〔註45〕。

（七）彝尊未睹此本，但據傳聞錄之：

如〈大學新編提要〉云：

朱彝尊《經義考》作一卷，由未見其書，據傳聞載之故也〔註46〕。

（八）彝尊偶未核檢：

如〈春秋五禮例宗提要〉云：

朱彝尊《經義考》，載此書十卷，注曰存，而諸家寫本，皆佚其〈軍禮〉三卷，……則此三卷之佚久矣，彝尊偶未核檢也〔註47〕。

又如〈春秋集義、綱領提要〉云：

《經義考》載是書前有〈綱領〉二卷，又有魏了翁序，此本乃皆不載，蓋傳寫佚之，然春王正月條下，自注曰餘見〈綱領〉上中二卷，則〈綱領〉當有三卷，故有上中下之分，《經義考》作二卷，亦小誤矣〔註48〕！

如〈春秋胡氏傳辨疑提要〉云：

朱彝尊《經義考》作四卷，注云未見，此本祇上下二卷，實無所闕佚，殆彝尊考之未審矣〔註49〕！

又如〈春秋續義發微提要〉云：

朱彝尊《經義考》，載良弼有《春秋或問》十四卷、〈存疑〉一卷，並〈續義〉三卷，俱云未見，今此本分十二卷，與所記卷數不符，殆彝尊以傳聞誤載歟〔註50〕！

另《經義考》所載卷數，雖與今本相符，然尚有失誤之處：

（一）其注有誤：

如〈周禮全經釋原提要〉云：

朱彝尊《經義考》，所載與此本卷數相同，而注云內〈源流敘論〉一卷、〈通論〉一卷，今此本〈通論〉之外，尚有〈續論〉，而〈源流敘

〔註45〕同註27，易芥條，頁1～192。

〔註46〕同註15，卷三七〈經部〉三七〈四書類〉存目，大學新編條，頁1～753。

〔註47〕同註15，卷二七〈經部〉二七〈春秋類〉一，春秋五體例宗條，頁1～544。

〔註48〕同註47，春秋集義、綱領條，頁1～554。

〔註49〕同註42，春秋胡氏傳辨疑條，頁1～573。

〔註50〕同註15，卷三十〈經部〉三十〈春秋類〉存目一，春秋續義發微條，頁1～613。

論〉，乃在卷首，不列十四卷之中，與彝尊所注不合，或彝尊未及細檢，亦如王應麟書歟〔註51〕！

（二）分內外篇有誤：

如〈禮問提要〉云：

> 朱彝尊《經義考》，載枏《禮問》內外篇，云未見，今本卷數相符，而不分內外篇，或彝尊傳聞未確歟〔註52〕！

三、書名與卷數

此爲四庫館臣同時辨正《經義考》所載書名與卷數之問題，今亦條舉其例如后：

（一）與傳本不合：

如〈楊氏易傳提要〉云：

> 案朱彝尊《經義考》，載慈湖《易解》十卷，又《己易》一卷，書名卷數皆與此本不合〔註53〕。

（二）或爲原名改名，或原未分卷，莫之考：

如〈易窺提要〉云：

> 然《經義考》但載程玉潤《周易演旨》六十五卷，而無《易窺》之名，又此書僅有十冊，不分卷數，亦與六十五卷不合。……或原名《易窺》，後改《演旨》，此猶其初稿，後以一卦爲一卷，併總論爲六十五卷，此稿則尚未分卷歟！今未見《演旨》，其爲一爲二，莫之考矣〔註54〕！

（三）各自一書，失載：

如〈易史象解提要〉云：

> 案朱彝尊《經義考》，載允昌《周易耨義》六卷，……此書書名卷數皆不符，當各自一書，彝尊失載也〔註55〕。

（四）從文集中析出單行，而朱目所載書名在此書之外：

〔註51〕同註27，周禮全經釋原條，頁1〜401。
〔註52〕同註15，卷二五〈經部〉二五〈禮類〉存目三，禮問條，頁1〜518。
〔註53〕同註15，楊氏易傳條，頁1〜80。
〔註54〕同註22，易窺條，頁1〜195。
〔註55〕同註22，易史象解條，頁1〜199。

如〈說易提要〉云：

> 按朱彝尊《經義考》，載中和《易林補》四卷，又名《大易通變》。
> 今此書名《說易》，板心又標躋新堂集，疑即從文集中析出單行，而其卷
> 數不止四卷，則《易林補》又當在此書之外也〔註56〕。

（五）以《永樂大典》所載，定朱目之誤：

如〈融堂書解提要〉云：

> 《永樂大典》所載，則皆題錢時《融堂書解》，其名又殊，然《永
> 樂大典》，皆據內府宋本採入，當必無訛，朱彝尊《經義考》，以《尚
> 書演義》著錄，蓋未睹中秘書也。……其書省劄進狀，皆不著卷數，《經
> 義考》作八卷，未知何據〔註57〕。

（六）朱目別立標題而誤，其篇數所引則是：

如〈詩論提要〉云：

> 朱彝尊《經義考》，始別立標題，謂之《詩議》，曹溶《學海類編》，
> 則作《詩論》，……考原本實作《詩論》，則曹溶本是也。又曹溶本作十
> 八篇，而彝尊引陸元輔之言，謂《程氏詩議》十七篇，……考原本亦作
> 十七篇，元輔之言，不爲無據〔註58〕。

（七）彝尊蓋未見其本，故傳聞訛異：

如〈春秋提要提要〉云：

> 朱彝尊《經義考》，載秉鑑《春秋會通》十五卷，〈提要〉一卷，今
> 按此書實四卷，與《春秋會通》，另爲一書，彝尊蓋未見其本，故傳聞訛
> 異〔註59〕。

四、撰者

四庫館臣辨正《經義考》所載撰者之誤，亦可約略分成數項述之：

（一）時代：

如〈圖書紀愚提要〉云：

〔註56〕同註22，說易條，頁1～204。
〔註57〕同註19，融堂書解條，頁1～264。
〔註58〕同註15，卷十七〈經部〉十七〈詩類〉存目一，詩論條，頁1～362。
〔註59〕同註50，春秋提要條，頁1～607。

其人在成化宏治間，朱彝尊《經義考》列諸嘉靖之末，由未見其書
故也〔註60〕。

又如〈補齋口授易說提要〉云：

《經義考》據《聚樂堂書目》，定爲正嘉以前人，亦約度之詞耳〔註61〕。

（二）里貫：

如〈尚書集傳或問提要〉云：

朱彝尊《經義考》，引張雲章之言，謂大猷東陽人，……又有都昌陳
大猷者，號東齋，……未可定集傳爲東陽陳氏之書，而非都昌陳氏之書，
納喇性德作是書序，則仍從雲章之說，……彝尊蓋偶見董鼎注東齋字，而
未及核檢其書也，今參考諸說，仍定爲東陽陳大猷之書，著於錄焉〔註62〕！

（三）姓名：

如〈尚書註考提要〉云：

朱彝尊《經義考》，載陳氏泰來《尚書註考》一卷，註曰未見，又
註泰來字長水，平湖人，……案吳永芳《嘉興府志》載陳泰交字同倩，……
則彝尊未見其書，誤以泰交爲泰來，審矣〔註63〕！

又如〈書經說意提要〉云：

按朱彝尊《經義考》，有杜氏偉《尚書說意》，不著卷數，註云未見，
考偉本姓杜，少育於沈漢家，因昌其姓，後乃歸宗，此書蓋其未復姓時
所作，故仍題沈姓，彝尊所載，則據其後而言之也〔註64〕。

（四）撰者本身：

此即朱目因他人之說，其實撰者有誤也，如〈春秋尊王發微提要〉云：

程端學稱其《尊王發微》、《總論》二書外，又有《三傳辨失解》，
朱彝尊《經義考》因之，然其書，史不著錄，諸儒亦罕所稱引，考《宋
史·藝文志》，及《中興書目》，均有王日休撰《春秋孫復解三傳辨失》
四卷，或即日休之書，端學誤以爲復作歟！然則是駁復之書，非復所撰

〔註60〕同註37，圖書紀愚條，頁1～168。
〔註61〕同註37，補齋口授易說條，頁1～172。
〔註62〕同註19，尚書集傳或問條，頁1～266。
〔註63〕同註15，卷十二〈經部〉十二〈書類〉二，尚書註考條，頁1～278。
〔註64〕同註25，書經說意條，頁1～301。

也〔註65〕。

又有彝尊未及考核，誤分爲二之失，如〈春秋孔義提要〉云：

> 朱彝尊《經義考》，此書之外，別有李攀龍《春秋孔義》十二卷，
> 註曰未見，今案書名卷數並同，攀龍之名又相同，不應如是之巧合，……
> 彝尊未及考核，誤分爲二歟〔註66〕！

（五）官爵：

如〈春秋經解提要〉云：

> 朱彝尊《經義考》，稱其嘗知滁州。……彝尊之說，不知何據〔註67〕。

又如〈春秋經傳辨疑提要〉云：

> 朱彝尊《經義考》，稱其官至兵部員外郎，朱國楨《湧幢小品》，則稱其
> 登第後爲兵部主事，僅兩考，……知《經義考》以傳聞誤也〔註68〕。

五、內容

（一）取材：

如〈陸氏易解提要〉：

> 此本爲《鹽邑志林》所載，凡一百五十條，朱彝尊《經義考》，以
> 爲抄撮陸氏釋文、李氏集解二書爲之。然此本採京氏《易傳注》爲多，
> 而彝尊未之及〔註69〕。

（二）序言：

《經義考》詳載經書序跋，然偶有失誤之處，如〈易學啓蒙通釋提要〉云：

> 董眞卿所稱方平自序，今本佚之，惟存後序一篇，朱彝尊《經義考》，
> 乃竟以朱子原序爲方平之序，可謂千慮之一失〔註70〕。

此四庫館臣辨正《經義考》誤以朱子原序爲方平之序之失。又如〈今易詮提要〉
云：

> 明鄧伯羔撰。……朱彝尊《經義考》，載其《古易詮》二十九卷，

〔註65〕同註15，卷二六〈經部〉二六〈春秋類〉一，春秋尊王發微條，頁1～535。
〔註66〕同註42，春秋孔義條，頁1～578。
〔註67〕同註47，春秋經解條，頁1～542。
〔註68〕同註42，春秋經傳辨疑條，頁1～571。
〔註69〕同註15，卷一〈經部〉一〈易類〉一，陸氏易解條，頁1～57。
〔註70〕同註15，易學啓蒙通釋條，頁1～95。

今《易詮》二十四卷，并載伯羔自序，謂詮次成帙，爲上下經若干卷，爲象象繫辭文言說卦序卦雜卦諸傳若干卷，一遵東萊古易，其外詮則以廣未盡之旨云云。今觀此二十四卷，前無自序，而有自述例十條，云前詮從古，此改從今，則彝尊所引，蓋其古易詮之序也〔註71〕。

（三）解題：

如〈周禮傳、圖說、翼傳提要〉云：

> 朱彝尊《經義考》，……所引黃穮語，乃翼傳之解題，而繫之周禮傳下，亦爲舛誤，豈偶然疎略，未及檢其全書歟〔註72〕！

六、流傳

（一）朱目原書不傳，蓋偶未見：

如〈郭氏傳家易說提要〉云：

> 宋郭雍撰。……朱彝尊《經義考》，謂雍原書不傳，僅散見《大易粹言》中，此本十一卷，與《宋志》相合，蓋猶舊本，彝尊偶未見也〔註73〕。

（二）朱目失載：

如〈大易象數鈎深圖提要〉云：

> 朱彝尊《經義考》，止載《易象圖說》六卷，而不載此書之名，蓋由未見其本，但據書目傳鈔，故輾轉岐誤〔註74〕。

（三）朱目另載他書，不知所據何本：

如〈書說提要〉云：

> 又朱彝尊《經義考》，是書三十五卷之外，又別出時瀾增修《書說》三十卷，並註曰存，今三十卷者未見，不知所據何本也〔註75〕。

（四）朱目誤註並存：

如〈春秋例要提要〉云：

〔註71〕同註37，今易詮條，頁1～182。
〔註72〕同註27，周禮傳、圖說、翼傳條，頁1～400。
〔註73〕同註15，郭氏傳家易說條，頁1～78。
〔註74〕同註17，大易象數鈎深圖條，頁1～105。
〔註75〕同註19，書說條，頁1～259。

朱彝尊《經義考》，稱本例、例要二十卷，並存，亦未爲分析。今通志堂所刊之〈本例〉，則析〈目錄〉別爲一卷，以足二十卷之數，而〈例要〉闕焉，蓋傳寫者佚其〈例要〉一卷，後來遂誤以〈本例目錄〉爲例要，而不知其別有一篇，彝尊所見，當即此本，故誤註爲並存也〔註76〕。

（五）朱目以爲未見，殆偶然失考：

如〈孝經宗旨提要〉云：

朱彝尊《經義考》，以爲未見，而陳繼儒《秘笈》中，實有此本，彝尊殆偶然失考〔註77〕。

（六）朱目誤註存字：

如〈韻補提要〉云：

自振孫謂朱子註詩用棫之說，朱彝尊《經義考》，未究此書僅五卷，於《補音》十卷條下，誤註存字，世遂謂朱子所據即此書，莫敢異議〔註78〕。

以上所列，皆四庫館臣辨正《經義考》於書籍流傳有疏失。四庫館臣對《經義考》下過一番研讀核對之功夫，才能加以補正。

七、經義

四庫館臣辨正《經義考》所載經義之誤，亦有數處：

（一）據書名而釋經義：

如〈桂林點易丹提要〉云：

《經義考》引張雲章之說，斥其以聖經比之道家爐火，亦特據其書名而言，實則無一字涉丹經也〔註79〕。

（二）有是有非：

如〈書傳會選提要〉云：

惟實錄所載纂修諸臣姓名，與此本卷首所列不符，朱彝尊《經義考》，謂許觀景清盧原質戴德彝等，皆以死建文之難刪去，其說是已。然

〔註76〕同註47，春秋例要條，頁1～543。
〔註77〕同註15，卷三二〈經部〉三二〈孝經類〉存目，孝經宗旨條，頁1～654。
〔註78〕同註15，卷四二〈經部〉四二〈小學類〉三，韻補條，頁1～867。
〔註79〕同註22，桂林點易丹條，頁1～205。

胡季安門克新王俊華等十一人，何以併刪？且靳觀吳子恭宋麟三人，此書所不載，又何以增入？蓋永樂中重修太祖實錄，其意主於誣惠宗君臣以罪，明靖難之非得已耳！其餘草草，非所注意，故舛謬百出，不足爲據〔註80〕。

（三）朱目引文出處有誤：

如〈孟子正義提要〉云：

朱彝尊《經義考》，摘其欲見西施者，人輸金錢一文事，詭稱《史記》，今考註以尾生爲不虞之譽，以陳不瞻爲求全之毀，疏亦並稱《史記》，尾生事實見《莊子》，陳不瞻事實見《說苑》，皆《史記》所無〔註81〕。

（四）序文有誤：

如〈重修廣韻提要〉云：

此本蘇州張士俊從宋槧翻雕，中間已缺欽宗諱，蓋建炎以後重刊，朱彝尊序之，力斥劉淵韻合殷於文、合隱於吻、合焮於問之非，然此本實合殷隱焮於文吻問，彝尊未及檢也〔註82〕。

第四節　四庫館臣引用經義考說

《四庫提要》經部之編纂，取資於《經義考》，可獲得不少之資料，故四庫館臣樂於引用之，今條舉其例於后：

一、書　名

（一）辨正書名：

如〈淙山讀周易記提要〉云：

此書舊本但題曰《讀周易》，案朱彝尊《經義考》，作《淙山讀周易記》，蓋此本傳寫脫訛〔註83〕。

又如〈學易舉隅提要〉云：

其書本名《學易舉隅》，權爲刊板，始更名《大易鈎元》。然朱彝尊

〔註80〕同註63，書傳會選條，頁1～274。

〔註81〕同註15，卷三五〈經部〉三五〈四書類〉一，孟子正義條，頁1～706。

〔註82〕同註78，重修廣韻條，頁1～864。

〔註83〕同註15，淙山讀周易記條，頁1～94。

《經義考》載之，仍曰《舉隅》，考所言僅粗陳崖略，不足當鈎元之名，題曰《舉隅》，於義為近，故今亦仍恂原目著錄焉〔註84〕！

（二）定書名：

如〈周禮補亡提要〉云：

《經義考》又作《周禮全書》，而注曰一作《周禮補亡》，按此書別無他長，惟補亡是其本志，故今以補亡之名著錄焉〔註85〕！

二、卷　數

四庫館臣取資於《經義考》，以辨正或定卷數，其例亦有數條：

（一）辨正卷數：

如〈易通提要〉云：

胡一桂云，《易通》六卷，《或問類例圖象》四卷，朱彝尊《經義考》，曰《宋志》十卷，又註曰《聚樂堂書目》作六卷，蓋《宋志》連《或問類例圖象》言之，聚樂堂本則惟有《易通》，此本亦止六卷，而無《或問類例圖象》，其自聚樂堂本傳寫與〔註86〕！

（二）辨正刊本卷數之誤：

如〈易學四同、別錄提要〉云：

朱彝尊《經義考》，云二書各一卷，此本乃各二卷，或刊本誤二字為一字〔註87〕。

（三）辨正浙江通志卷數之誤：

如〈春秋左傳評註測義提要〉云：

朱彝尊《經義考》作七十卷，《浙江通志》作三十卷，此本與彝尊所記合，知《通志》為傳寫誤矣〔註88〕！

（四）定卷數：

如〈春秋鈎元提要〉云：

〔註84〕同註37，學易舉隅條，頁1～164。
〔註85〕同註15，卷二三〈經部〉二三〈禮類〉存目一，周禮補亡條，頁1～464。
〔註86〕同註15，易通條，頁1～89。
〔註87〕同註37，易學四同、別錄條，頁1～170。
〔註88〕同註50，春秋左傳評註測義條，頁1～617。

　　朱彝尊《經義考》作四卷，此本不分卷數，疑傳寫者所合併，今從
彝尊之說，仍析爲四卷著錄焉〔註89〕！

三、撰　者

（一）定時代：

　　如〈周易獨坐談提要〉云：

　　　《經義考》列之馬元調前，則啓禎間人也〔註90〕。

又如〈禮記新義提要〉云：

　　　朱彝尊《經義考》，敘其書於王翼明、趙宦光之前，蓋隆慶、萬曆間人也〔註91〕。

又如〈春秋提綱提要〉云：

　　　　不著爵里，亦不著時代，其始末未詳，朱彝尊《經義考》，列之劉
　　莊孫後，王申子前，然則元人也〔註92〕。

又如〈春秋管窺提要〉云：

　　　　案庭垣爲朱彝尊同縣人，而彝尊《經義考》，不載是書，則在彝尊
　　以後矣〔註93〕！

（二）辨正里貫：

　　如〈童溪易傳提要〉云：

　　　　朱彝尊《經義考》，謂是書前有寧德林焞序，稱與宗傳生同方，學
　　同學，同及辛丑第，則云臨安人者誤矣〔註94〕！

（三）辨正撰者：

　　如〈補齋口授易說提要〉云：

　　　　朱彝尊《經義考》，題曰《周氏佐補齋口授易說》，蓋如胡瑗口義題
　　倪天隱之名，非佐所撰也〔註95〕。

又如〈詩傳旁通提要〉云：

〔註89〕同註42，春秋鈞元條，頁1～570。
〔註90〕同註22，周易獨坐談條，頁1～200。
〔註91〕同註28，禮記新義條，頁1～489。
〔註92〕同註42，春秋提綱條，頁1～561。
〔註93〕同註15，卷二九〈經部〉二九〈春秋類〉四，春秋管窺條，頁1～590。
〔註94〕同註15，童溪易傳條，頁1～86。
〔註95〕同註37，補齋口授易說條，頁1～72。

前有至正四年太平路總管府推官州翟思忠序，明朱睦㮮《授經圖》，遂以《詩傳旁通》為思忠作，殊為疏舛，今從朱彝尊《經義考》所辨，（原注：案朱彝尊所引，乃陸元輔之言。）附訂正焉〔註96〕！

又如〈春秋集解提要〉云：

> 宋呂本中撰，舊刻題曰呂祖謙，誤也。……朱彝尊《經義考》，嘗辨正之〔註97〕。

又如〈四書問目提要〉云：

> 舊本題曰考亭朱元晦先生講授，門人雲莊劉爚睦堂劉炳述記，……案朱彝尊《經義考》，劉爚有《四書集成》，劉炳有《四書問目》，並注已佚，則《問目》出於炳，不應兼題爚名〔註98〕。

又如〈雅樂發微提要〉云：

> 明張敔撰，考明有兩張敔，其一字伯起，合肥人，……所著有《京氏易考》，見朱彝尊《經義考》。此張敔饒州人，朱載堉《律呂精義》第五卷中載有其名，又《明史‧陸粲傳》，載粲劾張璁桂萼疏，有禮部員外郎張敔，假律歷而結知之語，與此書亦相合，蓋即其人也〔註99〕。

以上皆四庫館臣藉《經義考》以辨正撰者之處。

（四）定撰者：

如〈周易塵談提要〉云：

> 朱彝尊《經義考》，載孫應龍有《周易塵談》十二卷，疑此本是也〔註100〕。

四、已 佚

四庫館臣引用《經義考》之所載，以辨正已佚之情況：

（一）言朱目所見已佚之卷數：

如〈周易經傳訓解提要〉云：

> 案朱彝尊《經義考》，蔡淵《周易經傳訓解》四卷，註曰存三卷，此本惟存上下經二卷，題曰《周易卦爻經傳訓解》，與彝尊所記不符。據董真卿《周易會通》，稱此書，……蓋真卿所見者，四卷之全本，彝尊所

〔註96〕同註26，詩傳旁通條，頁1～339。
〔註97〕同註47，春秋集解條，頁1～546。
〔註98〕同註46，四書問目條，頁1～748。
〔註99〕同註15，卷三九〈經部〉三九〈樂類〉存目，雅樂發微條，頁1～799。
〔註100〕同註35，周易塵談條，頁1～213。

見，佚其一卷，此本又佚其一卷〔註101〕。

（二）未睹其書：

如〈易纂言外翼提要〉云：

朱彝尊《經義考》云，見明崑山葉氏書目，載有四冊，而亦未睹其
書〔註102〕。

（三）引朱目，言僅佚序：

如〈周易集傳提要〉云：

董真卿《周易會通》，稱其有自序一篇，此本無之，朱彝尊《經義
考》，於舊序例皆全錄，而已無是篇，則其佚已久矣〔註103〕！

又如〈書帷別記提要〉云：

書前舊有萬曆中自序，見朱彝尊《經義考》，此本不載，蓋偶失之〔註104〕。

（四）引朱目，言其失傳已久：

如〈絜齋毛詩經筵講義提要〉云：

《宋史‧藝文志》、《直齋書錄解題》，皆不著錄，朱彝尊《經義考》，
亦不列其名，惟《永樂大典》，頗載其文，蓋其失傳亦已久矣〔註105〕！

（五）印證朱目所載，言已佚之卷數：

如〈內外服制通釋提要〉云：

朱彝尊《經義考》曰，車氏書，余所儲，闕第八卷以後，卷八書目，
爲三殤以次降服，應服期而殤者，……卷九爲深衣疑義，其標題則仍稱
九卷，註存而不注闕，蓋未敢斷後二卷之必失，然今所傳寫，皆與彝尊
本同，則此二卷已佚矣〔註106〕！

第五節　四庫館臣引用經義考所引說

朱彝尊《經義考》所記各書撰者，有所引用他人之說，四庫館臣又間接從《經

〔註101〕同註15，周易經傳訓解條，頁1～90。
〔註102〕同註17，易纂言外翼條，頁1～102。
〔註103〕同註17，周易集傳條，頁1～108。
〔註104〕同註15，卷十四〈經部〉十四〈書類〉存目二，書帷別記條，頁1～303。
〔註105〕同註15，卷十五〈經部〉十五〈詩類〉一，絜齋毛詩經筵講義條，頁1～333。
〔註106〕同註15，卷二十〈經部〉二十〈禮類〉二，附錄，內外服制通釋條，頁1～431。

義考》所引用他人之說，來辨定各種問題，今條舉其例，述之於后：

一、書　名

（一）定書名：

如〈周易口義提要〉云：

朱彝尊《經義考》引李振裕之說云，瑗講授之餘，欲著述而未逮，其門人倪天隱述之，以非其師手著，故名曰《口義》，後世或稱《口義》，或稱《易解》，實無二書也〔註107〕。

（二）釋書名：

如〈九正易因提要〉云：

朱彝尊《經義考》載其原序，述馬經綸之言曰，樂必九奏而後備，丹必九轉而後成，易必九正而後定，故有是名〔註108〕。

二、卷　數

四庫館臣取資《經義考》所引他人之說，以辨正卷數之差異與錯誤，今條舉其例於后：

（一）差異：

如〈淙山讀周易記提要〉云：

《經義考》又引曹溶之言曰，《宋志》八卷，《澹生堂目》作十卷，《聚樂堂目》作十六卷，今世所行凡二本，一本不分卷，不知孰合之？此本凡上經八卷，下經八卷，繫辭二卷，序卦說卦雜卦各一卷，又不知誰所分也〔註109〕？

又如〈春秋說提要〉云：

朱彝尊《經義考》，引吳任臣之言，云止三卷，而《永樂大典》，載吳潛所作咨夔行狀，則謂《春秋說實》三十卷，今考是書，篇帙繁重，斷非三卷所能盡，潛與咨夔同官相契，當親見其手定之本，任臣所言，蓋後來傳聞之誤耳〔註110〕！

〔註107〕同註15，卷二〈經部〉二〈易類〉二，周易口義條，頁1～63。
〔註108〕同註37，九正易因條，頁1～176。
〔註109〕同註15，淙山讀周易記條，頁1～94。
〔註110〕同註47，春秋說條，頁1～556。

（二）錯誤：

如〈周易輯說明解提要〉云：

　　案椅原書，《宋史・藝文志》作五十卷，此本卷數懸殊，其不合者
　　一，又朱彝尊《經義考》，載《中興藝文志》，云馮椅爲輯注輯傳外傳，
　　以程沙隨朱文公雖本古易爲注，猶未及盡正孔傳名義，乃改象曰象曰爲
　　贊曰，又改繫辭上下爲說卦上中，以《隋經籍志》有說卦三篇也，此本
　　仍作象曰象曰，不作贊曰，繫辭傳亦仍分上下，不作說卦上下，其不合
　　者二〔註111〕。

又如〈論語集註考證、孟子集註考證提要〉云：

　　書凡十七卷，首有許謙序，後有呂遲刊書跋，猶爲舊本，朱彝尊
　　《經義考》，稱《一齋書目》作二卷，註曰未見，蓋沿襲之誤，不足據
　　也〔註112〕。

三、撰　者

（一）定撰者：

如〈詩補傳提要〉云：

　　朱彝尊《經義考》，云《宋史・藝文志》有范處義《詩補傳》三十卷，
　　卷數與逸齋本相符，明朱睦㮮《聚樂堂書目》，直書處義名，當有證據，
　　處義金華人，紹興中登張孝祥榜進士云云，則此書爲處義所作，逸齋蓋其
　　自號也〔註113〕。

又如〈詩義斷法提要〉云：

　　朱彝尊《經義考》，載宋謝叔孫《詩義斷法》，不列卷數，注引《江
　　西通志》曰，叔孫南城人，舉進士，官翰林編修，又載《詩義斷法》一
　　卷，不著名氏，注曰見《菉竹堂書目》，並云已佚，此本五卷，與後一部
　　一卷之數不符，其叔孫之書歟〔註114〕！

（二）辨正撰者：

如〈春秋集義提要〉云：

〔註111〕同註37，周易輯說明解條，頁1～161。
〔註112〕同註18，論語集註考證、孟子集註考證條，頁1～25。
〔註113〕同註105，詩補傳條，頁1～328。
〔註114〕同註58，詩義斷法條，頁1～365。

案朱彝尊《經義考》云，《宋史‧藝文志》載李明復《春秋集義》
五十卷，又載王夢應《春秋集義》五十卷，嘗見宋季舊刻，即李氏原本，
而王氏刊行之，非王氏別有《集義》也。此本乃無錫鄒儀蕉綠草堂藏本，
核其題名，與彝尊所見本相合，知《經義考》所說有據，而《宋志》誤
分爲二也〔註115〕。

（三）言撰者生平：

如〈讀春秋編提要〉云：

朱彝尊《經義考》，引盧熊《蘇州志》，稱深生於宋，宋亡，篤志古
學，閉門著書，天歷間，奎章閣臣以能書薦，潛匿不出〔註116〕。

又如〈春秋平義提要〉云：

朱彝尊《經義考》，載繆泳之言，稱汝言研精經史，尤熟明代典故，
嘗撰有宰相列卿年表〔註117〕。

（四）削去撰者名字：

如〈左傳杜林合注提要〉云：

明王道焜、趙如源同編，案朱彝尊《經義考》，載宋林堯叟《春秋
左傳句解》四十卷，引鄭玥之言曰，堯叟字唐翁，崇禎中杭州書坊取其
書合杜註行之。又載此書五十卷，引陸元輔之言曰，王道焜杭州人，中
天啓辛酉鄉試，與里人趙如源濬之，共輯此書云云，今書肆所行卷數，
與彝尊所記合，而削去道焜如源之名〔註118〕。

四、存佚

（一）證已佚：

如〈子夏易傳提要〉云：

朱彝尊《經義考》，證以陸德明《經典釋文》、李鼎祚《周易集解》、
王應麟《困學紀聞》，所引皆今本所無〔註119〕。

（二）言已闕：

〔註115〕同註48。
〔註116〕同註47，讀春秋編條，頁1～559。
〔註117〕同註93，春秋平義條，頁1～586。
〔註118〕同註42，左傳杜林合注條，頁1～580。
〔註119〕同註69，子夏易傳條，頁1～54。

如〈南軒易說提要〉：

> 朱彝尊《經義考》，亦作十一卷，註云未見，又引董眞卿說，謂已
> 闕乾坤二卦，此本乃嘉興曹溶，從至元壬辰贛州路儒學學正胡順父刊本
> 傳寫，並六十四卦皆佚之，僅始於繫辭天一地二一章，較眞卿所見，彌
> 爲殘缺〔註120〕。

（三）辨正殘缺：

如〈周易不我解提要〉云：

> 朱彝尊《經義考》引黃百家之言曰，是編流傳者寡，余家止存乾坤
> 一卷，後五卷訪之不得，此本乾坤二卦一卷，與百家所言合，又有〈古
> 易辨〉諸條，別爲一卷，則百家之所未言，蓋殘缺之餘，所存者互有詳
> 略，故其本不同〔註121〕。

第六節　四庫館臣依《經義考》體例論書之存、佚、闕、未見等問題

《經義考》註存、佚、闕或未見，體例精善，爲書籍之流傳，留下佐證，《四庫提要》經部之編纂，在所著錄與存目各書上，有不少是依《經義考》之體例，來分析書籍之存、佚、闕或未見，以探究書籍之流傳情形者，今乃依《經義考》之體例，條舉而分述之：

一、註存

（一）某人撰著，有些註存，有些註未見：

如〈讀易紀聞提要〉云：

> 朱彝尊《經義考》，載獻翼易注凡五種，惟《讀易韻考》註存，其
> 《讀易約說》三卷、《易雜說》二卷、《讀易臆說》二卷，及此書六卷，
> 均註曰未見。今蒐采遺編，惟得《讀易韻考》及此書〔註122〕。

（二）某人撰著，有些註存，有些註曰佚：

〔註120〕同註15，南軒易說條，頁1～79。
〔註121〕同註37，周易不我解條，頁1～172。
〔註122〕同註20，讀易紀聞條，頁1～120。

如〈春秋經解提要〉云：

> 《宋史‧藝文志》，載覺《春秋經解》十五卷，又《春秋學纂》十二卷，《春秋經社要義》六卷，朱彝尊《經義考》，據以著錄，於《經解》注曰存，於《學纂》、《要義》皆注曰佚，然今本實十三卷，自隱公元年至獲麟，首尾完具，無所殘闕，與《宋志》所載不符〔註123〕。

（三）朱目註曰存，近時始佚：

如〈羲經十一翼提要〉云：

> 《明史‧藝文志》，載此書五卷，《經義考》亦註曰存，此本僅有《上古易》一卷，〈觀象篇〉一卷，其〈玩辭〉、〈觀變〉、〈觀占〉三卷，並闕，其近時始佚歟〔註124〕！

（四）朱目稱尚存，今未之見：

如〈尚書表注提要〉云：

> 朱彝尊《經義考》，稱其尚存，今未之見〔註125〕。

（五）朱目注存，亦僅即存：

如〈春秋纂言、總例提要〉云：

> 明嘉靖中，嘉興府知府蔣若愚，嘗為鋟木，湛若水序之，歲久散佚，世罕傳本，王士禎《居易錄》，自云未見其書，又云朱檢討曾見之吳郡陸醫其清家，是朱彝尊《經義考》之注存，亦僅一睹〔註126〕。

（六）朱目注曰存，而卷數殘缺：

如〈周易象義提要〉云：

> 諸家著錄多作十卷，……朱彝尊《經義考》作十卷，註曰存，然世所傳本，殘缺特甚，僅存十之二三〔註127〕。

以上皆由《經義考》注曰存，而考見當時之流傳情形。

二、註佚

（一）久無傳本：

〔註123〕同註65，春秋經解條，頁1～539。
〔註124〕同註37，羲經十一翼條，頁1～182。
〔註125〕同註19，尚書表考條，頁1～267。
〔註126〕同註42，春秋纂言、總例條，頁1～561。
〔註127〕同註15，周易象條，頁1～98。

如〈易原提要〉云：

> 其書久無傳本，惟程敏政《新安文獻志》，載有三篇，故朱彝尊《經義考》，註曰已佚。今考《永樂大典》，尚存百有餘篇，皆首尾完整，可以編次〔註128〕。

又如〈毛詩講義提要〉云：

> 《宋史·藝文志》、馬端臨《經籍考》，及《文淵閣書目》，此書皆作五卷，自明以來，久無傳本，故朱彝尊《經義考》，以爲已佚。今從《永樂大典》各韻所載，次第彙輯，用存其概，《永樂大典》所原軼者，則亦闕焉〔註129〕！

又如〈儀禮識誤提要〉云：

> 近世久無傳本，故朱彝尊《經義考》，以爲已佚。惟《永樂大典》所載諸條，猶散附經文之後，可以綴錄成編〔註130〕。

又如〈易精蘊大義提要〉云：

> 與兄子尚字觀我者，並以善易名於時，子尚所著《周易義疑通釋》，久無傳本，朱彝尊《經義考》，載蒙此書，亦註曰佚，今檢《永樂大典》，所引蒙書尚多，自豫隨无妄大壯暌寒中孚七卦，及晉卦之後四爻外，其他皆文義完備，鑿然具存〔註131〕。

又如〈尙書精義提要〉云：

> 其書傳本久絕，朱彝尊《經義考》亦曰已佚，今從《永樂大典》各韻中，採撮編綴，梗概尚存〔註132〕。

（二）正朱之失：

如〈春秋通訓提要〉云：

> 陳振孫《書錄解題》，及《宋史·藝文志》，並作十六卷，朱彝尊《經義考》云已佚，此本載《永樂大典》中，十二公各自爲卷，而隱公、莊公、襄公、昭公，又自分上下卷，與十六卷之數合，然每卷篇頁無多，病其繁碎，今併爲六卷，以便省覽，其文則無所佚脫也〔註133〕。

〔註128〕同註15，易原條，頁1～76。
〔註129〕同註105，毛詩講義條，頁1～333。
〔註130〕同註106，儀禮識誤條，頁1～411。
〔註131〕同註17，易精蘊大義條，頁1～109。
〔註132〕同註19，尚書精義條，頁1～263。
〔註133〕同註47，春秋通訓條，頁1～544。

（三）藏書家皆不著錄：

如〈春秋考提要〉云：

> 自明以來，藏書家皆不著錄，故朱彝尊《經義考》，注曰已佚。惟
> 《永樂大典》，頗載其文，以次檢校，尚可得什之八九，今排比綴輯，復
> 勒成書〔註134〕。

（四）世罕傳本：

如〈春秋比事提要〉云：

> 元至正中，嘗刊於金華，其板久燬，世罕傳本，故朱彝尊《經義考》，
> 注曰已佚〔註135〕。

又如〈孟子解提要〉云：

> 其書世罕傳本，故朱彝尊《經義考》，註曰已佚〔註136〕。

（五）絕無傳本：

如〈春秋講義提要〉云：

> 《宋史·藝文志》作四卷，王瓚《溫州志》作三卷，朱彝尊《經義
> 考》，注曰已佚。今外間絕無傳本，惟《永樂大典》所採，尚散見各條經
> 文之下，今謹爲裒輯校正〔註137〕。

從以上所述，可知四庫館臣藉助於《經義考》所注已佚之書，來考察書籍已佚之
原因，並取《永樂大典》輯其佚文，如此，對於書籍之流傳，貢獻良多。從《經
義考》之體例，以探究書籍之存、佚、闕或未見，四庫館臣加以採用，足以彰顯
《經義考》體例之精善，洵不虛言矣！

三、註闕

（一）闕其卷數：

如〈學易象數舉隅提要〉云：

> 所著有《易傳通釋》，及此書，《明史·藝文志》不著錄，朱彝尊《經
> 義考》，載此書四卷，而《通釋》則闕其卷數，《江南通志》載之，則均

〔註134〕同註47，春秋考條，頁1～544。
〔註135〕同註47，春秋比事條，頁1～551
〔註136〕同註46，孟子解條，頁1～747。
〔註137〕同註47，春秋講義條，頁1～553。

無卷數，此本二卷，似尚非完書也〔註138〕。

（二）其闕已久：

如〈周易贊義提要〉云：

原書十有七卷，其門人涇陽龐俊繕錄藏於家，河南左參政莆田鄭綱爲付梓，今本僅存七卷，繫辭上傳以下皆佚，案朱彝尊《經義考》，已註曰闕，則其來久矣〔註139〕！

（三）已無完本：

如〈尊孟辨、續辨、別錄提要〉云：

陳振孫《書錄解題》，載是書卷數，與今本合，朱彝尊《經義考》，僅云附載《朱子全集》中，而條下註闕字，蓋自明中葉以後，已無完本矣〔註140〕！

四、未見

《經義考》註云「未見」之書，大都可從《永樂大典》中得之，此四庫館臣從《永樂大典》中輯得五百多部之書，想必取資《經義考》之體例也，四庫館臣引用《經義考》云未見之處極多，如〈易學辨惑提要〉云：

朱彝尊《經義考》，載此書，注曰未見。此本自《永樂大典》錄出，蓋明初猶存〔註141〕。

又如〈洪範口義提要〉云：

朱彝尊《經義考》，註云未見，今其文散見《永樂大典》中，尚可排纂成書〔註142〕。

又如〈禹貢指南提要〉云：

朱彝尊《經義考》，云未見，……今考《永樂大典》所載，與諸家註解散附經文各句下，謹綴錄成篇，釐爲四卷〔註143〕。

又如〈春秋後傳提要〉云：

傅良別有《左氏章指》三十卷，樓鑰所序，蓋兼二書言之，朱彝尊

〔註138〕同註37，學易象數舉隅條，頁1～168。
〔註139〕同註37，周易贊義條，頁1～170。
〔註140〕同註81，尊孟辨、續辨、別錄條，頁1～714。
〔註141〕同註107，易學辨惑條，頁1～66。
〔註142〕同註19，洪範口義條，頁1～254。
〔註143〕同註19，禹貢指南條，頁1～256。

《經義考》，注曰未見，今《永樂大典》中，尚存梗概，然已殘闕不能成
帙，故不復裒錄焉〔註144〕！

而探究《經義考》註云未見之故，亦有數例，今條舉於后：

（一）刻（出）於彝尊之後：

如〈讀易索隱提要〉云：

朱彝尊《經義考》，載有是書，註曰未見，此本紙墨尚新，蓋刻於
彝尊後也〔註145〕。

又如〈大學疏義提要〉云：

初朱子定《大學章句》，復作《或問》以申明之，其後《章句》屢
改，而《或問》不復改，故前後牴牾，學者猶有所疑，履祥因隨其章第，
作《疏義》以暢其旨，並作〈指義〉一篇，以括其要，柳貫嘗爲之序，
朱彝尊《經義考》，於二書皆注未見，但據《一齋書目》著於錄，此本爲
金氏裔孫所刊，蓋出於彝尊《經義考》之後，然僅存此〈疏義〉一卷，
其〈指義〉及〈貫序〉，則並佚之矣〔註146〕！

（二）當時不甚通行：

如〈易經通論提要〉云：

朱彝尊距學佺最近，而《經義考》註曰未見，殆當時已不甚行歟〔註147〕！

（三）藏弆家已久無傳本：

如〈尚書講義提要〉云：

此書《宋史‧藝文志》作二十二卷，《文淵閣書目》、《一齋書目》，
並載其名，而藏弆家已久無傳本，故朱彝尊《經義考》，亦注云未見，
惟《永樂大典》各韻中，尚全錄其文，謹依經文考次排訂，釐爲二十
卷〔註148〕。

又如〈五誥解提要〉云：

此書世久失傳，《文淵閣書目》作一冊，焦竑《經籍志》作一卷，
朱彝尊《經義考》，以爲未見，今從《永樂大典》各韻中，按條薈萃，惟

〔註144〕同註47，春秋後傳條，頁1～549。
〔註145〕同註37，讀易索隱條，頁1～169。
〔註146〕同註81，大學疏義條，頁1～725。
〔註147〕同註22，易經通論條，頁1～190。
〔註148〕同註19，尚書講義條，頁1～257。

闕〈梓材〉一篇，餘皆章句完善，謹依經文前後，釐為四卷，而《五誥》
之名，則仍而不改，以存其舊焉〔註149〕！

（四）諸家罕聞引證，知傳本已稀：

如〈絜齋家塾書抄提要〉云：

> 其書《宋史‧藝文志》作十卷，陳振孫《書錄解題》，稱為燮子喬
> 錄其家庭所聞，至君奭而止，則當時本未竟之書，且非手著，紹定四年，
> 其子甫刻置象山書院，蓋重其家學，不以未成完帙而廢之，明葉盛《菉
> 竹堂書目》，尚存其名，而諸家說《尚書》者，罕聞引證，知傳本亦稀，
> 故朱彝尊《經義考》，注云未見，今聖代博採遺編，珍笈秘文，罔不畢出，
> 而竟未睹是書之名，則其佚久矣！謹從《永樂大典》所載，採輯編次，
> 俾復還舊觀，以篇帙稍繁，釐為一十二卷〔註150〕。

（五）中國無得其本者：

如〈論語義疏提要〉云：

> 惟唐時舊本流傳，存於海外，康熙九年，日本國山井鼎等，作七經
> 孟子考文，自稱其國有是書，然中國無得其本者，故朱彝尊《經義考》，
> 註曰未見〔註151〕。

（六）流傳頗罕：

如〈四書集義精要提要〉云：

> 此本僅存二十八卷，至《孟子‧滕文公上篇》而止，其後並已缺佚，
> 亦非完帙，然朱彝尊《經義考》，注云未見，則流傳頗罕，亦元人遺笈之
> 僅存者，不以殘缺病也〔註152〕。

又如〈大學管窺提要〉云：

> 其書流傳絕少，朱彝尊《經義考》，僅列其目，亦未之見也〔註153〕。

四庫館臣於《經義考》註云未見之書，亦大部份採綴《永樂大典》而裒輯之，蓋
當時朱筠條奏輯佚《永樂大典》之時，四庫館臣亦曾取《經義考》之體例（註曰
存、註曰佚、註曰闕、註曰未見）作為輯佚之標準，使已佚或未見之書，皆可從

〔註149〕同註19，五誥解條，頁1～260。
〔註150〕同註19，絜齋家塾書抄條，頁1～261。
〔註151〕同註81，論語義疏條，頁1～707。
〔註152〕同註33，四書集義精要條，頁1～726。
〔註153〕同註46，大學管窺條，頁1～751。

《永樂大典》而採綴裒輯之，故《經義考》對書籍之保存，厥功甚偉矣！

五、朱目不載其名

四庫館臣所編纂之書，如《經義考》不著錄者，或爲之言明，如〈易傳燈提要〉云：

> 《易傳燈》一書，諸家書目俱不著錄，朱彝尊《經義考》，亦不載其名〔註154〕。

又如〈周易古經提要〉云：

> 是書《明史‧藝文志》不著錄，朱彝尊《經義考》亦不載〔註155〕。

又如〈易經淵旨提要〉云：

> 按《文苑傳》及《明史‧藝文志》，均不載此書，朱彝尊《經義考》，亦不著錄〔註156〕。

又如〈禹貢山川郡邑考提要〉云：

> 朱彝尊《經義考》，不著錄〔註157〕。

又如〈絜齋毛詩經筵講義提要〉云：

> 《宋史‧藝文志》，《直齋書錄解題》，皆不著錄，朱彝尊《經義考》，亦不列其名，惟《永樂大典》，頗載其文，蓋其失傳亦已久矣〔註158〕！

又如〈國風尊經提要〉云：

> 《明史‧藝文志》，及朱彝尊《經義考》，皆不著錄〔註159〕。

而《經義考》不著錄其名之故，四庫館臣亦爲之敘述原因，今條舉如后：

（一）蓋當時編次無法：

如〈周易箚記提要〉云：

> 是書《明史‧藝文志》不著錄，朱彝尊《經義考》亦不載，蓋當時編次無法，與其兩垣奏議合爲一書，故錄經解者，無自而著其名也〔註160〕。

（二）蓋書肆僞託之本：

〔註154〕同註15，易傳燈條，頁1～84。
〔註155〕同註37，周易古經條，頁1～172。
〔註156〕同註37，易經淵旨條，頁1～177。
〔註157〕同註25，禹貢山川郡邑考條，頁1～301。
〔註158〕同註105，絜齋毛詩經筵講義條，頁1～333。
〔註159〕同註58，國風尊經條，頁1～365。
〔註160〕同註20，周易箚記條，頁1～121。

如〈大易衍說提要〉云：

朱彝尊《經義考》，亦未載其名，蓋書肆僞託之本也〔註161〕。

（三）覺書贗託：

如〈春秋圖說提要〉云：

卷首有竹垞二字朱文印，蓋朱彝尊所藏，而《經義考》不著其名，是必後覺其贗託，棄之不錄〔註162〕。

六、其他：

（一）原書序載於朱目，刻者刪之：

如〈易經存疑提要〉云：

原刻漫漶，此本爲乾隆壬戌，其裔孫廷玼所刻，舊有王愼中、洪朝選二序，載朱彝尊《經義考》，廷玼刪之〔註163〕。

（二）書歸彝尊：

如〈方舟易學提要〉云：

朱彝尊《經義考》，曰《方舟集》止存二卷，崑山徐秉義家，藏有《易互體例》，卷首不著撰人名氏，但題門人劉伯熊編，此本卷首有竹垞二字小印，豈其書後歸彝尊歟〔註164〕！

（三）此本所用，非朱目所著錄之原本：

如〈顧氏易解提要〉云：

朱彝尊《經義考》，載顧曾唯《周易詳蘊》十三卷，而無《易解》之名，此書用注疏本，止上下經，……大抵出於依托，非彝尊著錄之原本〔註165〕。

（四）朱目所載書，今不傳：

如〈春秋師說提要〉云：

朱彝尊《經義考》，又載有《三傳義例考》，今皆不傳〔註166〕。

〔註161〕同註37，大易衍說條，頁1～163。
〔註162〕同註50，春秋圖說條，頁1～607。
〔註163〕同註20，易經存疑條，頁1～116。
〔註164〕同註37，方舟易學條，頁1～160。
〔註165〕同註37，顧氏易解條，頁1～176。
〔註166〕同註42，春秋師說條，頁1～566。

第七節　辨正《四庫提要》經部本《經義考》之失誤

本章前數節，已針對四庫館臣纂輯《四庫總目》經部提要，多本之《經義考》，加以列舉之，並曾詳舉四庫館辨正《經義考》之誤多處，然而四庫館臣在取資《經義考》之時，亦曾有不少疏失之處，今參酌余嘉錫《四庫提要辨證》與胡玉縉《四庫全書總目提要補正》分述於下：

一、提要誤用朱目之誤

《經義考》在撰者記載方面有失誤之處，《提要》非但不能糾舉，反而加以引用，造成誤中之誤，如〈周易正義提要〉云：

> 然《隋書・經籍志》，載晉揚州刺史顧夷等，有《周易難王輔嗣易》
> 一卷，《冊府元龜》又載顧悅之（原注：按悅之即顧夷之字。）《難王弼易義》
> 四十餘條，京口閔康之，又申王難顧〔註167〕。

據清姚振宗《隋書經籍志考證》，認為「顧夷與顧悅之里貫不同，出處亦異，其為二人明甚，《提要》不知顧夷為何人，偶檢《經義考》卷十，見其引《冊府元龜》顧悅之事，亦不知其本出何書（原註：《經義考》所引與《冊府》原文不同，而《提要》全同朱氏，故知其出於販稗），第見其人皆姓顧，又同著書難王弼，以為必是一人，遂毅然奮筆，以悅之為顧夷之字，而不知其大謬不然，《冊府》卷六百六，本作關康之，《經義考》譌關為閔，《提要》亦不悟也〔註168〕。」

又如〈詩說提要〉云：

> 舊本題曰申培撰，亦明豐坊偽作也，何楷《詩世本古義》、黃虞稷
> 《千頃堂書目》、毛奇齡《詩傳詩說駁義》皆力斥之〔註169〕。

余嘉錫云：「《提要》謂此書亦豐坊偽作，以何楷、黃虞稷、毛奇齡為證，今考《明史》雖疑《子貢詩傳》為坊所偽纂，然未嘗言及申培詩說。」又引何楷、黃虞稷、毛奇齡三人之說，以為申培《詩說》為別一人所作，未嘗併歸之豐坊也，蓋三人者固未嘗因《詩說》斥坊也，惟朱彝尊《經義考》始謂《詩傳》、《詩說》兩書皆出於坊，故於《詩說偽本》（註：見卷一百）條下曰：「按申公魯故，至晉已亡，今所存《詩說》及《子貢詩傳》，皆出於鄞人豐坊偽譔。」於毛奇齡《詩傳詩說駁義》（註：

〔註167〕同註69，周易正義條，頁1～58。
〔註168〕見余嘉錫撰《四庫提要辨證》，卷一〈經部〉一〈易類〉一，周易正義條，原載《四庫全書總目》七，藝文印書館，頁2。
〔註169〕同註58，詩說條，頁1～368。

見卷一百十三）條下曰：「按二書皆係豐坊偽作。」「《四庫總目》經部提要，多本之《經義考》，此條亦用朱氏說耳！嘗竊疑二書既同出豐坊一手，相爲表裏，則坊所作《魯詩》、《世學》，何以但列《詩傳》於卷首，而置《詩說》不錄耶！抑其作《詩說》，在《世學》既成之後，不及增入耶！錢謙益、黃虞稷以《詩傳》爲坊所偽撰，有《世學》可據，彝尊以《詩說》並歸之坊，與虞稷之說不同，未知其何據也〔註170〕。」

二、《提要》未能詳考《朱目》所載之序而率爾立論，致有疏失之處

如〈易論提要〉云：

> 國朝徐善撰，書首有沈廷勱序，稱爲南州徐敬可，則當爲南昌人，而善自署曰嘉禾，考朱彝尊《曝書亭集》，有徐敬可〈左傳地名考序〉，又閻若璩《潛邱箚記》，亦稱秀水徐勝敬可，爲人作《左傳地名考》云云，其字與里貫皆合，惟名有異，未知爲一人二人也〔註171〕。

余嘉錫云：考之《曝書亭集》卷三十四《春秋地名考序》云：「吾鄉徐處士善所輯。」又卷三十三，有報徐敬可處士書一首，亦論《地名考》事，則作《地名考》之徐敬可，實即徐善。卷三十四又有〈徐氏四易序〉云：「處士徐善敬可，著《四易》。」云云，則其人本深於易學，益可見作《地名考》之徐善，與作此《易論》者，確係一人。又卷四十五，書《宋史‧張浚傳》後文中有徐秀才善敬可之語，則其人當係諸生。觀《提要》所言，似不獨未考朱氏全集，且并地名考序，亦僅觀其標目，而未覩文中徐處士善之語矣。又考閻氏家刻本《潛邱箚記》卷三，徐勝實作徐善，《提要》所據，乃吳玉搢編刻本，故有其名有異之疑也〔註172〕。四庫館臣未能詳查朱氏全集，及所載之序言，致有此疑不能定之說也。

又如〈重修玉篇提要〉云：

> 梁大同九年，黃門侍郎兼太學博士顧野王撰，唐上元元年，富春孫強增加字，宋大中祥符六年，陳彭年、吳銳、邱雍等重修，凡五百四十二部，今世所行凡三本，一爲張士俊所刊，……朱彝尊序之，稱上元本，一爲曹寅所刊，……稱重修本，一爲明內府所刊，……亦稱大中祥符重修本。……故明內府本及曹本，均稱重修，張本既與曹本同，則亦重修本矣，乃刪去重修之牒，詭稱上元本，而大中祥符所改大廣益會之名，

〔註170〕同註168，〈詩類〉存目條，頁1～42。
〔註171〕同註17，易論條，頁1～218。
〔註172〕同註168，〈易類〉存目條，易論條，頁22。

及卷首所列字數，仍未及削改，可謂拙於作偽，彝尊序乃謂勝於今行大

廣益本，殆亦未見所刊而以意漫書歟〔註173〕！

余嘉錫引徐時棟《煙嶼樓讀書志》卷十一云：「朱竹垞序張刻《玉篇》，誤稱上元
本，於是《提要》遂以誣張士俊，謂其故刪重修牒，詭稱上元本，而左袒竹垞，
謂其未見所刻，而以意漫書，不知張刻即出朱氏所授，何得未見，而張刻明稱《大
廣益會玉篇》，何嘗詭稱上元本哉！《提要》中頗多意測之辭，而於此書，則即首
葉朱序未終讀之，可謂疏矣！」余氏且又云：「至於《提要》，往往於前人序跋，
讀未終篇，遽爾立論者，蓋亦多矣，又不獨此一書為然也〔註174〕。」四庫館臣草
率編輯，疏失之多，蓋亦不免矣！

三、《提要》以《朱目》不誤反誣《朱目》

《經義考》雖亦有失誤之處，而四庫館臣卻曾有以《經義考》不誤而誣之，
故類此以誤反正，對後世影響很大，如〈孟子正義提要〉云：

朱彝尊《經義考》，摘其欲見西施者，人輸金錢一文事，詭稱《史

記》〔註175〕。

今檢視《經義考》卷二百三十三所載：「正義詮西子，按《史記》云，西施，越之
美女，越王句踐以獻之吳，夫差大幸之，每入市，人願見者，先輸金錢一文，考
《史記》並無其文，不知何所依據？」《經義考》明白表示此事《史記》並無其文，
《提要》卻誣《朱目》，詭稱《史記》，正是以不誤而誣之。

又如〈重修廣韻提要〉云：

此本為蘇州張士俊從宋槧翻雕，中間已缺欽宗諱，蓋建炎以後重

刊，朱彝尊序之，力斥劉淵韻合殷於文、合隱於吻、合焮於問之非，然

此本實合殷隱焮於文吻問，彝尊未及檢也〔註176〕。

今據余嘉錫案語引徐時棟《煙嶼樓讀書志》卷十一云：「按此本上平分文欣，上聲
分吻隱，去聲分問焮，明白如此，何嘗合乎？宋人諱殷，故改二十一殷為二十一
欣，豈作提要者，但見目中無殷字，更不考書中欣韻即殷韻否，又不檢後二本目
中有隱焮，而遽妄言之乎！然重本改殷為欣，提要於前條言之矣，豈至此又俄忘
乎！若以本注同用，便謂之合，則上平中所注同用之韻，悉為劉淵併合之所本，

〔註173〕同註15，卷四一〈經部〉四一〈小學類〉二，重修玉篇條，頁1～837。

〔註174〕同註168，卷二〈經部〉二〈小學類〉二，重修玉篇條，頁103。

〔註175〕同註81，孟子正義條，頁1～706。

〔註176〕同註78，重修廣韻條，頁1～864。

又豈僅文殷二韻乎！況去聲中，問掀二韻，此本各注獨用，所謂合掀於問者，又何謂乎？前玉篇序，以朱誤而誣張，此則朱不誤而誣朱，皆不可解事也﹝註177﹞。」徐氏已明白表示《提要》以朱不誤而誣朱。

四、從《經義考》辨正《提要》之誤

　　《經義考》詳載各書序跋，而四庫館臣在參考《經義考》時，未能詳查序跋，致有失誤之處，今依據書名、卷數、時代等項分別舉例說明之：

（一）書名：

　　　　如〈周禮注疏合解提要〉云：

　　　　　　明張采撰，……采與溥爲復社領袖，在當日聲望動天下，然此書疎

　　　　淺特甚，豈亦託名耶﹝註178﹞！

據胡玉縉《四庫全書總目提要補正》云：《經義考》無注疏二字，並載采序云：「賈人以友人所纂《周禮注疏》相示，余既卒業而歎曰：『是書也行，康成之學將還舊觀。且其於諸儒移置者仍爲標指，以著訛謬，則益令正經顯白』，但於漢、唐注疏外，有參考眾家釐益整散者，則不得直名注疏，因題曰《周禮合解》，亟勸廣布」云云。是此書本非采作，纂輯者豈未見此序耶﹝註179﹞？

（二）卷數：

　　　　如〈周禮定本提要〉云：

　　　　　　四卷，明舒芬撰。……凡爲〈五官敍辨〉五篇、〈六官圖說〉一篇、

　　　　〈周官剔僞〉一篇、〈周禮正經〉六篇﹝註180﹞。

據胡玉縉《四庫全書總目提要補正》云：《經義考》一百二十七作十三卷，並載芬自序云：「作爲〈五官敍辨〉五卷，〈六官圖釋〉一卷，〈剔僞〉一卷；既乃錄成正經，重加校訂，仍分六卷，總之十有三卷，題曰《周禮定本》。」據此，則「四」字當誤，豈《提要》所見，別一併合之本歟﹝註181﹞！

（三）時代：

﹝註177﹞同註168，卷二〈經部〉二〈小學類〉三，重修廣韻條，頁116。
﹝註178﹞同註85，周禮注疏合解條，頁1～468。
﹝註179﹞見胡玉縉撰《四庫全書總目提要補正》，卷六，〈禮類〉存目，周禮注疏合解條，木鐸出版社，頁38。
﹝註180﹞同註85，周禮定本條，頁1～465。
﹝註181﹞同註179，周禮定本條，頁38。

如〈周禮補亡提要〉云：

> 元邱葵撰，……據葵自序，書蓋成於泰定丙子〔註182〕。

據胡玉縉《四庫全書總目提要補正》云：案朱彝尊《經義考》一百二十五，泰定無丙子，凡甲子至丁卯四年即改元致和，此丙子，非甲子即丙寅之誤〔註183〕。又如〈周禮集註提要〉云：

> 明何喬新撰，……景泰甲戌進士〔註184〕。

據胡玉縉《四庫全書總目提要補正》云：

> 案《經義考》一百二十六，引陸元輔說作辛未，考辛未爲二年，甲戌爲五年〔註185〕。

五、《朱目》之誤，《提要》未能糾舉之

四庫館臣雖辨正《經義考》不少失誤之處，然尚有多處失誤，《提要》未能糾舉之，如《周易程朱傳義折衷》三十三卷，而吳焯《繡谷亭薰習錄》云：「卷首自序上經十六卷，下經十七卷，總三十三卷，《經義考》作二十三卷，誤〔註186〕。」又如《像象管見》九卷，而吳焯《繡谷亭薰習錄》云：「是編上、下經四卷，繫辭二卷，說、序、雜三卦三卷，總九卷，《經義考》作七卷，誤〔註187〕。」又如〈今易詮提要〉云：

> 明鄧伯羔撰，伯羔字孺孝，常州人，朱彝尊《經義考》，載其《古易詮》二十九卷，今《易詮》二十四卷，并載伯羔自序〔註188〕。

據吳焯繡《谷亭薰習錄》云：「《經義考》云：『孺孝常州布衣。』據自序曰：『予少爲諸生，攻《尚書》。』則孺孝少時已列膠庠，錄其序而仍作布衣何歟〔註189〕？」又如〈讀書叢說提要〉云：

> 元許謙撰，……書內載其師金履祥說爲多，卷首書紀年一篇，即據履祥通鑑前編起算，其間得失雜出，亦不盡確〔註190〕。

〔註182〕同註85，周禮補亡條，頁1～464。
〔註183〕同註179，周禮補亡條，頁38。
〔註184〕同註85，周禮集註條，頁1～465。
〔註185〕同註179，周禮集註條，頁38。
〔註186〕同註179，卷三，〈易類〉三，周易程朱傳義折衷條，頁13。
〔註187〕同註186，像象管見條，頁13。
〔註188〕同註37，今易詮條，頁1～182。
〔註189〕同註186，今易詮條，頁18。
〔註190〕同註63，讀書叢說條，頁1～269。

據瞿鏞《鐵琴銅劍樓藏書目錄》云：「原書無自序，朱氏《經義考》以卷一書紀年後總論爲自序，誤〔註191〕。」凡此皆爲《經義考》之誤，而《提要》未能辨正之。

第十章　《四庫全書》各種提要之比較

　　四庫於開館之初，即著手進行編纂提要，此起因於乾隆三十七年正月初四日諭云：

> ……各省蒐輯之書，卷帙必多，若不加之鑑別，悉令呈送，煩複皆所不免，著該督撫等，先將各書敘列目錄，注係某朝某人所著，書中要旨何在，簡明開載，具摺奏聞〔註1〕。

蓋其通令各省督撫學政等，蒐購遺書，即注意於此，其後，安徽學政朱筠具奏，論及開館校書之事，其云：

> 臣請皇上詔下儒臣，分任校書之選，或依七略，或準四部，每一書上，必校其得失，撮舉大旨，敘於本書首卷，並以進呈〔註2〕。

高宗初不以為意，蓋嫌其過於繁冗，其後卻又採納其見，故於三十八年二月初六日諭云：

> ……至朱筠所奏，每書必校其得失，撮舉大旨，敘於本書卷首之處，若欲悉仿劉向校書序錄成規，未免過於繁冗，但向閱內府所貯康熙年間舊藏書籍，多有摘敘簡明略節，附夾本書之內者，於檢查洵為有益，應俟移取各省購書全到時，即令承辦各員，將書中要旨隱括，總敘崖略，粘開卷副頁右方，用便觀覽〔註3〕。

有此一諭，四庫館臣遂奉旨而行，於《四庫全書》中各原著，由分校官纂修官各作一篇提要，此即《四庫全書提要分纂稿》，而各篇提要分纂稿，經由總纂官改訂

〔註1〕見《四庫全書總目》，卷首一，〈聖諭〉，頁1～2。
〔註2〕見朱筠著《笥河文集》卷一，文載《叢書集成新編》第七七冊，新文豐出版公司，頁267。
〔註3〕同註1。

或重作之後，冠於每書之前，稱爲「書前提要」，至於「書前提要」之撰寫方式，乃在於將一書原委，撮舉大凡，並列敘著者之世次爵里，訂辨其書文字之增刪與篇帙之分合，並批評其敘述議論之得失。將「書前提要」錄出，彙爲一書，經總纂官總目協纂官增刪潤色，使其文氣條理一貫，即「總目提要」，所謂「分之則散弁諸編，合之則共爲總目」也。故提要分纂稿、書前提要及《四庫全書總目提要》中各提要，往往不同，本章將於下節舉例述之。又《四庫全書薈要》之提要亦與《四庫全書總目》提要有不同之處，又即使同爲《文淵閣四庫全書總目提要》，而因版本之不同亦微有差異，至於《文淵閣四庫全書書前提要》與《文溯閣四庫提要》亦略有差異，將列專節敘述之。

第一節　書前〈提要〉與《總目提要》之比較

《總目提要》與四庫本每書前所冠之提要頗有歧異之處，其小有刪改而無關宏旨者，姑且不論，今酌引兩篇差異較大者，以爲例證，如唐史徵《周易口訣義》六卷：

《四庫總目提要》（文淵閣）：	書前〈提要〉（文淵閣）：
唐史徵撰，崇文總目曰河南史徵，不詳何代人，晁公武讀書志曰，田氏以爲魏鄭公撰，誤。陳振孫書錄解題曰，五朝史志有其書，非唐則五代人，避諱作證字，宋史藝文志，又作史文徵，蓋以徵徵二字相近而訛，別本作史之徵，則又以之文二字相近而訛耳。今定爲史徵，從永樂大典，定爲唐人，從朱彝尊經義考也。永樂大典載徵自序，云但舉宏機，纂其樞要，先以王注爲宗，後約孔疏爲理，故崇文總目，及晁氏讀書志，皆以爲直抄注疏，以便講習，故曰口訣，今詳考之，實不盡然，如乾象引周氏說、大象引宋衷說、屯象引李氏說、師篆引陸績說、六五引莊氏說、謙六五引	臣等謹案周易口訣義六卷，唐史徵撰，崇文總目曰河南史徵，不詳何代人，晁公武讀書志曰，田氏以爲魏鄭公撰，誤。陳振孫曰三朝史志有其書，非唐則五代人，避諱作證字，宋史藝文志，又作史文徵，蓋以徵徵二字相近而訛，別本作史之徵，則又以之文二字相近而訛耳，今定爲史徵，從永樂大典，定唐人，從朱彝尊經義考也。永樂大典載徵自序，云但舉宏機，纂其樞要，先以王注爲宗，後約孔疏爲理，故崇文總目，及晁氏讀書志，皆以爲直抄注疏，以便講習，考之，實不盡然，如乾象引周氏說、大象引宋衷說、屯象引李氏說、訟象引周氏說、師象引陸績說、六五引莊氏

張氏說、賁大象引王廙說、頤大象引荀爽說、坎大象引莊氏說、上六引虞氏說、咸大象引何妥說、萃象引周宏正說、升象引褚氏說、并大象引何妥說、革象引宋衷說、鼎象引何妥說、震九四引鄭眾說、漸象引褚氏說、大象引侯果說、困大象引周宏正說、兌大象引鄭眾說、漸九五引陸績說，多出孔穎達疏，及李鼎祚集解之外，又如賁大象所引王氏說、頤大象所引荀爽說，雖屬集解所有，而其文互異，坎上六所引虞翻說，則集解刪削過略，此所載獨詳，蓋唐去六朝未遠，隋志所載諸家之書，猶有存者，故徵得以旁搜博引，今閱年數百，舊藉佚亡，則遺文緒論，無一非吉光片羽矣！近時惠棟作九經古義，余蕭客茸古經解鈎沈，於唐以前諸儒舊說，單辭雙義，搜採至詳，而此書所載，均未之及，信為難得之秘本，雖其文義間涉拙滯，傳寫亦不免訛脫，而唐以前解易之書，子夏傳既屬偽撰，王應麟所輯鄭元注，姚士粦所輯陸績注，亦非完書，其實存於今者，京房王弼孔穎達李鼎祚四家，及此書而五耳，固好古者所宜寶重也。徵自序作六卷，諸家書目並同，今僅闕豫隨无妄大壯晉睽蹇解中孚九卦，所佚無多，仍編為六卷，存其舊焉！〔註4〕

說、謙六五引張氏說、觀大象引鄭眾說、賁大象引王廙說、頤大象引荀爽說、坎大象引莊氏說、上六引虞氏說、咸大象引何妥說、萃象引周弘正說、升象引褚氏說、并大象引何妥說、革象引宋衷說、鼎象引何妥說、震九四引鄭眾說、漸象引褚氏說、大象引侯果說、困大象引周弘正說、兌大象引鄭眾說、漸九五引陸績說，諸家原書今併亡佚，惟孔疏及李鼎祚周易集解間存，其八卦所佚無多，仍編為六卷，存其舊焉！〔註5〕

《四庫總目提要》遠比書前提要為詳，蓋《四庫總目提要》於「漸九五引陸績說」之後，補充甚多之資料。然亦有《四庫總目提要》比書前提要為略者，如明梅鷟《尚書考異》五卷：

〔註4〕見《四庫全書總目》，卷一〈經部〉一〈易類〉一，周易口訣義條，頁1～60。
〔註5〕見《故宮圖書季刊》第一卷第一期，載《文淵閣四庫提要》，頁150。

《四庫總目提要》（文淵閣）：

明梅鷟撰，鷟有古易考原，已著錄，是編辨正古文尚書，其謂二十五篇爲皇甫謐所作，蓋據孔穎達疏，引晉書皇甫謐傳，稱謐姑子外弟梁柳，得古文尚書，故作帝王世紀，往往載孔傳五十八篇之書云云，然其文未明，未可據爲謐作之證，至謂孔安國序，并增多之二十五篇，悉襍取記中語以成文，則指摘皆有依據，又如謂瀍水出谷城縣，兩漢志並同，晉始省谷城入河南，而孔傳乃云出河南北山，積石山在西南羌中，漢昭帝始元六年，始置金城郡，而孔傳乃云積石山在金城西南，孔安國卒於武帝時，載在史記，則猶在司馬遷以前，安得知此地名乎！其爲依託，尤佐證顯然，陳第作尚書疏衍，乃以譸張爲幻訛之過矣！明史藝文志不著錄，朱彝尊經義考作一卷，此本爲范懋柱家天一閣所藏，不題撰人姓名，而書中自稱鷟按，則出鷟手無疑，原稿未分卷數，而實不止於一卷，今約略篇頁，釐爲五卷，鷟又別有尚書譜，大旨略同，而持論多涉武斷，故別存其目，不複錄焉！〔註6〕

書前〈提要〉（文淵閣）

臣等謹案尚書考異五卷，明梅鷟撰，鷟旌德人，正德癸酉舉人，官南京國子監助教，終鹽課司提舉，世傳古文尚書孔安國傳出於東晉梅賾，賾自言受之臧曹，曹受之梁柳，柳受之蘇愉，愉受之鄭沖，宋吳棫朱子，元吳澄皆嘗辨其僞，然但據其難易以決眞僞，未及一一盡核其實，鷟是書則以安國序，并增多之二十五篇，悉襍取傳記中語以成文，逐條考證，詳其所出，如左傳莊公八年郕降于齊師，莊公引夏書曰皋陶邁種德下德乃降，本屬莊公語，與宣十二年引詩曰亂離瘼矣，爰其適歸，歸于怙亂者也，夫襄三十一年引詩云，靡不有初，鮮克有終，終之實難，昭十年引詩曰，德音孔昭，視民不恌，恌之謂甚矣，語意一例，而古文誤連德乃降三字，列於經。又昭十七年夏六月，日有食之，太史引夏書曰辰不集于房瞀奏鼓嗇夫馳庶人走申之曰此月朔之謂也，當夏四月是謂孟夏，而古文乃因月令季秋之月日在房繫之季秋月朔，漢石經論語孝于惟孝，惟孝謂所孝之人，與下兄弟對文，包咸本于作乎，古文乃掇惟孝友于兄弟，而截去孝乎二字，則論語書云孝乎不能成辭，如此之類，所指摘皆有依據，至鷟所二十五篇爲皇甫謐所爲，徒因孔穎達引晉書皇甫謐傳，云姑子外弟梁柳得古文尚書，故作帝王世紀，往

〔註6〕同註4，卷十二〈經部〉十二〈書類〉二，尚書考異條，頁1～276。

往載孔傳五十八篇之書，考穎達作正義時，今本晉書未出，蓋臧榮緒之舊文，今不得睹其全篇，無由證其始末，然如瀍水出穀城縣，兩漢志同，晉始省穀城入河南，而孔傳乃云瀍水出河南北山，又積石山在河關縣西南羌中，漢昭帝始元六年，始置金城郡，而孔傳乃云積石山在金城西南，凡此之類，僞託顯然，傳既如是，則經亦可知，固不得以好爲異論責鷟矣！至國朝閻若璩古文尚書疏證出，條分縷析，益無疑義，論者不能復置一詞，然剏始之功，實鷟爲之先也。此本爲范懋柱家天一閣所藏，不題撰人姓名，亦不分卷數，而書中自稱鷟按，則出鷟手無疑，謹加分析，以舜典以下爲卷二，仲虺之誥以下爲卷三，太誓以下爲卷四，考舊本異同爲卷五，鷟又別有尚書譜，持論略同，而不及此書之精核，今別存其目，不複錄焉！〔註7〕

由此可見，書前〈提要〉中所舉「左傳莊公八年郕降于齊師」，及「昭十七年夏六月，日有食之」之文，已於《總目提要》中刪略。

從以上所列舉二例，《書前提要》與《總目提要》之刪潤與增訂，各有詳略之處。近人論及《書前提要》是否保存分纂諸儒原稿之精神頗有分歧之意見，如昌彼得先生於〈影印四庫全書的意義〉一文中，舉元王元杰《春秋讞義》九卷、明梅鷟《尚書考異》五卷爲例，以《書前提要》遠比《總目提要》爲詳，並云：

> 蓋各書的〈提要〉由各分纂官分別撰寫，再由總纂官紀昀更訂潤飾，謄錄冠於書首。各書〈提要〉寫畢，總纂爲《總目》時，再經過紀氏的總閱，大事筆削，使前後呼應，一氣呵成。故書前〈提要〉雖也曾經過紀氏的潤飾，尚多少保存分纂諸儒原稿的精神〔註8〕。

〔註7〕同註5，第一卷第三期，頁133。
〔註8〕見昌彼得撰〈影印四庫全書的意義〉一文，載《四庫全書總目提要》前言內，頁19。

而郭伯恭則云：

> 書前提要乃供皇帝乙覽之故，故文體簡潔；而總目提要乃專詳於學
> 術考證之材料，故文體煩瑣。要之，其皆出諸於紀氏筆削之後則一〔註9〕。

《書前提要》既經紀氏整齊劃一，則可窺分纂諸儒之精神者極尠。洪業與郭伯恭
有相似之意見，然不敢遽以為斷，其云：

> 「凡例」雖有分弁諸書，合成總目之語，然二種提要實多異同。……
> 間嘗漫取十餘種稍作校對，乃疑總目提要淵源實近於分纂定稿，而諸書
> 提要反特見總纂筆削之迹也。……大抵以文體言，則書前提要簡潔；以
> 考證言，則總目提要煩瑣：想係總纂嫌分纂定稿之餖飣而為之刪簡整齊
> 者。取簡目評語，以校二提要，而又與總目為獨近。竊疑由分纂初稿以
> 至分纂定稿，曾經若干曲折，而二種提要乃各就纂定稿增減刪訂而成。
> 其標準各不同，蓋書前提要乃供皇帝覽書之便，而總目提要乃專詳於學
> 術參證之材料也。然二萬餘篇之提要，今僅校其二十餘篇，未敢便斷為
> 定論，識之以俟留心四庫掌故者細考焉〔註10〕！

《書前提要》既與《總目提要》多所異同詳略，出於紀氏筆削之權衡，而分纂諸
儒之精神，似應有存乎其中者，不然以紀氏一人之力，豈能盡削分纂諸儒之見。

第二節　《四庫全書薈要提要》與《總目提要》之比較

當乾隆三十八年詔開四庫全書館之時，高宗已屆高齡，深恐《四庫全書》卷
帙浩繁，歲月久稽，汗青無日，難期親覩其成，故嘗自記曰：

> 癸巳歲，始思依經、史、子、集為四庫全書，並命輯永樂大典中散
> 篇成帙。然朕臨御已三十餘年，亦望七之歲矣，斯事體大而物博，時略
> 嫌遲〔註11〕。

於是遂興起擷取全書菁華之意，命名為《薈要》，並以于敏中、王際華專司《薈要》
修纂之事，如乾隆三十八年五月初一日諭云：

> ……著於全書中，擷取菁華，繕為薈要，其篇式一如全書之例，蓋
> 彼極其博，此取其精，不相妨而適相助，庶縹緗羅列，得以隨時流覽，

〔註9〕見郭伯恭著《四庫全書纂修考》，國立北平研究院史學研究會，頁216。
〔註10〕見洪業著《洪業論學集》，明文書局，頁53。
〔註11〕見《御製詩》四集卷七八，頁8。

更足資好古敏求之益〔註12〕。

考《薈要》修書初旨，原在專供高宗自覽，故縹緗羅列，燦然大觀，而《四庫全書薈要》各書之前，亦附有〈提要〉一篇，其例亦倣《四庫全書》，如《四庫全書薈要》凡例第二條云：

　　編纂《四庫全書》，悉仿劉向、曾鞏等序錄之例，每書標敍撰人姓

　氏、爵里、仕履及著作大旨，列於簡端，茲《薈要》亦如其例〔註13〕。

由於《四庫薈要》之修纂，多據原書迻錄，故必考諸善本，詳爲校正，並擷擇歷代版本精華，作爲謄錄之底本，其魯魚亥豕之訛甚尠，而因《薈要》成書較早，書前〈提要〉未經館臣損益刪潤，瑕瑜不自相掩，實足與《四庫全書總目提要》互相參證〔註14〕，本節擬就《四庫全書薈要》之提要與《四庫全書總目》作一比較。

　　要比較兩種〈提要〉是否有差異，最便捷之方法，即取以互相校對，雖其校對所得結果之差異，不具有優劣之意義，卻具有研究參考之價值，今列舉二例以核對之，如《周易口義》十五卷：

《四庫全書薈要提要》	《四庫總目提要》
臣等謹按周易口義十五卷，宋倪天隱述其師胡瑗之說也，瑗字翼之，泰州如皐人，以布衣用，范仲淹薦拜校書郎，歷太常博士致仕歸，事迹具宋史本傳。其說易以義理爲宗，而不參以象數之說，明白曉暢，最爲精粹，程子教人讀易，當先觀王弼王安石及此書，朱子亦屢稱之，蓋北宋諸儒中言易之極純者也。宋志載瑗易解十卷、周易口義十卷，李振裕云瑗講授之餘，欲著述而未逮，其門人倪天隱述之，以非其師手著，故名曰口義，後世或稱解，實無二書，晁公武郡齋讀書志亦云倪天隱所纂，宋志乃分爲二書，皆以爲瑗所自撰，	宋倪天隱述其師胡瑗之說，瑗字翼之，泰州如皐人，用范仲淹薦，由布衣拜校書郎，歷太常博士，致仕歸，事迹具宋史儒林傳，天隱始末未詳，葉祖洽作陳襄行狀，稱襄有二妹，一適進士倪天隱，殆即其人，董棻嚴陵集，載其桐廬縣令題名碑記一篇，意其嘗官睦州也。其說易以義理爲宗，邵伯溫聞見前錄，記程子與謝湜書，言讀易當先觀王弼胡瑗王安石三家，三原劉放周易詳說，曰朱子謂程子之學源於周子，然考之易傳，無一語及太極，於觀卦詞云，予聞之胡翼之先生，居上爲天下之表儀，於大畜上。九云，予聞之胡先生曰，天之衢亨，誤加何

〔註12〕見《四庫全書薈要》，〈上諭〉，世界書局，頁1～78。

〔註13〕同註12，凡例，頁1～91。

〔註14〕見《景印摛藻堂四庫全書薈要》，秦孝儀序，世界書局，頁2。

亦殊失於考據矣！〔註15〕

字，於夬九三云，安定胡公移其文曰，壯于頄有凶，獨行遇雨，若濡有慍，君子夬夬，无咎，於漸上九云，安定胡公以陸爲逵，考伊川年譜，皇祐中游太學，海陵胡翼之先生方主教道，得先生試文，大驚，即延見，處以學職，意其時必從而受業焉，世知其從事濂溪，不知其講易多本於翼之也，其說爲前人所未及，今核以程傳，良然。朱子語類，亦稱胡安定易，分曉正當，則是書在宋時，固以義理說易之宗也。王得臣麈史曰，安定胡翼之，皇祐至和間國子直講，朝廷命主太學，時千餘士日講易，是書殆即是時所說。宋志載瑗易解十卷，周易口義十卷，朱彝尊經義考引李振裕之說云，瑗講授之餘，欲著述而未逮，其門人倪天隱述之，以非其師手著，故名曰口義，後世或稱口義，或稱易解，實無二書也，其說雖古無明文，然考晁公武讀書志，有云胡安定易傳，蓋門人倪天隱所纂，非其自著，故序首稱先生曰，其說與口義合，又列於易傳條下，亦不另出口義一條，然則易解口義爲一書，明矣，宋志蓋誤分爲二也〔註16〕

　　從以上二篇〈提要〉，吾人不難看出，《薈要》之〈提要〉較爲簡潔，而《四庫全書總目提要》較爲繁冗，它不但增述倪天隱之事跡及官爵，又引三原劉紹攽之《周易詳說》及王得臣之《麈史》，皆爲《薈要提要》所無，蓋《總目提要》詳於學術考證之材料，前已言之，而《薈要提要》僅供高宗之自覽，故較爲簡潔。茲再舉一例以說明之，如宋孫復撰《春秋尊王發微》十二卷：

〔註15〕見《欽定四庫全書薈要》，周易口義提要，世界書局，頁2～333。
〔註16〕見《四庫全書總目提要》，卷二〈經部〉二〈易類〉二，周易口義條，台灣商務印書館，頁1～63。

《四庫全書薈要提要》	《四庫總目提要》
臣等謹案春秋尊王發微十二卷，宋孫復撰，中興書目載復尚有總論三卷，今已佚，存者獨此書耳。復之說經，不依傳注，好為獨闢之學，故當時毀譽相半，而常秩葉夢得兩人，一則譏其如商鞅之法，失于過刻；一則譏其廢傳從經，又不盡達經例，每自牴牾。惟朱子謂其雖未深于聖經，然推言治道，凜凜足畏，終得聖人意思，故春秋家至今重焉。自唐以前記春秋者皆本三傳，自啖助趙匡陸淳之流，始稍稍自出己意，韓愈稱盧仝春秋三傳束高閣，獨抱遺經究終始，則掃除舊解，實始于仝，復之說經又躡仝而起者也，仝書今不傳，復之學遂開南宋諸儒之先，亦可謂毅然自立矣，其過于師心者分〔註17〕。	宋孫復撰，復字明復，平陽人，事蹟詳宋史儒林傳，案李燾續通鑑長編曰，中丞國子監直講孫復治春秋，不惑傳注，其言簡易，得經之本義，既被疾，樞密使韓琦言於上，選書吏，給紙札，命其門人祖無擇，即復家錄之，得書十五卷，藏秘閣。然此書實十二卷，考中興書目，別有復春秋總論三卷，蓋合之共為十五卷爾，今總論已佚，惟此書尚存，復之論上祖陸淳，而下開胡安國，謂春秋有貶無褒，大抵以深刻為主，晁公武讀書志，載常秩之言曰，明復為春秋，猶商鞅之法，棄灰於道者有刑，步過六尺者有誅，蓋篤論也。而宋代諸儒，喜為苛議，顧相與推之，沿波不返，遂使孔庭筆削，變為羅織之經。夫知春秋者，莫如孟子，不過曰春秋成而亂臣賊子懼耳，使二百四十二年中，無人非亂臣賊子，則復之說當矣，如不盡亂臣賊子，則聖人亦必有所節取，亦何至由天王以及諸侯大夫，無一人一事不加誅絕者乎！過於深求，而反失春秋之本旨者，實自復始，雖其間辨名分，別嫌疑，於興亡治亂之機，亦時有所發明，統而核之，究所謂功不補患者也，以後來說春秋者，深文鍛鍊之學，大抵用此書為根柢，故特錄存之，以著履霜之漸，而具論其得失如右。程端學學稱其王發微總論二書外，又有三傳辨失解，朱彝尊經義考因之，然其書史不著錄，諸儒亦罕所稱引，考宋史藝文志，及中興書

〔註17〕同註15，春秋尊王發微提要，頁33～334。

> 目,均有王日休所撰春秋孫復解三傳辨失四
> 卷,或即日休所撰之書,端學誤以爲復作
> 歟!然則是駁復之書,非復所撰也〔註18〕。

從以上二篇之比較,《四庫薈要》之〈提要〉,只是略論復書之得失,而《總目提要》則詳其生平,對其書之得失,論述亦較爲詳盡,末了又增訂程端學之誤,誠然具備了學術考證之體材。此種差別之處,據今人吳哲夫先生之推測,其故有二:

> 一則可能是《四庫全書》成書較後,必然是經過多次增訂,致後出
> 者轉爲詳盡;二則也許是《四庫薈要》專供大內閱覽,所以行文方面,
> 要求簡短精煉〔註19〕。

上舉二例,蓋可爲吳先生之佐證,如能將《四庫薈要》之〈提要〉與《總目提要》一一核對,釐析《四庫全書總目提要》增訂之處,則對館臣纂修《四庫全書總目提要》所費之心力,必能有較深刻之理解。

第三節　《四庫全書總目提要》(商務本) 與 《四庫全書總目》(藝文本) 之比較

《四庫全書總目提要》爲讀群書之門徑,故爲後人所重視,然因《四庫提要》之編纂,屢經增改致使今日傳世之各種《四庫提要》,彼此都不盡相同,故對於今日流傳之《四庫提要》,有加以核對,釐析差別之必要,吾人試以武英殿本《四庫全書總目提要》(商務本) 與《四庫全書總目》(藝文本) 互相核對,以探求其較大之差別。察乎商務本曾將《總目》之版刻歷史作一簡略之敘述,其弁言有云:

> 本館此次所印行者,乃文淵閣所藏武英殿刻本《總目》。《總目》
> 寫本現已不傳,此爲最早之刊本。按《總目》於乾隆三十九年(1774)
> 已大體編製就緒,嗣復經詳細釐訂,至四十六年全部告竣進呈。唯經
> 高宗覽畢,復發下改正。且當時纂辦各書擬輯入四庫者,尚有多種正
> 在趕辦中,此後數年,陸續收入,《總目》亦續有增改,乃至於武英殿
> 刊刻期中,亦隨時於板中改正。殿本《總目》在乾隆六十年(1795)
> 刻成頒發。浙江地方官府借文瀾閣本翻刻,爲外省印行《總目》最早

〔註18〕同註16,卷二六〈經部〉二六〈春秋類〉一,春秋尊王發微條,頁1～535。
〔註19〕見吳哲夫撰〈影印摛藻堂四庫全書薈要的學術價值〉一文,世界書局,頁12。

者，稱爲杭本或浙本。嗣後復有揚州小字本，湖州沈氏刊本，以及同治七年廣東書局刊本，皆據浙本重刻，《總目》一書遂得廣泛流傳。清末民初又有多種石印本，大多據粵本翻刻，訛誤甚多，而最初之殿本，流傳反稀。書貴初刻，殿本之雅致清晰，實非他本所能及，今特將文淵閣所藏殿版《總目》景印，讀者可藉此考見《總目》之原始面貌，當爲愛讀此書者所樂聞〔註20〕。

商務本所刊武英殿本《四庫全書總目提要》，以原始《總目》自許。其後歷經館臣增修改訂，如今存《四庫全書總目》（藝文本，爲清同治七年，廣東書局刊本），經與原始《總目》互校之後，發現除了文字略有刪潤增修之外，有幾篇提要之內容增多，爲原始《總目》所無，今列舉以應證之：

一、《四庫全書總目》（藝文本）比原始「總目」（商務本）文字略有增訂之處，
　　如《易學古經正義》十二卷：

《四庫全書總目》（商務本）	《四庫全書總目》（藝文本）
明鄒元芝撰，元芝字立人，竟陵人，是書重定周易古本之次序，謂孔子十翼，……〔註21〕	明鄒元芝撰，元芝字立人，竟陵人，自費直合十翼於上下經，唐用王弼易注作正義，易遂用王弼之本，宋晁說之呂祖謙諸家，始倡爲復古之說，互有考訂，而亦互有異同，至朱子之本義，始定從呂本，分爲經二篇傳十篇，至今與王本竝行，元芝是書，欲駕出朱子之上，謂孔子十翼，……〔註22〕

又如《周易辨疑》：

《四庫全書總目》（商務本）	《四庫全書總目》（藝文本）
國朝李開先撰，……其中駁本義者頗多，而不盡愜當，至所自立之新義，……〔註23〕	國朝李開先撰，……其中駁本義者頗多，如九三重剛而不中，九四重剛而不中，本義謂九四重字疑衍，開先則謂三畫卦，重

〔註20〕同註16，弁言，頁28。
〔註21〕同註16，卷八〈經部〉八〈易類〉存目二，易學古經正義條，頁1～209。
〔註22〕見《四庫全書總目》一，易學古經正義條，藝文印書館，頁217。
〔註23〕同註16，卷九〈經部〉九〈易類〉存目三，周易辨疑條，頁1～212。

	爲六畫，自四畫始卦重，則剛亦重，其說近鑿，又如坤六二直方大，本義賦形有定，坤之方也，開先謂方即徑一圍四，伏羲方圖之方，尤爲不倫，至所自立之新義，⋯⋯〔註24〕。

又如《詩經六帖重訂》十四卷：

《四庫全書總目》（商務本）	《四庫全書總目》（藝文本）
明徐光啓撰，國朝范方重訂，⋯⋯光啓以名經解，爲轉不失其初，然以一類爲一帖，則又杜撰也〔註25〕。	明徐光啓撰，國朝范方重訂，⋯⋯光啓以名經解，爲轉不失其初，然考明史藝文志，載徐光啓毛詩六帖六卷，是每帖爲一卷也，方既刪博物一門，則六帖僅存其五，與光啓作書之意，全不相合，安得復以六帖稱乎〔註26〕！

又如《表記集傳》二卷：

《四庫全書總目》（商務本）	《四庫全書總目》（藝文本）
黃道周撰，⋯⋯夫坊記一篇，猶有數條通於春秋，至表記篇，⋯⋯〔註27〕。	明黃道周撰，⋯⋯夫坊記一篇，如曰以此坊民，諸侯猶有畔者，又云以此示民，民猶爭利而忘義，又云以此坊民，諸侯猶有薨而不葬者，其通於春秋，初無事彊合，至表記篇，⋯⋯〔註28〕。

又如《辨定祭禮通俗譜》五卷：

《四庫全書總目》（商務本）	《四庫全書總目》（藝文本）
國朝毛奇齡撰，⋯⋯不出奇齡平日囂爭之	國朝毛奇齡撰，⋯⋯不出奇齡平日囂爭之

〔註24〕同註22，周易辨疑條，頁221。
〔註25〕同註16，卷七七〈經部〉十七〈詩類〉存目一，詩經六帖重訂條，頁1～370。
〔註26〕同註22，詩經六帖重訂條，頁379。
〔註27〕同註16，卷二一〈經部〉二一〈禮類〉三，表記集傳條，頁1～439。
〔註28〕同註22，表記集傳條，頁448。

習，然家禮實非朱子之書，以王懋竑之篤信朱子，……〔註29〕。	習，然考朱子年譜，家禮成於乾道六年庚寅，朱子時四十一歲，其稿旋爲人竊去，越三十年，朱子沒後，始復有傳本行世，儒者或以爲疑，黃榦爲朱子弟子之冠，亦云爲未暇更定之本，則家禮之出自朱子手定與否，尚無顯證，即眞獲朱子已失之稿，而草創初成，亦恐尚非定本，以王懋竑之篤信朱子，……〔註30〕。

又如《周禮問》二卷：

《四庫全書總目》（商務本）	《四庫全書總目》（藝文本）
國朝毛奇齡撰，……其持論是非相半，其中亦頗有精核之論，然以爲戰國人作，……〔註31〕。	國朝毛奇齡撰，……其持論是非相半，如小宰紀六官之屬各六十，賈疏謂指宮正至夏采諸職，奇齡謂經文其屬六十，乃據六卿本職之下，所屬大夫士也，六經各有長官，如後世所稱堂上官，除一卿二中大夫外，所屬有下大夫四人，中士十六人，下士三十二人，合得六十人，略無闕溢，今考春官，除宗伯卿一人，小宗伯中大夫二人，擬於堂上官，不入六十之數，則肆師下大夫四人，即爲屬官，如後世所稱曹郎矣，乃肆師之職曰，凡國之大事，治其禮儀，以佐宗伯，賈疏曰，肆師與小宗伯，同爲中下大夫，命數如一，故二人同佐宗伯，據此，則肆師明爲宗伯副貳之官，即經文亦明云肆師掌禮治事，如宗伯之儀，今奇齡必屈肆師爲屬吏，同於後世之曹郎，其說似弗能通，奇齡又以周禮公五百

〔註29〕同註16，卷二二〈經部〉二二〈禮類〉四，辨定祭禮通俗譜條，頁1〜462。
〔註30〕同註22，辨定祭禮通俗譜條，頁471。
〔註31〕同註16，卷二三〈經部〉二三〈禮類〉存目一，周禮問條，頁1〜473。

<table>
<tr>
<td></td>
<td>里，侯四百里，伯三百里，子二百里，男一百里，不合於王制孟子，遂據周禮謂封國有大功者，必需益地，即不能以百里七十里五十里限之，特約爲之制，公不過五百里，侯不過四百里，伯與子男，以是爲差，其說似巧，但明堂位封周公于曲阜七百里，則奇齡所謂公不過五百里者，則已過之矣，加封之制，不應己創之而己又隳之也，故司勳文曰，凡賞無常，輕重視功，明乎加封亦不得立常數矣，奇齡立論，大率類此，其他不無翼經之說，然以爲戰國人作，……〔註32〕。</td>
</tr>
</table>

二、《四庫全書總目》（藝文本）所記載之內容，有些爲原始《總目》（商務本）所無，蓋藝文本之《總目》可能有所增補之處，故其所載較多於原始《總目》，如《周易輯說明解》四卷，藝文本於「其不合者三……至其各卦講解」中增補「且永樂大典具載椅書，有輯注輯傳之目，與中興藝文志同，其議論與胡氏之言同，又其以古訓改今文者甚多，如裳之爲常，瀆之爲黷，寵之爲龍，拯之爲承，皆本說文釋文諸家，履否諸卦，則以爲舊脫卦名宜補，姤卦則以爲勿用取下衍女字，漸卦則以漸之進之字爲漸字之僞，今此書皆無其文，又輯注外傳所引諸家，如司馬光王安石凡二三十家，多外閒所未有，今并無之」之文〔註33〕。又如《易傳闡庸》一百卷，藝文本於「附綴諸說於其下……皆循文衍義」之間，增補「而經文次第，仍用王弼之本，蓋惟見坊刻本義，未見朱子原書也，其說」之文〔註34〕。

又如《禹貢譜》二卷，藝文本於「而參以諸家之說」之後，增補「條理簡明，頗易尋覽，然多因仍舊說，依違遷就，不能折衷歸一，與胡渭錐指，蓋未可同日語也」之文〔註35〕。

又如《周禮述註》六卷，藝文本於「即評論二氏之得失者也……所定僞官亂句

〔註32〕同註22，周禮問條，頁482。
〔註33〕同註22，周易輯說明解條，頁170。
〔註34〕同註22，易傳闡庸條，頁191。
〔註35〕同註22，禹貢譜條，頁321。

諸條」之間，增補「案多官不亡，亂入五官之邪說，倡於宋俞庭椿，益之以元之邱葵，皆變亂古文，爲經學之蟊賊，至吳澄三禮考註，本晏璧所僞託，實亦沿三家之流弊，何喬新之集註，又其重儓也，瑤未見俞邱之書，遂奉吳何爲鼻祖」之文〔註36〕。

又如《家禮辨定》十卷，藝文本於「則用邱濬之說……其所辨定」之間，增補「考李方子作朱子年譜，云乾道五年，先生居母喪，成家禮，晚年多所損益，未暇更定，朱子門人黃𣅾，亦云其書始定，爲一行童竊以逃，先生歿，其書始出，今行於世，然其閒有與先生晚歲之論不合者。又明邱濬云，家禮不聞有圖，今卷首圖注，多不合於本書，文公豈自相矛盾，未識歲月日嘉定癸酉，是時距文公沒十有三年矣，豈可謂之公作哉，蓋楊氏贊入昭然也，據是數說，則家禮實朱子未定之本，且久亡其槀，迨其復出，眞贗已不可知，又參以門人所附益，固未可執爲不刊之典，近日王懋竑，爲篤信朱子之學者，所作白田雜著，亦深以家禮爲疑，復禮之辨定，未爲不可」之文〔註37〕。

以上所述爲藝文本比商務本增訂、增補之內容較多之篇，其他小有增訂、增補之處，亦復不少，如能從兩本中互爲核對，釐出其增訂、增補之差異，未嘗不是一批學術研究之材料，對於當時館臣刪潤筆削之權衡，當可進一步了解。

第四節　文淵閣《四庫全書》書前提要與文溯閣《四庫》提要之比較

《四庫全書》爲我國學術文化之寶藏，先後共抄繕七部，分置南北各地，文淵、文源、文溯、文津合稱北四閣，文匯、文宗、文瀾號稱南三閣。其中之文匯、文宗二閣書，燬於洪楊之亂，文瀾閣亦殘佚逾半，文源閣書則悉燼於英法聯軍之役，僅完者，惟文淵、文溯、文津三閣而已。今以《文淵閣四庫全書書前提要》（存國立故宮博物院）與《文溯閣四庫提要》（存中央研究院傅斯年圖書館）作一比較，以探討兩閣書前提要有何差異之處，由於互相核對，既耗時又費力，故只能概括略舉比較，如《周易集解》十七卷：

《文淵閣四庫全書書前提要》	《文溯閣四庫提要》
臣等謹案周易集解十七卷，唐李鼎祚撰，	臣等謹案周易集解十七卷，唐李鼎祚撰，

〔註36〕同註22，周禮述註條，頁475。
〔註37〕同註22，家禮辨定條，頁532。

鼎祚唐書無傳，始末未詳，惟據序末結銜，知其官爲秘書省著作郎，據袁桷清容居士集，載資州有鼎祚讀書臺，知爲資州人耳，朱睦㮮序，稱爲秘閣學士，不知何據也。其時代亦不可考，舊唐書經籍志，稱錄開元盛時四部諸書，而不載是編，知爲天寶以後人矣。其書新唐書藝文志作十七卷，晁公武讀書志曰，今所有止十卷，而始末皆全，無所亡失，豈後人併之耶。經義考引李燾之言則曰，鼎祚自序止云十卷，無亡失也，朱睦㮮序作于嘉靖丁巳，亦云自序稱十卷，與燾說同，今所行毛晉汲古閣本，乃作一十七卷，序中亦稱王氏略例附于卷末，凡成一十八卷，與諸家所說，截然不同，殊滋疑竇。今考序中稱至如卦爻象象，理涉重元，經注文言，書之不盡，別撰索隱，錯綜根萌，音義兩存，詳之明矣云云。則集解本十卷，附略例一卷，爲十一卷，尚別有索隱六卷，共成十七卷，唐志所載，蓋併索隱略例數之，實非舛誤，至宋而索隱散佚，刊本又削去略例，僅存集解十卷，故與唐志不符，至毛氏刊本，始析十卷爲十七卷，以合唐志之文，又改序中一十卷爲一十八卷，以合附錄略例一卷之數，故又與朱睦㮮序不符。蓋自宋以來均未究序中別撰索隱一語，故疑者誤疑，改者誤改，即辨其本止十卷者，亦不能解唐志稱十七卷之故，致愈說愈訛耳。今詳爲考正，以祛將來之疑，至十卷之本，今既未見，則姑仍以毛本著錄，蓋篇帙分合，無關宏旨，固不必一一

《文淵閣四庫全書書前提要》	《文溯閣四庫提要》
追改也。其書仍用王弼本，惟以序卦傳散綴六十四卦之首，蓋用毛詩分冠小序之例，所採凡子夏孟喜焦贛京房馬融荀爽鄭元劉表何晏宋衷虞翻陸績干寶王肅王弼姚信王廙張璠向秀王凱沖侯果蜀才翟元韓康伯劉巘何妥崔憬沈驎士盧氏（案盧氏周易注，隋志已佚其名），崔覲伏曼容孔穎達（案以上三十二家，朱睦㮮序所考）。姚規朱仰之蔡景君（案以上三家，朱彝尊經義考所補考）。等三十五家之說。自序謂刊輔嗣之野文，補康成之逸象，蓋王學既盛，漢易遂亡，千百年後，學者得考見畫卦之本旨者，惟賴此書之存矣，是真可寶之古笈也。乾隆四十五年七月恭校上。 總纂官臣紀昀臣陸錫熊臣孫士毅 總校官臣陸費墀	追改也。乾隆四十七年十月恭校上。

又如《毛詩集解》四十二卷：

《文淵閣四庫全書書前提要》	《文溯閣四庫提要》
臣等謹案毛詩集解四十二卷，不著編錄人名氏，集宋李樗黃壎兩家詩解，合為一編，附以李泳所訂呂氏釋音。樗字若林，閩縣人，嘗領鄉貢，著毛詩詳解三十六卷。壎字實夫，龍溪人，淳熙中以舍選入對，升進士兩科，調南劍州教授，終宣教郎，著詩解二十卷，總論一卷。泳字深卿，始末未詳，與樗壎皆閩人。疑是書為建陽書肆所合編也。樗為林之奇外兄，（見書錄解題）又為呂本中門人，（見何喬遠閩書）。其學問具有淵源，書錄解題稱其書博取諸家訓釋名物文義，末用己意為論斷，今觀壎	臣等謹案毛詩集解四十二卷，宋李樗黃壎二家講義也。樗字若林，著毛詩詳解三十六卷。壎字實夫，著詩解二十一卷。二人皆閩之名儒，故後人合而訂之。而李泳所校呂祖謙釋音，亦附錄焉。陳振孫稱詩解博采諸家訓釋名物文義，末用己意為論斷，今觀二家之書，體例略同，壎則更於樗解未安處，互為引駁，如論詩序，樗取蘇氏之說，壎則兼用王程；論相鼠，樗取歐陽之說，壎則別伸新意是也。雖其中不無有過於偏駁之病，而疏證明白，足以發揮其說，考據家實取資焉。壎淳熙中，以

解，體例亦同，似乎相繼而作，而稍稍補苴其罅漏，不相攻擊，亦不相符合，如論詩序，樗取蘇轍之說，以爲毛公作而衛宏續，壎則用王安石程子之說，以爲非聖人不能作，所見迥爲不同。其學雖似少亞於樗，而其說實足以相輔。編是書者，惟音釋取呂祖謙，而訓釋之文，則置讀詩記而取樗壎，殆亦以二書相續，如驂有靳，故不欲參以他說歟。乾隆四十五年五月恭校上。

總纂官臣紀昀臣陸錫熊臣孫士毅
總校官臣陸費墀

舍選人對，升進士丙科，官南劍教授。樗自號迂仲，呂本中之弟子，常領鄉貢，學者稱爲迂齋先生。詠字深卿，亦閩人。乾隆四十七年四月恭校上。

又如《儀禮集說》十七卷：

《文淵閣四庫全書書前提要》

臣等謹案儀禮集說十七卷，元敖繼公撰，繼公字君善，長樂人，家於吳興，趙孟頫嘗從受業，後以江浙平章高彥敬薦，授信州教授。是書成於大德辛丑，前有自序，稱鄭康成注，疵多而醇少，刪其不合于經者，意義有未足，則取疏記或先儒之說以補之，又未足，則附以一得之見，又疑喪服傳違悖經義，非子夏作，皆未免南宋末年務詆漢儒之餘習。然鄭注之中錄其所取，而不攻駁所不取，無吹毛索垢百計求勝之心。蓋繼公于禮所得頗深，其不合于舊說者，不過所見不同，各自抒其心得，初非矯激以爭名，故與目未睹注疏之面，而隨聲佐鬬者，有不同也。且鄭注簡約，又多古語，賈公彥疏，尙未能一一申明，繼公獨逐字研求，務暢厥旨，實能有

《文溯閣四庫提要》

臣等謹案儀禮集說十七卷，元敖繼公撰，繼公字君善，姓譜又曰字長壽，莫之詳也。寓居吳興，趙孟頫嘗師之。是書多立新意，蓋亦好爲深湛之思者。其自序云，鄭康成註，疵多而醇少，刪其不合於經者，意義有未足，則取疏記或先儒之說以補之，又未足，則附之以一得之見，其言輕詆漢儒，未免過當，其王肅之流亞耶。至謂子夏喪服傳違悖經義，抑又甚矣。然好學如韓愈，尙不免以儀禮爲難讀，繼公獨條分縷晰，抉摘異同，用思既勤，頗亦發前人所未發。至若鄭註簡約，間多古語，後來難以驟詳，唐人義疏，尙未剖析無遺，繼公能逐字研求，務暢厥旨，經文註義，得以引伸其功，亦曷可沒耶。乾隆四十七年四月恭校上。

所發揮，則亦不病其異同矣。卷末各附正誤，考辨字句頗詳，知非徒騁虛詞者。其喪服傳一篇，以其兼釋記文，知作於記後，又疑鄭康成散附經記之下，而不敢移其舊第，又十三篇後之記朱子經傳通解，皆割裂其語，分屬經文各條之下，繼公則謂諸篇之說，有特為一條而發者，有兼為兩條而發者，有兼為數條而發者，亦有於經意之外，別見他禮者，不敢移掇其文，失記者之意，自比于以魯南子之不學，學柳下惠之可。卷末特為後序記之，則繼公所學，猶有先儒謹嚴之意，固異乎王柏吳澄諸人，奮筆而改經者也。乾隆四十四年十一月恭校上。

總纂官臣紀昀臣陸錫熊臣孫士毅

總校官臣陸費墀

又如《春秋傳》二十卷：

《文淵閣四庫全書書前提要》	《文溯閣四庫提要》
臣等謹按葉氏春秋傳二十卷，宋葉夢得撰，夢得字少蘊，號石林，吳縣人，紹聖四年進士，南渡後官後官至崇信軍節度使，事蹟具宋史文苑傳。其書以孫復春秋尊王發微，主于廢傳以從經；蘇軾春秋集解，主于從左氏而廢公羊穀梁，皆不免有弊。故其書考三傳以求經，不得于事，則考于義，不得于義，則考于事，更相發明，頗為精核。開禧中，其孫筠刊于南劍州，真德秀跋之，稱其闢邪說，黜異端，有補世教不淺。宋史藝文志，又載夢得別有春	臣等謹案春秋傳二十卷，宋葉夢得撰，大指謂孫復春秋尊王發微，主於廢傳以從經；蘇轍春秋集解，主于從左氏而廢公羊穀梁皆不免于有弊。故其書參考三傳以求經，不得于事，則考于義，不得于義，則考于事，更相發明，頗為精核。然夢得本出蔡京之門，故平生著述多右王氏之學，獨安石詆廢春秋，而夢得乃為此傳，其所見偶不同歟！抑亦是非之公終不得而掩沒也。開禧中，其孫葉筠刊是書于南劍州，真德秀跋之，稱其于絕學之餘，能闢

秋考三十卷，讞三十卷，指要總例二卷，石林春秋八卷，今讞考二書，散見永樂大典中，尚可得其大槩，餘皆散佚，惟此傳猶爲完書。南窻紀事，載夢得爲春秋書，其別有四，解釋音義曰傳，證正事實曰考，掊擊三傳曰讞，編列凡例曰例。嘗語徐惇濟曰，吾之爲此名，前古所未見也。惇濟曰，吳程秉著書三萬餘言，曰周易摘，尙書駁，論語弼，得無近乎是云云。案此傳不專釋音義，其說已非，至于以一字名書，古人多有，即以春秋而論，傳爲通名，不必言矣，如漢志所載，鐸氏張氏皆有春秋微，公羊傳疏，有閔因春秋敘，後漢書有鄭眾春秋刪，隋志有何休春秋議，崔靈恩春秋序，孫炎先有春秋例，夢得博洽，安得不見，乃以爲古無此名，必非事實。且宋志載夢得春秋指要總例，亦不名曰春秋例，殆小說附會之詞，不足據也。乾隆四十二年十月恭校上。

總纂官臣紀昀臣陸錫熊臣孫士毅

總校官臣陸費墀

邪說，黜異端，章明天理，遏止人欲，有補于世教爲不淺。宋史藝文志，不載夢得別有春秋考三十卷，讞三十卷，指要總例二卷，石林春秋八卷，今皆不傳，惟所謂讞與考者，散見永樂大典中，尚可其得大槩焉。乾隆四十七年四月恭校上

　　從以上所舉四例互相對照，吾人可得數點差異：

一、從各〈提要〉末所署「乾隆　　年　月恭校上」之字樣，可以得知《文淵閣四庫書前提要》成書時間早於《文溯閣四庫提要》。

二、《文淵閣四庫書前提要》於每一提要之後均列有總纂官、總校官之姓名，《文溯閣四庫提要》則闕略。

三、《文淵閣四庫書前提要》之內容與文體較爲煩雜，《文溯閣四庫提要》則較爲簡潔。此四庫館臣於修撰《文溯閣四庫提要》之時，已有所刪削。

　　《四庫全書》各種提要之差異，既已如上述，此爲在研讀《四庫提要》之前，所應具之認識，至於吾人對於各種〈提要〉之差異，應持何種心態，《文溯閣四庫

全書提要》金毓黻解題云：

> 按現行《總目》印行在後，已將原本〈提要〉改易，幾於十無一存，
> 自以改本為勝，然原本甄敘簡明，多為改本所無，亦有不可廢者〔註38〕。

所謂原本〈提要〉與總目〈提要〉，各擅勝場，不可偏廢，金氏又云：

> 現行《總目》既經一度筆削，謂其勝於原本則可，若因此遂謂原本
> 可廢，則又不然〔註39〕。

金氏對原本〈提要〉之重視，由此可知。民國十六年，陳垣、闞鐸、陶湘、尹炎
武，有景印《四庫全書原本提要》之發起，謂其有七善焉，金氏則為之評云：

> 景印緣起列舉七善，固屬言之鑿鑿，然不得謂為詳盡其例〔註40〕。

其實無論景印之例善否，如能付之實施，將彙刊之原本〈提要〉與《總目》核對，
始能得其異同之故，而所謂文章筆削之權衡與諸儒專精之所在，皆可由此探悉矣！

〔註38〕見《文溯閣四庫全書提要》，金毓黻解題，遼海書社印行，頁6。
〔註39〕同註38，頁9。
〔註40〕同註38，頁9。

第十一章　結　論

　　本文之撰作，以《四庫全書總目》經部四十四卷爲基本材料，分別就其記述書名、卷數、撰者、板刻、辨僞、批評與價值、學術流變等項，加以分析，條其義例：

一、以書名言之

　　可引書目以說明書名之異同，蓋書有異名、別名，亦有同書異名，又可參究前代之書目以定著書名，且判斷書名不同之原因，並進而辨正各種書目及《四庫提要》所記書名之失。

二、以卷數言之

　　可引書目所著錄之卷數，以證書籍之散佚或完闕，並探究卷數增減之原因，從而釐訂校勘，以定著卷數，最後並進而辨正各種書目及《四庫提要》所記卷數之失。

三、以撰者言之

　　可考辨撰者之姓名、生平、爵里，並剖析各家所記撰者不同，或因名號相同，或因書之重編，或因書之內容續加，或誤以序爲撰者，或出於僞託，而致差異，最後並辨正各種書目、方志及《四庫提要》所記撰者之失。

四、以板本言之

　　說明板刻之來源，其刊者、重刊者、覆刊者、鈔者及時代。

五、以辨僞言之

　　可說明辨僞之方式，或引證書目，或從時間、內容、校讎、著書體製、年代上以辨僞，至於作僞之原因，可從諱其殘闕、影附佚書、托名、炫世上加以探究。

六、以批評與價值、學術流變言之

可由一書一人之批評，進而對整個時代學術作批評，其中最足為人詬病之處，乃其學術門戶之偏見，藉編撰《四庫提要》，行其「標榜漢學，排除宋學」之實，實有失學術上客觀公正之立場。

從提要中，分析其義例，並舉例說明，實為本文之重心，此種義例，可供研討目錄學及古籍編目時之參考，蓋研習目錄學之主要依據是各種書目和圖書，書目之可讀性雖是很低，然解題書目，則可利用其所含豐富之材料，以分析其義例。

本文所依據僅為《四庫總目》中之經部各提要，故所分析之義例，自難完整，然已為清輝研習目錄學築下根基，並體認目錄學與學術研究之密切關係，誠如清儒金榜所言：

> 不讀破天下書，不能治《漢書‧藝文志》；不通《漢書‧藝文志》，亦不能讀天下書。〈藝文志〉者，學問之眉目，著述之門戶也〔註1〕。

蓋亦深切體認目錄學對學術研究之重要性，而清代王鳴盛亦云：

> 目錄之學，學中第一緊要事，必從此問塗，方能得其門而入〔註2〕。

所以視目錄學為學中第一緊要事，乃因它是引導治學之門徑，蓋學術萬端，難以徧識；典籍浩繁，無從盡讀。正需要目錄學指導途徑，方可得其門而入。《四庫全書總目》，考撰者之生平爵里，析卷數之增損與分合，釋作書之宗旨，述學派之淵源與優劣，雖其間論辨考證不能無誤，亦間嫌於臆斷，然不可謂非體大思精之作也。至於其學術門戶之偏見，亦是學術傳承衍變過程之中難以避免之現象，吾人治學不可泥於學術上門戶之偏見，否則將窒礙難通，所謂學術為天下之公器，對於《四庫全書總目》中所有秉私心以權衡，而去取失當之處，應加以釐清，冀還學術之真，則張之洞所指之「良師」〔註3〕，方有所依歸。而本文所分析之義例，及其得失，又可做為編製解題目錄之參考。

本論文僅可作為探討「四庫學」項目之一，以有待研討之課題尚多，如《四庫全書總目》分類之善否？《四庫全書總目》經部中，對前代綜述經學論著之取捨及批評如何？其對當世或後代在經學上之影響如何？後人撰著經學史或討論群經大義之時，取資於《四庫全書總目》經部提要者有多少？對四庫之經學批評如何？《四庫全書總目》之編撰體例，是否完善？又如〈凡例〉二十則中，有若干

〔註1〕見清王鳴盛撰《十七史商榷》，卷二二所引，大化書局，頁194。
〔註2〕同註1，卷一，頁1。
〔註3〕張之洞《輶軒語》云：「今為學者指一良師，將《四書全書總目提要》讀一過，即略知學問門徑矣！」

條論及經學方面之問題，其所條舉者是否名實相符？實值得吾人再深入探討。

　　《四庫全書》有多種，不僅諸閣之〈提要〉，互有出入，書前〈提要〉與總目〈提要〉，亦不盡相同，經紀昀刪潤前後之〈提要〉，得失如何？在在都足為吾人日後繼續作探討。對於《四庫全書》各種〈提要〉之比較研究，則尚付闕如。以今有〈提要〉種類而分：有〈總目提要〉與〈書前提要〉，而〈總目提要〉以板本而分，又有藝文本、商務本（有排字與影印兩種）、中華本、大東本；〈書前提要〉則以文淵閣（故宮圖書季刊刊載）、文溯閣（遼海書社印行，存中央研究院傅斯年圖書館）、文瀾閣、《四庫全書薈要》（世界書局印行）為主，其他尚有《湖北先正遺書》（盧靖輯）、《四明叢書》（約園刊本，張壽鏞輯刊）中有所刊載，又其分纂稿本，則《南江書錄》（邵晉涵撰）有載，此外另有四庫底本（存國立中央圖書館）。清輝日後願全力投入《四庫全書》各種〈提要〉之核對工作，從核對結果所得之差異，作一綜合研討，再歸納成若干條義例，則是一項富有意義之工作。

　　今人胡玉縉之《四庫全書總目提要補正》與余嘉錫之《四庫提要辨證》，已為《四庫全書總目》完成許多糾繆補正的工作，胡、余之後，亦尚有多種論著，足供吾人參考。余嘉錫終生以辨證《四庫提要》為職志，曾言「平生精力，盡於此書」，（四庫提要辨證序）清輝生性駑鈍，學疏才淺，然願以余氏此言自勉，以本論文為起步，繼續努力，以闡發並研析《四庫提要》之義例，以進而探討目錄學之義蘊。

附　錄

表一：四庫全書綜覽表（就楊家駱著《四庫全書學典》摘錄）

名稱：四庫全書
創意者：明曹學佺，清周永年
建議於政府者：清朱筠　　撰行及定名者：清乾隆帝
編纂機構：四庫全書館
名義上主持者：正總裁永瑢等
學術上主持者：總纂紀昀等　參與工作人數 4,303 人

數　量	內　容　原　著			繕　成　全　書				
	種　數	卷　數	無卷數種數	架　數	函　數	冊　數	頁　數	字　數
四庫全書	3,470	79,018	2	103	6,144	36,275	2,290,916	997,000,000
四庫全書共繕部數： 正本七部；副本一部。共八部				824	49,152	290,200	18,327,328	7,976,000,000
四庫全書薈要	473	19,931		32	2,001	11,151	763,638	332,000,000
四庫全書薈要共繕部數：二部。				64	4,002	22,302	1,527,276	664,000,000
四庫全書八部，四庫全書薈要二部共計十部。				888	53,154	312,502	19,854,604	8,640,000,000
四庫全書存目書：6,819 種、94,034 卷，409 種無卷數。 四庫全書著存書合計：10,289 種、173,052 卷，411 種無卷數。其原著作人共約 7,000 人。								

表二：

書的類別	就各原著內容與體裁說： 　計分四部、四四類；有一四類中又分六六屬。 就各原著成書情形說： 　內 197 種爲官書；餘除少數爲地方所修、團體所修外，皆爲私人著作。 就各原著館臣所加考證說： 　撰附考證者 1,094 種；餘未附考證。 就各原著去取情形說： 　取者： 　　一、收入四庫全書薈要數，見前。 　　二、四庫全書薈要外著錄書數：2,997 種。 　去者： 　　一、存目書數，見前。 　　二、原著於審查時禁燬者：約 4,000 種。 　　三、已收入四庫全書復經抽燬者：11 種。 就各原著來源說： 　一、清代政府自編書 149 種。 　二、清代政府自藏書自刊書 748 種。 　三、自永樂大典中輯出之佚書 516 種。 　四、各省地方官採進之遺書 7,871 種。 　五、各藏書家進獻之遺書 5,024 種。 　六、通行書 187 種。 就庫本外少傳本各原著之刊印流通說： 　經彙印爲叢書二種： 　　一、武英殿聚珍版叢書收 138 種。 　　二、四庫全書珍本初集收 231 種。 就關於四庫全書研究性記載性及檢查性之專書說： 　計分十部、四三類，共 133 種。
人的類別	就著作者性別說： 　內 20 種爲婦女著作，餘皆爲男性所寫之著作。 就著作者階級說： 　內 197 種爲因帝王命令編纂之書，45 種爲帝后著作；餘爲官吏及一般人之著作。 就著作者信仰說： 　內 115 種爲佛教徒著作；73 種爲道教徒著作；27 種爲耶教徒著作；餘爲信仰其他宗教或無宗教信仰者之著作。 就著作者署名說： 　內 459 種所署著作者有疑問；五六種係署別名；511 種著作者姓名已失考；其餘皆署著作者之本名。

表三：

徵書開始年代：1772 作為四庫全書開編年代			進書區域：蘇浙皖閩贛鄂湘魯冀豫陝晉粵滇遼 15 省			
校繕開始年代：1773			送藏完畢年代：1794 作為四庫全書全部完成年代			
完成各部次序	抄成年代	送藏年代	收藏建築名	所在地名	建成年代	書及建築存毀情形
四 庫 全 書 薈 要						
第一份	1778	1779	擷藻堂	北平		書、堂俱在故宮博物院。
第二份	1780	1780	味腴書屋	北平		1860 毀於英法聯軍。
四 庫 全 書 正 本						
第一份	1781	1782	文淵閣	北平	1776	書、閣俱在故宮博物院。
第二份	1782	1783	文溯閣	瀋陽	1778	書、閣俱在瀋陽。
第三份	1783	1784	文源閣	北平	1775	1860 毀於英法聯軍。
第四份	1784	1785	文津閣	熱河	1775	閣存，書移北平圖書館。
第五份	1787	1790	文宗閣	鎮江	1779	1841 書一毀於鴉片之戰； 1853 書再毀於太平軍，閣亦焚。
第六份	1787	1790	文匯閣	揚州	1780	1854 書、閣均毀於太平軍。
第七份	1787	1790	文瀾閣	杭州	1784	1860 書一部份毀於太平軍，閣倒， 1880 重建；1920 書補抄差完，現存 浙江圖書館。
四庫全書副本	開抄 1784	公開 1788	翰林院	北平		1860 書毀於英法聯軍。

參考書目

（依書名筆劃順序排列）

（一）有關四庫提要類：

1. 《文淵閣四庫全書提要》，遼海書社。

2. 楊家駱編，《四庫全書概述》，中國學典館復館籌備處。

3. 胡玉縉編著，《四庫全書總目提要補正》，木鐸出版社。

4. 清永瑢等撰，《四庫全書簡明目錄》，河洛圖書出版社。

5. 吳哲夫著，《四庫全書薈要纂修考》，國立故宮博物院。

6. 郭伯恭著，《四庫全書纂修考》，國立北平研究院史學研究會。

7. 《四庫備要（經部）——經義考》，中華書局（據揚州馬氏刻本校刊）。

8. 余嘉錫撰，《四庫提要辨證，藝文印書館。

9. 清永瑢、紀昀等撰，（武英殿本）《四庫全書總目提要第一冊經部》，台灣商務印書館。

10. 清永瑢、紀昀等撰，（武英殿本）《四庫全書總目提要第二冊史部》，台灣商務印書館。

11. 《景印摘藻堂四庫全書薈要》，世界書局。

12. 《欽定四庫全書總目（一）》，藝文印書館印行（據清同治七年廣東書局刊本）。

（二）有關本文撰作專書類：

1. 章學誠撰，《文史通義、校讎通義》，盤庚出版社。

2. 陸有凡著，《中國七大典籍纂修考》，西南書局。

3. 羅孟幀著，《中國古代目錄學簡編》，木鐸出版社。

4. 錢存訓著，《中國古代書史》，香港中文大學。

5. 《中國古書版本研究（學萃探原之五）》，新文豐出版公司。

6. 張堯安（舜徽）撰，《中國古籍研究叢刊》，民主出版社。

7. 李曰剛編著，《中國目錄學》，明文書局。

8. 昌彼得、潘美月著，《中國目錄學》，文史哲出版社。

9. 許世瑛編著，《中國目錄學史》，中國文化大學出版社。

10. 呂紹虞著，《中國目錄學史稿》，丹青圖書公司。

11. 昌彼得編輯，《中國目錄學資料選輯》，文史哲出版社。

12. 昌彼得編著，《中國目錄學講義》，文史出版社。

13. 陳登原著，《中國典籍史》，樂天出版社。

14. 陳彬龢等編，《中國書史》，盤庚出版社。

15. 葉松發著，《中國書籍史話》，白莊出版社。

16. 王秋桂、王國良合編，《中國圖書文獻學論集》，明文書局。

17. 劉家璧編訂，《中國圖書史資料集》，龍門書店。

18. 《中國圖書版本學論文選輯》，學海出版社。

19. 梁子涵編，中《國歷代書目總錄》，中華文化出版事業委員會。

20. 姚際恒著，《古今偽書考》，華聯出版社。

21. 陳鐘凡著，《古書校讀法》，商務印書館。

22. 余嘉錫著，《古書通例》，丹青圖書有限公司。

23. 孫德謙著，《古書讀法略例》，台灣商務印書館。

24. 《古籍版本鑒定叢談（學萃探原之六）》，新文豐出版公司。

25. 鄭良樹著，《古籍辨偽學》，台灣學生書局。

26. 姚名達著，《目錄學》，台灣商務印書館。

27. 汪辟疆著，《目錄學研究》，文史哲出版社。

28. 余嘉錫撰，《目錄學發微》，藝文印書館。

29. 劉紀澤著，《目錄學概論》，台灣中華書局。

30. 昌彼得著，《版本目錄學論叢》，學海出版社。

31. 陳振孫撰，《直齋書錄解題》（書目續編），廣文書局。

32. 張之洞主編，《書目答問》，新文豐出版公司。

33. 嚴靈峰編輯，《書目類編》，成文出版社。

34. 葉德輝著，《書林清話》，文史哲出版社。

35. 楊家駱主編，《校讎學系編》，鼎文書局。

36. 杜松柏著，《國學治學方法》，洙泗出版社。
37. 張心澂撰，《偽書通考》，鼎文書局。
38. 《善本書室藏書志》，丁氏開雕。
39. 羅振玉撰，《經義考目錄、校記（書目續編）》，廣文書局。
40. 王叔岷撰，《斠讎學》，中央研究院歷史語言研究所。
41. 屈萬里、昌彼得著，潘美月增訂，《圖書板本學要略》，文化大學出版部。
42. 羅錦堂著，《歷代圖書板本志要》，國立編譯館。
43. 張海鵬輯刊，《學津討原》，新文豐出版公司。
44. 編輯部編，《叢書集成新編》，新文豐出版公司。
45. 鄭良樹編著，《續偽書通考》，台灣學生書局。

（三）經部類：
1. 黃公偉著，《中國文化概論》，台灣商務印書館。
2. 梁啟超著，《中國近三百年學術史》，華正書局。
3. 馬宗霍著，《中國經學史》，台灣商務印書館。
4. 日本‧本田成之著，《中國經學史》，廣文書局。
5. 呂思勉著，《經子解題》，商務印書館。
6. 蔣伯潛著，《經與經學》，世界書局。
7. 皮錫瑞撰，《經學歷史》，河洛圖書出版社。
8. 阮元著，《經籍纂詁》，西林出版社。
9. 江藩撰，《漢學師承記》，河洛圖書出版社。

（四）史部類：
1. 王鳴盛撰，《十七史商榷》，大化書局。
2. 孟森著，《清代史》，正中書局。
3. 蕭一山著，《清代通史》，商務印書館。
4. 楊家駱主編，《新校本二十五史》，鼎文書局。

（五）子部類：
1. 錢大昕著，《十駕齋養新錄》，華江出版社。
2. 黎靖德編，《朱子語類》，正中書局。
3. 余嘉錫著，《余嘉錫論學雜著》，河洛圖書出版社。

4. 陳澧撰，《東塾讀書記》，台灣商務印書館。

5. 顧炎武著，《原抄本日知錄》。

6. 王充撰，劉盼遂集解，《論衡集解》，世界書局。

7. 顏之推撰，《顏氏家訓》，商務印書館。

（六）集部類：

1. 陳大齊等著，《中國文學研究（第一輯）》，漢苑出版社。

2. 盧文弨撰，《抱經堂文集》，北京直隸書局。

3. 洪業著，《洪業論學集》，明文書局。

4. 張之洞撰，《張文襄公全集》，文海出版社。

5. 《慶祝蔣慰堂先生七十榮慶論文集》，台灣學生書局。

6. 戴震撰，《戴震文集》（附錄戴東原先生年譜），河洛圖書出版社。

（七）期刊及工具書類：

1. 《大陸雜誌特刊》（第二輯），大陸雜誌社。

2. 《故宮圖書季刊》，國立故宮博物院。

3. 國立北平圖書館編印，《圖書季刊》，文海出版社。

4. 《圖書館學季刊》，台灣學生書局。

5. 韋政通編著，《中國哲學辭典》，大林出版社。

圖一： 修《四庫全書》之乾隆皇帝畫像

乾隆元年八月吉日

此為乾隆元年所畫，高宗時年二十五歲。至乾隆三十八年勒修四庫之時，則已六十三歲矣。逮全書修成，已逾七十，故上有「古希天子」之印。

圖二：故宮「文淵閣」前景

文淵閣為庋藏《四庫全書》之所，乾隆四十年（1775）仿寧波范氏天一閣式樣營建。閣三重，外觀若兩；上下各六楹，層階兩折而上，瓦青綠色。閣前甃方池，跨石梁，引御河水注之。左右列植松檜，閣後疊石為山。乾隆四十七年全書繕成裝潢入藏。

圖三：《四庫全書》原書封面之絹色及楠木書函

原書高 31.5 公分，寬 20 公分，封面「經部」綠色，「史部」紅色，「子部」藍色，「集部」灰色，「簡明目錄」黃色。

圖四：清高宗御筆「文淵閣記」

此記作於乾隆三十九年甲午孟冬。其時文淵閣尚未正式動工營建，高宗即先為文以記之，足見其對文淵閣與《四庫全書》之重視。

圖五：修《四庫全書薈要》之乾隆皇帝畫像

乾隆三十八年，高宗動員千人，費時五年，完成《四庫全書薈要》。

圖六：摛藻堂

「摛藻堂」在北平坤寧宮後御花園內，《四庫全書薈要》即度藏於此。

圖七：《四庫全書薈要》原書形貌

《四庫全書薈要》原書，以包背裝，絹布畫面，並釐為五色：「總目」黃色，「經部」綠色，「史部」紅色，「子部」藍色，「集部」灰色，與《四庫全書》同。

圖八：《四庫全書薈要》總纂紀昀圖像